Kohlhammer
Urban
-Taschenbücher

Band 561

Grundriss der Psychologie

Band 12

eine Reihe in 22 Bänden
herausgegeben von
Herbert Selg und Dieter Ulich

Diese neue, in sich geschlossene Taschenbuchreihe orientiert sich konsequent an den Erfordernissen des Studiums. Knapp, übersichtlich und verständlich präsentiert jeder Band das Grundwissen einer Teildisziplin.

Band 1
H. E. Lück
Geschichte der Psychologie

Band 2
D. Ulich
Einführung in die Psychologie

Band 3
H. Selg/J. Klapprott/R. Kamenz
Forschungsmethoden der Psychologie

Band 4
G. Vossel/M. Zimmer
Psychophysiologie

Band 5
P. Ulich/D. Mayring
Psychologie der Emotionen

Band 6
F. Rheinberg
Motivation

Band 7
R. Guski
Wahrnehmung

Band 8
W. Hussy
Denken und Problemlösen

Band 10
F. J. Schermer
Lernen und Gedächtnis

Band 11
L. Laux
Persönlichkeitspsychologie

Band 12
H. M. Trautner
Allgemeine Entwicklungspsychologie

Band 14
T. Faltermeier/R. Mayring/
W. Saup/R. Strehmel
Entwicklungspsychologie des Erwachsenenalters

Band 15
G. Bierbrauer
Sozialpsychologie

Band 17
H. Liebel
Angewandte Psychologie

Bände 18 und 19
B. Sieland
Klinische Psychologie
Bd. 1: Grundlagen
Bd. II: Intervention

Band 20
H.-P. Nolting/R. Paulus
Pädagogische Psychologie

Band 22
L. v. Rosenstiel u. a.
Organisationspsychologie

Hanns Martin Trautner

Allgemeine Entwicklungspsychologie

2., überarbeitete und erweiterte Auflage

Verlag W. Kohlhammer

2., überarbeitete und erweiterte Auflage 2003

Alle Rechte vorbehalten
© 1995/2003 Verlag W. Kohlhammer GmbH Stuttgart
Umschlag: Data Images GmbH
Gesamtherstellung:
W. Kohlhammer Druckerei GmbH + Co. Stuttgart
Printed in Germany

ISBN 3-17-016840-1

Inhaltsverzeichnis

1	**Einleitung**	9
2	**Geschichte der Entwicklungspsychologie**	13
2.1	Vorwissenschaftliche Ideen über die Natur und Entwicklung des Menschen	13
2.2	Der Entwicklungsgedanke im 18. und 19. Jahrhundert	15
2.3	Die Entstehung einer wissenschaftlichen Entwicklungspsychologie in ihrer heutigen Form	18
2.4	Das Bild der heutigen Entwicklungspsychologie	23
3	**Entwicklungsbegriff und Gegenstand der Entwicklungspsychologie**	25
3.1	Definition des Entwicklungsbegriffs	26
3.2	Zur Bedeutung der Begriffe »Alter« und »Zeit« in der Entwicklungspsychologie	31
4	**Die Beschreibung der Entwicklung**	36
4.1	Die quantitative Beschreibung – Wachstumskurven und Entwicklungsfunktionen	39
4.1.1	Wachstum und Entwicklung	39
4.1.2	Wachstumskurven und Entwicklungsfunktionen	41
4.1.3	Individuelle Verläufe und Gruppenkurven	42
4.1.4	Veränderung und Identität	48
4.1.5	Zur Abgrenzung quantitativer und qualitativer Veränderungen	49
4.2	Die qualitative Beschreibung – Entwicklungssequenzen und Entwicklungsstufen	50
4.2.1	Qualitative Veränderungen als Entwicklungssequenzen	50

4.2.2	Verschiedene Arten von Entwicklungssequenzen.	55
4.2.3	Entwicklungsstufen	57
4.2.4	Qualitative Entwicklungsanalyse zur Ergänzung der Beschreibung quantitativer Veränderungen	61
5	**Die Erklärung der Entwicklung**	**65**
5.1	Probleme der Erklärung von Entwicklung	67
5.2	Entwicklungsfaktoren	74
5.2.1	Allgemeine genetische Faktoren	75
5.2.2	Individuelle genetische Faktoren	77
5.2.3	Reifung als Faktor	82
5.2.4	Einflüsse der materiellen (physischen) Umwelt	85
5.2.5	Einflüsse der sozialen Lernumwelt (soziokulturelle Faktoren)	86
5.2.5.1	Lernen und Entwicklung	86
5.2.5.2	Entwicklung als Sozialisationsprozess	94
5.3	Die wechselseitige Abhängigkeit der Entwicklungsfaktoren	98
5.3.1	Kovariation von Entwicklungsfaktoren	99
5.3.2	Interaktion von Entwicklungsfaktoren	101
5.3.3	Anlage versus Umwelt: eine sinnvolle Gegenüberstellung?	103
5.4	Metamodelle und Theorien der Entwicklung	110
5.4.1	Mechanistisches Modell und S-R-Theorien der Entwicklung	111
5.4.2	Organismisches Modell und kognitiv-konstruktivistische Entwicklungstheorien	116
5.4.3	Dialektisches Modell und Kontexttheorien der Entwicklung	119
5.5	Grenzen der Erklärung von Entwicklung	122
6	**Die Vorhersage der Entwicklung**	**125**
6.1	Stabilität und Veränderung von Entwicklungsmerkmalen	127
6.1.1	Zur Stabilität von Körpergröße und Körpergewicht	129
6.1.2	Zur Stabilität der Intelligenz	131

6.1.3	Schlussfolgerungen hinsichtlich der Stabilität und Vorhersagbarkeit der Entwicklung	136
6.2	Langfristige Effekte früher Entwicklungsbedingungen	137
6.2.1	Die Ergebnisse retrospektiver und prospektiver Studien.............................	140
6.2.2	Vergleich der Ergebnisse retrospektiver und prospektiver Studien....................	142
6.2.3	Schlussfolgerungen zur Vorhersage langfristiger Effekte früher Entwicklungsbedingungen	146
7	**Die Beeinflussung der Entwicklung**	**148**
7.1	Sechs Aufgaben einer Angewandten Entwicklungspsychologie	150
7.2	Planung und Evaluation von Entwicklungsinterventionen	153
7.2.1	Prävention.........................	155
7.2.2	Korrektur	157
7.2.3	Förderung.........................	160
7.2.4	Probleme der Evaluation von Entwicklungsinterventionen	161
7.3	Probleme der praktischen Anwendung entwicklungspsychologischer Befunde	164
7.4	Forderungen an eine Angewandte Entwicklungspsychologie........................	167
8	**Methoden der Entwicklungspsychologie**.....	**168**
8.1	Erfassung intraindividueller Veränderungen und interindividueller Unterschiede.............	169
8.2	Stichprobenpläne zur Untersuchung von Altersunterschieden und Altersveränderungen ..	174
8.2.1	Die Querschnittmethode	175
8.2.2	Die Längsschnittmethode	176
8.2.3	Die Sequenzmodelle von Schaie und Baltes....	178
8.2.4	Mikrogenetische Analyse	186
8.3	Datenerhebungsmethoden in der Entwicklungspsychologie.........................	187
8.3.1	Beobachtung.......................	188

8.3.2	Befragung	191
8.3.3	Entwicklungstests	193
8.3.4	Das Experiment in der Entwicklungspsychologie.	194
8.4	Probleme der Forschungspraxis	199

Literatur ... 201

Register ... 224

1 Einleitung

Entwicklung, Wandel und Veränderung sind universelle Merkmale der belebten und der unbelebten Welt. Die Entstehung und weitere Entwicklung des Universums, der Erde und der auf ihr lebenden Arten während vieler Millionen Jahre, der Wandel von historischen Epochen und das Entstehen und Vergehen von Kulturen im Laufe der Menschheitsgeschichte, der Lebenslauf einzelner Menschen, auch die Veränderungen der Preise von Wirtschaftsgütern, alles dies sind *Entwicklungsprozesse.*

Entwicklung ist somit nicht nur ein Gegenstand der (Entwicklungs-)Psychologie, worum es in dem vorliegenden Buch geht, sondern auch vieler anderer wissenschaftlicher Disziplinen (z. B. Biologie, Geologie, Soziologie, Geschichts- oder Wirtschaftswissenschaften). Dabei betrachten die einzelnen Wissenschaften ihren Gegenstand jeweils unter *spezifischen Aspekten*, über *bestimmte Zeiträume* und unter *bestimmten historischen und gesellschaftlichen Bedingungen.*

Die *Entwicklungspsychologie* macht den (einzelnen) Menschen zum Gegenstand der Betrachtung und analysiert dessen Veränderungen über die Ontogenese. Sie greift dabei bestimmte Bereiche (Variablen) und deren Veränderungen in bestimmten zeitlichen Abschnitten der Ontogenese und bei bestimmten Populationen heraus. Z. B. werden Aspekte des Spracherwerbs (Wortschatz, Syntax etc.) bei Vorschulkindern aus der amerikanischen Mittelschicht oder die Persönlichkeitsentwicklung junger Erwachsener der ›Generation Golf‹ im ausgehenden 20. Jahrhundert untersucht.

Dabei geht die Entwicklungspsychologie zwar von individuellen Entwicklungsverläufen (den *intraindividuellen Veränderungen*) aus, ihr Interesse richtet sich aber auf die typischen (für alle oder die meisten Individuen der untersuchten Population geltenden) Charakteristika der Entwicklung sowie auf die allgemeinen Gesetzmäßigkeiten der Entstehung von Unterschieden zwischen Individuen (den *interindividuellen Unterschieden in den intraindividuellen Veränderungen).*

Die Vielfalt der über die Ontogenese beobachtbaren Veränderungen lässt sich unter ganz verschiedenen Gesichtspunkten ordnen (Dollase, 1985, S. 6):

- nach *Lebensabschnitten* (z. B. Kindheit, Jugend, Erwachsenenalter)
- nach *Funktionsbereichen* (z. B. körperliche Entwicklung, Entwicklung des Denkens, der Sprache, der Emotionalität)
- nach *Umwelten,* in denen Entwicklung stattfindet (z. B. Familie, Schule, Peer-Group, Beruf)
- nach *kritischen Lebensereignissen* (z. B. Übergängen im Schulsystem, Berufseintritt und Pensionierung, Heirat, Elternschaft, Krankheit) bzw. nach den für den jeweiligen Altersabschnitt typischen *Entwicklungsaufgaben* (z. B. Aufbau sozialer Bindung, Erwerb der Kulturtechniken, Aufnahme sexueller Beziehungen)
- nach *theoretischen Orientierungen* (z. B. Soziale Lerntheorie, Kognitive Theorie, Tiefenpsychologie, Soziobiologie).

Die beobachteten Veränderungen ließen sich außerdem noch ordnen nach *historischen Epochen* oder *Generationen* (z. B. den jeweils vorherrschenden Bedingungen des Aufwachsens).

Unabhängig davon, welches Ordnungsprinzip gewählt wird, steht immer die Beschäftigung mit *Veränderungen über die Zeit* im Blickpunkt. Dies ist das zentrale Merkmal der Entwicklungspsychologie, das sie von anderen psychologischen Disziplinen abgrenzt. Ist damit jede Art von Veränderung Entwicklung? Sicher nicht. Das fortschreitende Vergessen eines auswendig gelernten Gedichtes oder der Wohnortwechsel der Familie lässt sich schwerlich als (psychologischer) Entwicklungsprozess betrachten. Nur die relativ überdauernden (langfristigen) Veränderungen, die in einer mehr oder weniger engen Beziehung zum Lebensalter stehen, nennen wir Entwicklung (s. dazu Kap. 3). Hat das Ausbleiben von Veränderungen den Entwicklungspsychologen prinzipiell nicht zu interessieren? Unter Umständen doch. Nämlich dann, wenn die Konstanz nur vorübergehend ist und der Zeitpunkt und die Dauer der Konstanz, auch im Vergleich zu anderen Personen, von Interesse sind.

Dass relativ überdauernde, altersbezogene Veränderungen Gegenstand entwicklungspsychologischer Betrachtung sind, ist etwas, worauf sich Entwicklungspsychologen leicht einigen können. Uneinigkeit besteht darüber, ob es ausreicht, Entwicklung zu verstehen als *miteinander zusammenhängende Veränderungsreihen langfristiger Natur in systematischer Beziehung zum Lebensalter,* oder ob weitere Abgrenzungsmerkmale anzunehmen sind, um Entwicklungsveränderungen von anderen Arten von Veränderungen unterscheiden zu können (s. Kap. 3.1).

Es gibt noch etwas, über das sich Entwicklungspsychologen weitgehend einig sind. Das sind die *Aufgaben* einer Entwicklungspsychologie. Wie auch in den anderen psychologischen Disziplinen geht es in der Entwicklungspsychologie um die *Beschreibung,* die *Erklärung,* die *Vorhersage* und die *Beeinflussung* menschlichen Verhaltens und Erlebens. Die Entwicklungspsychologie hat zu beschreiben und zu erklären, wie aus einer einzigen, etwa stecknadelkopfgroßen Zelle ein Organismus aus mehreren Billionen Zellen von unterschiedlicher Struktur und Funktion wird, ein Mensch, der wächst, Wissen und Fertigkeiten erwirbt, eine Identität aufbaut, Rollen übernimmt usw. (s. dazu die Kap. 4 und 5). Über die Beschreibung und Erklärung dieser Veränderungen hinaus gehört zu den Aufgaben der Entwicklungspsychologie aber auch die Vorhersage und die Beeinflussung der (zukünftigen bzw. möglichen) Entwicklung (s. dazu Kap. 6 und 7). Gemäß der weiter oben vorgenommenen Abgrenzung der Entwicklungspsychologie von den anderen psychologischen Disziplinen steht dabei der Aspekt der *Veränderungen* des Verhaltens und Erlebens über die (Lebens-)Zeit im Vordergrund. Dabei ist weniger an eine Abhängigkeit der beobachteten Veränderungen von der voranschreitenden Zeit oder dem Lebensalter gedacht, sondern daran, dass die beobachteten Veränderungen, aus welchen Gründen auch immer, sich in bestimmten Zeiträumen vollziehen bzw. eine bestimmte Zeitdauer benötigen (s. Kap. 3.2). Was heißt das, bezogen auf die vier Aufgaben der Entwicklungspsychologie?

Beschreibung der Entwicklung heißt, die Veränderungen in den ausgewählten Entwicklungsvariablen möglichst *objektiv,* d. h. von der Person des Forschers unabhängig, *zuverlässig* (messgenau und wiederholbar) und *valide,* d. h. in den angezielten inhaltlichen Ausschnitten, zu erfassen. Eine Beschreibung der Intelligenzentwicklung hieße dementsprechend, dass die charakteristischen Veränderungen individueller Intelligenzleistungen über das Alter objektiv und zuverlässig (z. B. mithilfe eines standardisierten Tests) erfasst werden.

Die *Erklärung* der Entwicklung erfordert die Angabe von hinreichenden und/oder notwendigen Bedingungen und Mechanismen, die zu der betreffenden Entwicklungsveränderung geführt haben. Die relevanten Entwicklungsbedingungen gehen der zu erklärenden Veränderung logischerweise zeitlich voraus. Eine Erklärung der Intelligenzentwicklung verlangt entsprechend die Angabe von Bedingungen (z. B. Gehirnreifung, schulische Lernanregungen) für das Auftreten bestimmter Intelligenzleistungen bzw. deren Veränderungen im Laufe der Entwicklung.

Die *Vorhersage* der Entwicklung kann sich zum einen darauf stützen, dass beim Vorliegen einer Entwicklungsbedingung Y später mit einer bestimmten Wahrscheinlichkeit das Ereignis X bzw. durch Y bedingte Veränderungen eintreten werden. Zum anderen kann man u. U. allein aus der Kenntnis der individuellen Ausprägung einer Variablen X zu einem früheren Zeitpunkt die wahrscheinliche Ausprägung der gleichen Variablen X bei dem betreffenden Individuum zu einem späteren Zeitpunkt prognostizieren. So würde man z. B. beim Vorliegen einer Hirnschädigung eine Retardierung der Intelligenzentwicklung vorhersagen oder aus der Kenntnis einer frühen musikalischen Hochbegabung eine spätere überdurchschnittliche Leistungsfähigkeit im Bereich musikalischer Leistungen prognostizieren.

Beeinflussung der Entwicklung heißt, dass ein Entwicklungsergebnis gezielt herbeigeführt wird. In den Entwicklungsprozess wird eingegriffen. Derartige Eingriffe *(Interventionen)* sind dann angezeigt, wenn Fehlentwicklungen verhindert werden sollen *(Prävention)* oder wenn bereits eingetretene Fehlentwicklungen korrigiert oder behoben werden sollen (*Korrektur*). Die Anwendung eines Intelligenzförderungsprogramms bei sozial benachteiligten Vorschulkindern wäre in diesem Sinne ein Eingriff in die Intelligenzentwicklung der Kinder mit präventivem und korrigierendem Charakter.

Zur Vereinfachung beschränkte sich die Erläuterung der vier Aufgaben der Entwicklungspsychologie bisher auf *intraindividuelle Veränderungen* als Gegenstand einer entwicklungspsychologischen Analyse. Die Ausführungen lassen sich aber ohne weiteres auch auf die Beschreibung, Erklärung, Vorhersage und Beeinflussung von *interindividuellen Unterschieden* in der Entwicklung übertragen.

Die zuvor erläuterten vier Aufgaben der Entwicklungspsychologie habe ich auch zur Strukturierung dieses Buchs gewählt. Nach einem kurzen Abriss der *Geschichte der Entwicklungspsychologie* (Kap. 2) und einer näheren Erläuterung des *Entwicklungsbegriffs* und des *Gegenstandsbereichs der Entwicklungspsychologie* (Kap. 3) wende ich mich in den folgenden vier Kapiteln nacheinander den Problemen der *Beschreibung* und *Erklärung* von Entwicklung (Kap. 4 und 5), der *Vorhersage* von Entwicklung (Kap. 6) und der *Beeinflussung* von Entwicklung (Kap. 7) zu. Abschließend werden *methodische Grundlagen* der Entwicklungspsychologie dargestellt (Kap. 8).

2 Geschichte der Entwicklungspsychologie

Der Entwicklungsgedanke und die Art der Beschäftigung mit Entwicklungsproblemen, wie sie uns heute geläufig ist, haben selbst eine Entwicklungsgeschichte. Dass der Mensch nicht »fertig« auf die Welt kommt, sondern sich von der Geburt bis zum Lebensende in seiner äußeren Erscheinung, in seinem Verhalten, seinen Fertigkeiten, Kenntnissen und Interessen verändert, ist so offensichtlich, dass es schon früh in der Menschheitsgeschichte erkannt worden sein dürfte. Die Auffassung darüber, was die Entwicklung des Menschen ausmacht, hat sich dabei vom Altertum bis heute ständig gewandelt (s. Cairns, 1998; Reinert, 1976; Weinert & Weinert, 1998).

Welche Vorstellungen gab es früher über die Entwicklung des Menschen? Hat man schon immer den Lebenslauf in Perioden unterteilt? Hat man Säuglinge, Kinder, Jugendliche und Erwachsene schon immer als unterschiedlich erlebt? Wenn nicht, wann und warum sind solche Vorstellungen entstanden? Die Beantwortung dieser Fragen erfordert die Beschäftigung mit der Entstehung des Entwicklungsgedankens und der Geschichte der Entwicklungspsychologie.

2.1 Vorwissenschaftliche Ideen über die Natur und Entwicklung des Menschen

Schon Platon und Aristoteles unterteilten den Lebenslauf nach Altersstufen und erörterten die Vorzüge und Nachteile der einzelnen Lebensphasen. Das Interesse an der Entwicklung des Menschen war dabei eng verbunden mit Fragen der (richtigen) Erziehung. Für Platon war der Mensch von Natur aus gut. Es konnte jedoch eine Entwicklung zum Schlechten eintreten, wenn er nicht richtig erzogen wird. Platon gab z. B. folgende – teilweise auch heute noch aktuelle – Erziehungsratschläge (vgl. Biehler, 1976, S. 67 f.):
- Kinder sind so zu erziehen, dass sie konstruktive Mitglieder der Gesellschaft werden.

- Eltern, die durch die Gesellschaft verdorben sind, müssen daran gehindert werden, ihre Kinder zu verderben.
- Für alle Kinder sind die gleichen Chancen zu gewähren, unabhängig von ihrer Herkunft und ihrem Geschlecht.
- Kinder müssen darin unterstützt werden, Selbstbeherrschung zu lernen.
- Kinder sollen nicht verwöhnt werden, aber es ist auch an die Nachteile einer strengen Erziehung zu denken.

Aristoteles stellte heraus, dass die Menschen von Natur aus *verschieden* sind. Er meinte, dass nicht alle gleich auf Erziehung ansprechen. Auch Aristoteles empfahl, Kinder so zu erziehen, dass sie konstruktive Mitglieder der Gesellschaft werden, betonte aber gleichzeitig den Schutz ihrer Privatsphäre und Individualität. Er sah vor allem in der Familie eine stabilisierende und sozialisierende Einflussgröße. Er war dafür, die Arbeit in der Familie so zu verteilen, dass mindestens ein Elternteil genügend Zeit hat, sich um die Kindererziehung zu kümmern. Schließlich empfahl Aristoteles, grundlegende Unterschiede zwischen männlichen und weiblichen Individuen zu beachten und die Erziehung geschlechtsangemessen zu gestalten (vgl. Biehler, 1976, S. 68).

Auch die *Entwicklungsromane* des Mittelalters (z. B. der *Parzifal* des Wolfram von Eschenbach oder der *Simplizissimus* des Hans Jacob von Grimmelshausen) zeigen, dass Veränderungen während des Lebenslaufs schon früher Beachtung fanden. Weder in der Antike noch im Mittelalter wurde der Entwicklungsgedanke aber differenziert ausgearbeitet. Die Entwicklung des Menschen wurde zwar beobachtet und reflektiert, sie wurde aber noch nicht systematisch erforscht (Reinert, 1976).

Philippe Ariès, ein französischer Historiker, versuchte zu belegen, dass bis ins Mittelalter Veränderungen während Kindheit und Jugend längst nicht so registriert wurden, wie es heute für uns selbstverständlich ist, und dass es bis dahin – abgesehen von der Periode der biologischen Abhängigkeit des Kleinkindes – noch keine Idee der Kindheit als einer eigenständigen Lebensperiode gegeben hat (Ariès, 1975). Er stützte seine Thesen hauptsächlich auf die damaligen künstlerischen Darstellungen der menschlichen Gestalt. Hier fiel ihm auf, dass Kinder die gleichen Körperproportionen und die gleiche Kopfform aufwiesen wie Erwachsene. Außerdem sah er die weitgehend fehlende Altersdifferenzierung zwischen Kindern und Erwachsenen in Kleidung, Spiel, Unterricht, Arbeit u. a. m. als Beleg für die fehlende Idee der Kindheit an. Es gab offensichtlich auch noch nicht die für uns heute selbstverständliche enge emotionale Beziehung von Eltern zu ihren Kindern. Als einen wesentlichen Grund hierfür sah Ariès die hohe Säuglings- und Kindersterblichkeit in den früheren Jahrhunderten an. Eine auffällige Änderung der Sichtweise und der Einstellung zur Kindheit meinte Ariès erst zu Beginn des 17. Jahrhunderts zu beobachten.

Die Thesen von Ariès blieben nicht unwidersprochen. Andere Autoren meinten, dass die Eigenständigkeit und Andersartigkeit von Kindern bereits sehr viel früher erkannt worden ist und auch die Gleichgültigkeit gegenüber dem Verlust eines Kindes nicht so groß war, wie von Ariès vermutet (vgl. z. B. Hardach-Pinke & Hardach, 1978; Pollock, 1983). Es trifft aber sicher zu, dass die Veränderungen in Kindheit und Jugend heute weit differenzierter gesehen werden als damals. Vor allem bedingt durch die gesellschaftliche Notwendigkeit längerer Ausbildungszeiten für immer mehr Kinder, hat sich die Altersgrenze zwischen Kindheit und Erwachsenenalter außerdem im Laufe der Jahrhunderte stetig weiter nach oben verschoben.

2.2 Der Entwicklungsgedanke im 18. und 19. Jahrhundert

Einen ersten Höhepunkt erreichte der Entwicklungsgedanke Mitte des 18. Jahrhunderts mit Jean Jacques Rousseau und dessen Erziehungsroman *Emile* (1762). Rousseau lässt seinen erdichteten *Emile* vier Stufen der Entwicklung vom Säuglingsalter bis zum frühen Erwachsenenalter durchlaufen: die Ausbildung des Körpers vom 1. bis zum 3. Lebensjahr, die Ausbildung der Sinnestätigkeit vom 4. bis zum 12. Lebensjahr, die Ausbildung von Verstand und Urteil zwischen dem 13. und 15. Lebensjahr sowie die Entwicklung des Gefühlslebens und der Sittlichkeit vom 16. Lebensjahr an. Die Abfolge der Stufen nimmt er als von der Natur des Menschen vorgegeben und daher universell an. Jedem Individuum werden, wie schon bei Aristoteles, individuelle Eigenheiten zuerkannt, auf die die Erziehung abzustimmen ist.

Aus der Überzeugung heraus, nur das Neugeborene sei frei von der Verderbtheit der Welt, gelangte Rousseau zu einer ›negativen‹ Pädagogik und vertraute auf die natürliche Reifung des Menschen. Erziehung sollte sich darauf beschränken, dem jeweiligen

Reifestand angemessene Lernangebote zu machen. Jede Verfrühung und jeder Versuch der autoritären Durchsetzung von Erziehungszielen schade der Entfaltung der guten Anlagen des Menschen.

Mit seinen Ideen hat Rousseau zahlreiche Pädagogen beeinflusst (z. B. Pestalozzi, Fröbel, Montessori). In der zweiten Hälfte des 20. Jahrhunderts finden sich Rousseau'sche Gedanken in der sog. *antiautoritären Erziehung* (Neill, 1969) oder in der *Antipädagogik* (von Braunmühl, 1980).

Als weitere wichtige Vorläufer der späteren wissenschaftlichen Entwicklungspsychologie verdienen nach Reinert (1976) insbesondere Johann Nikolaus Tetens (1738–1807), Dietrich Tiedemann (1748–1803), Friedrich August Carus (1770–1808) und Adolphe Quételet (1796–1874) erwähnt zu werden (s. Reinert, 1976).

Tetens hat einen wesentlichen Beitrag zur Verwissenschaftlichung der Entwicklungspsychologie geleistet, indem er Ideen entwickelte, die seiner Zeit weit voraus waren. So lenkte er beispielsweise den Blick von der unmittelbaren erzieherischen Nutzanwendung auf die Suche nach allgemeinen Entwicklungsgesetzen, schlug die Anwendung der Beobachtungsmethode vor, richtete die Aufmerksamkeit auf Entwicklungsverläufe und nicht nur auf einzelne Altersgruppen und erkannte neben den Anlagen u. a. auch Erziehung, Übung oder Vorbilder als wichtige Entwicklungsdeterminanten.

Mit Tiedemanns Beobachtungen über *die Entwicklung der Seelenfähigkeiten bei Kindern* (1787), die auf Tagebuchaufzeichnungen über das Verhalten seines Sohnes Friedrich während dessen ersten zweieinhalb Jahren basierten, »beginnt die systematische, auf Beobachtungstechnik gegründete, längsschnittliche Erfassung der Verhaltensentwicklung von jungen Kindern« (Reinert, 1976, S. 869). Es sind die ersten bekannt gewordenen Tagebuchaufzeichnungen über eine Kindesentwicklung.

In F. A. Carus' differenzierten Beschreibungen der Charakteristika unterschiedlicher Lebensalter findet man sehr moderne Gedanken, wie z. B. eine Lebensspannenorientierung, die Berücksichtigung differentieller Aspekte, das Alter als Indikatorvariable oder die Wechselwirkung zwischen Mensch und Umwelt (s. dazu Reinert, 1976, S. 873–875).

Von dem belgischen Astronomen und Mathematiker Quételet wurde die empirisch-statistische Methode in die Entwicklungspsychologie eingeführt. Auf dem Wege der zahlenmäßigen Messung und Schätzung aller möglichen Variablen (z. B. Körpergröße und -gewicht, Pulsrate, Auftretensraten von Suiziden, Delikten, geistigen Erkrankungen) versuchte Quételet, den statistischen Durchschnittsmenschen *(l'homme moyen)* zu erfassen. Er erkannte auch bereits einige Probleme der Querschnitt- und der Längsschnittmethode und war sich des historischen Wandels von Entwicklungsbefunden bewusst.

Im naturwissenschaftlich geprägten Denken des 19. Jahrhunderts konkurrieren dann drei Bedeutungen von Entwicklung miteinander (s. Thomae, 1959, S. 3 f.): *Präformation, Epigenese* und *Evolution*. Nach der *Präformationstheorie* ist Entwicklung die Ausfaltung eines bereits keimhaft Angelegten zu seiner Endgestalt. Das ursprünglich prädeterministische Konzept der *Epigenese* sah die Entwicklung als fortschreitendes Geschehen, bei dem durch eine nicht näher definierte Lebenskraft (ähnlich der aristotelischen *Entelechie*) aus der zunächst strukturlosen organischen Substanz neue Qualitäten geschaffen werden. Der *Evolutions*begriff der *Deszendenztheorie* des 19. Jahrhunderts betonte das Hervorgehen einer Vielzahl von Varietäten aus einem einheitlichen Ursprung. In jedem Fall galt Entwicklung »als streng gesetzliches, von inneren Wachstumsimpulsen und äußeren Wachstumsbedingungen gelenktes und an eine bestimmte Reihenfolge und Zeitfolge gebundenes Geschehen« (Thomae, 1959, S. 4).

Die Vorstellung von Entwicklung als bloße Ausfaltung eines bereits keimhaft Angelegten zu seiner Endgestalt im Sinne einer *Präformation* ist inzwischen überholt. Die beiden anderen Konzepte (Epigenese und Evolution) haben auch heute noch ihre Bedeutung in der Entwicklungspsychologie, wenn auch in veränderter Form. In der Psychobiologie (z. B. Gould, 1977) und der Embryologie (z. B. Waddington, 1957) wurde mit dem zunehmenden Wissen über die Struktur und Funktion der Gene das ursprünglich deterministische Konzept der Epigenese von einem *probabilistischen* Konzept der Epigenese abgelöst (s. Gottlieb, Wahlsten & Lickliter, 1998). Dieses geht grundsätzlich von komplexen wechselseitigen Beeinflussungen von Genaktivitäten, neuralen Aktivitäten, Verhalten und Umweltbedingungen aus (s. dazu Kap. 5.3). Das Konzept der *Evolution* teilt mit dem Konzept der Epigenese die Vorstellung der Entwicklung von immer komplexeren Formen aus anfänglich einfachen organischen Substanzen. Während dieses Konzept zunächst auf die *Phylogenese* (die Entstehung der Arten) angewendet wurde, werden in der modernen Evolutionspsychologie die Prinzipien der Evolution auch als

Grundlage für die Betrachtung der Individualentwicklung herangezogen (s. Barkow, Cosmides & Tooby, 1992; Buss, 1995; Chasiotis, 1998).

2.3 Die Entstehung einer wissenschaftlichen Entwicklungspsychologie in ihrer heutigen Form

Eine wissenschaftliche Entwicklungspsychologie im Sinne der empirischen Untersuchung der menschlichen Entwicklung und der theoretischen Einordnung der erhaltenen Befunde entstand etwa in der zweiten Hälfte des 19. Jahrhunderts. Vier Dinge waren dafür besonders wichtig: 1. die Evolutionstheorie Darwins, 2. die umfangreichen Tagebuchaufzeichnungen von Beobachtungen an Kleinkindern, 3. die Entwicklung psychologischer Untersuchungsmethoden und die Gründung von Forschungseinrichtungen und 4. die Beschäftigung mit dem schwierigen und auffälligen Kind.

Die Evolutionstheorie von Darwin

In seinen beiden Schriften *Über den Ursprung der Arten* (1859) und *Über die Abstammung des Menschen* (1871) legte Darwin seine Grundgedanken über die Gesetzmäßigkeiten der Evolution der Arten nieder. Danach ist die Entstehung und Veränderung der Arten während der Phylogenese im Wesentlichen das Resultat eines langwierigen Ausleseprozesses: Die Erbvarianten, die in Bezug auf die jeweils herrschenden Umweltbedingungen einen Anpassungsvorteil bieten, pflanzen sich aufgrund dieses Vorteils auf die Dauer mit einer größeren Wahrscheinlichkeit fort als die weniger angepassten Varianten (Selektions- oder Überlebensvorteil). Dabei beschränkt sich der Einfluss der Umwelt ausschließlich darauf, aus den vorhandenen Erbvarianten die geeignetsten auszuwählen. Die Entstehung der Erbvarianten selbst und ihre Weitergabe über die Generationen unterliegen jedoch den Gesetzen der Fortpflanzung oder kommen – in seltenen Fällen – durch Mutationen zustande.

Darwins Gedanken über die Evolution der Arten als der Entwicklung von einfachen zu immer komplexeren Formen des organischen Lebens regten die Forschung in drei Richtungen an (nach Schmidt, 1970, S. 28–38): Es wurden nun *kinderpsychologische* Fragestellungen formuliert (Darwin selbst hatte bereits ab 1840 mit der Aufzeichnung von Beobachtungen der Entwicklung seines ersten Kindes begonnen und seine Aufzeichnungen darüber 1877 veröffentlicht), es entstand eine eigenständige *Tierpsychologie* (als Vorläufer der heutigen vergleichenden Verhaltensforschung), und es wurden systematische *völkerpsychologische* Studien angestellt (als Vorläufer einer kulturvergleichenden Psychologie). Alle drei Ansätze dienten zunächst dazu, Licht auf den Ablauf und die Gesetzmäßigkeiten der Phylogenese zu werfen. So sollte auch die Erforschung der Individualentwicklung des Menschen (Ontogenese) Aufschluss über die Stammesentwicklung (Phylogenese) geben. Das angenommene Verhältnis von Ontogenese und Phylogenese fasste der Zoologe Ernst Haeckel (1866) in seinem sog. *biogenetischen Grundgesetz* zusammen, nach dem die Keimesgeschichte die Stadien der Stammesgeschichte in abgekürzter Form noch einmal wiederholen (rekapitulieren) soll.

Die Entstehung der wissenschaftlichen Entwicklungspsychologie ist somit eng mit der Biologie des 19. Jahrhunderts verknüpft. Dabei waren neben der Evolutionstheorie Darwins vor allem Erkenntnisse der Embryologie (von Baer, 1828–1837) bedeutsam (s. Cairns, 1998). Diese Einflüsse machen verständlich, dass die menschliche Entwicklung lange Zeit nach dem Muster der damaligen Vorstellungen der Entwicklungsbiologie betrachtet wurde, d. h. als eine biologisch vorprogrammierte Entfaltung (Reifung) vorgegebener Strukturen.

Beobachtungen an Kleinkindern

Den eigentlichen Beginn der wissenschaftlichen Entwicklungspsychologie, d. h. der empirischen Untersuchung von Gesetzmäßigkeiten der menschlichen Entwicklung, setzt man gemeinhin mit den ersten umfangreichen Aufzeichnungen von Beobachtungen an Kleinkindern gegen Ende des vergangenen Jahrhunderts an. Als Markstein gilt hier Wilhelm Preyers Werk *Die Seele des Kindes* (1882). Das Buch des in Jena (später in Berlin) tätigen Physiologen Preyer basierte auf sehr sorgfältigen Beobachtungen und kleinen Experimenten an seinem Sohn Axel, die er von der Geburt bis zum Ende des dritten Lebensjahres dreimal täglich durchführte.

Bereits hundert Jahre zuvor waren die umfangreichen Tagebuchaufzeichnungen von Dietrich Tiedemann über die frühe Entwicklung seines Sohnes Friedrich veröffentlicht worden (Tiedemann, 1787). Erst Preyers Buch gab dann allerdings den Anstoß für die intensive Beobachtung der kindlichen Entwicklung.

Eine Reihe von Forschern sammelte nun, meist bei den eigenen Kindern, umfangreiches Beobachtungsmaterial über das Verhalten von kleinen Kindern. Festgehalten wurden diese Beobachtungen, ähnlich wie bei Tiedemann und Preyer, in sog. Kindertagebüchern (z. B. von Ernst und Gertrud Scupin, 1907, 1910; Clara und William Stern, 1907, 1914).

Das wesentliche Verdienst dieser oft sehr detaillierten Datensammlungen ist es, überhaupt erst einmal auf Probleme der Kindesentwicklung aufmerksam gemacht und dadurch ein Interesse für entwicklungspsychologische Untersuchungen geweckt zu haben sowie – häufig erstmals – empirische Daten zusammengetragen zu haben. Außerdem haben diese längsschnittlichen Aufzeichnungen den großen Vorteil, über längere Zeiträume intraindividuelle Veränderungen – oft in geringen zeitlichen Abständen – zu erfassen. Als Basis für verallgemeinernde Aussagen über die Kindesentwicklung erscheinen diese frühen Tagebuchaufzeichnungen – aus heutiger Sicht – allerdings nur bedingt geeignet. Mussen, Conger und Kagan (1981, S. 18) sehen vor allem folgende methodische Mängel:
1. Die Beobachtungen erfolgten häufig unsystematisch und in unregelmäßigen Zeitabständen.
2. Da die Beobachter meist Eltern, Tanten oder Onkel der beobachteten Kinder waren, ist anzunehmen, dass eine gewisse Voreingenommenheit bei der Bewertung der kindlichen Verhaltensäußerungen bestand.
3. Oft hatten die Beobachter bereits eine eigene Theorie über die Entwicklung oder Erziehung von Kindern und sahen in dem einzelnen beobachteten Kind bloß den lebenden Ausdruck dieser Theorie.
4. Die Berichte waren immer nur auf einen oder nur ganz wenige Fälle bezogen, was Verallgemeinerungen kaum zulässt.

Es fehlte auch weitgehend an Bemühungen zur theoretischen Einordnung und Interpretation der erhobenen Beobachtungsdaten. Die Forscher waren stärker an Einzelproblemen interessiert als an theoretischen Zusammenhängen. Man wollte hauptsächlich auf das Lebensalter bezogene (natürliche) Entwicklungsabfolgen beschreiben.

Zu einer wesentlich positiveren Einschätzung des Wertes dieser Tagebuchaufzeichnungen gelangen Deutsch (1991) und Hoppe-Graff (1998). Die damaligen Beobachter scheinen die methodischen Probleme auch selbst bereits gesehen und zu vermeiden gesucht zu haben (Preyer, 1882; nach Cairns, 1998, S. 33).

Weit systematischer und mit zahlreichen technischen Hilfsmitteln (z. B. standardisierter filmischer Verhaltensregistrierung) hat später Arnold Gesell die wohl umfangreichste Sammlung von Beobachtungsdaten zur Entwicklung vom Kindesalter bis ins Jugendalter vorgelegt (Gesell, 1952; Gesell & Ilg, 1954; Gesell, Ilg & Ames, 1956). Mit den heutigen Möglichkeiten der Videoaufzeichnung und computergestützten Auswertungen erfreut sich die Beobachtungsmethode wieder einer zunehmenden Beliebtheit in der entwicklungspsychologischen Forschung (s. Schölmerich & Weßels, 1998; Thiel, 1997).

Die Entwicklung psychologischer Untersuchungsmethoden und die Etablierung von Forschungseinrichtungen

Der Aufschwung der Entwicklungspsychologie als einer wissenschaftlichen Disziplin ist eng mit der Entwicklung und Verbesserung psychologischer Untersuchungsmethoden verknüpft (Trautner, 1992a). Ab 1882 konstruierte G. Stanley Hall Fragebogen für Kinder und veröffentlichte unter dem Titel *The contents of children's minds on entering school* (übersetzt etwa: *Die Inhalte des kindlichen Seelenlebens bei Schuleintritt*) die Ergebnisse seiner Fragebogenerhebungen im ersten Band der von ihm gegründeten Zeitschrift *Pedagogical Seminary* (dem heutigen *Journal of Genetic Psychology*). Alfred Binet und Théodore Simon lieferten im Rahmen eines Auftrags des damaligen französischen Erziehungsministers zur Entwicklung eines Verfahrens, das geistige Behinderungen erkennen helfen sollte, erste Ansätze einer Standardisierung der Intelligenzmessung (Binet & Simon, 1905). Charlotte Bühler und Hildegard Hetzer (1932) stellten Kleinkindertests zur Erfassung des Entwicklungsstandes zusammen. John Watson (zusammen mit Rosalie Raynor, 1920) wendete in Konditionierungsversuchen experimentelle Methoden bei Kleinkindern an (früher bereits Krasnogorski, 1909). Jean Piaget (1923, 1936 u. a.) schuf mit zahlreichen Explorationsverfahren die Grundlagen für einen neuen Zugang zum Denken bei Kindern.

Es wurden nun weltweit auch zahlreiche Zeitschriften gegründet und Universitäts- und Forschungsinstitute eingerichtet (allein zwischen 1890 und 1915 nicht weniger als 21 kinderpsychologische Zeitschriften und 26 Institute; Weinert & Weinert, 1998), die sich vornehmlich mit entwicklungspsychologischen Fragestellungen befassten. Zu nennen sind hier als besonders einflussreiche Institutionen das *Institut Jean Jacques Rousseau* in Genf (geleitet von Edouard Claparede, später von Piaget), die *Yale Clinic of Child Development* unter der Leitung von Amold Gesell (seit 1950 *Gesell Institute of Child Development)* oder das *Fels Research Institute* in Chicago.

Allmählich bildeten sich auch verschiedene *Schulen* heraus, die sich in ihren Intentionen und in den von ihnen gewählten theoretischen Grundlagen zur integrierenden Einordnung der Befunde unterschieden und miteinander in Wettstreit traten. Zu den bekanntesten Schulen zählen die *Genetische Ganzheitspsychologie* (Krueger, Sander, Volkelt, Werner), der *Behaviorismus* (Watson), die *Psychoanalyse* (Freud) und die *Feldtheorie* (Lewin).

Von großer Bedeutung für den Fortschritt der Entwicklungspsychologie waren auch die in den USA zwischen 1920 und 1940 begonnenen, breit angelegten *Längsschnittstudien* mit z. T. umfangreichen Stichproben, die über viele Jahre oder gar Jahrzehnte wiederholt untersucht wurden. Die erste und bekannteste dieser Studien war die von Lewis Terman 1920 begonnene Studie über die Entwicklung von Hochbegabten (Terman & Oden, 1959). Weitere bekannte und bis heute immer wieder zitierte Längsschnittuntersuchungen sind die *Berkeley Growth Study* (Bayley, 1955), die *Berkeley Guidance Study* (Macfarlane, Allen & Honzik, 1954) oder die *Fels Study* (Kagan & Moss, 1962). Hauptziel dieser Studien war, für ein breites Spektrum von Variablen der körperlichen, geistigen und emotional-sozialen Entwicklung Aufschluss über die Kontinuität oder Diskontinuität von Entwicklungsverläufen zu gewinnen bzw. festzustellen, inwieweit interindividuelle Unterschiede stabil oder instabil sind (Brim & Kagan, 1980; s. dazu Kap. 6)

Die Beschäftigung mit dem schwierigen und auffälligen Kind

Weitere Anstöße zur Beschäftigung mit Entwicklungsproblemen kamen von der klinischen Praxis in Amerika (Erziehungsberatung, Fürsorge, Pädiatrie). Die am Anpassungsbegriff *(adjustment)* orientierte amerikanische Kinderpsychologie wollte primär praktische Hilfe für die Kindererziehung geben, die Feststellung von Entwicklungsnormen diente dabei nur als ein Mittel. Ihren Niederschlag fand dieses Interesse in der Gründung von so genannten *Child Guidance Clinics,* übersetzt etwa: Instituten für Kinderwohlfahrt.

Ausgangspunkt war der Versuch, das Problem der Jugendkriminalität besser in den Griff zu bekommen. Zu diesem Zweck gründete Healey im Jahre 1909 die erste *Child Guidance Clinic* in Chicago. Nach dem 2. Weltkrieg rückte auch in Deutschland das schwierige und auffällige Kind in den Vordergrund des Interesses. In der Folge wurden überall Erziehungsberatungsstellen eingerichtet, die bis heute in der psychologischen Praxis einen festen Platz einnehmen.

Über alle Ansätze und Strömungen hinweg, die zur Entstehung einer wissenschaftlichen Entwicklungspsychologie beigetragen haben, war es auch die – vor allem in der damaligen Pädagogik vertretene – neue Sichtweise des Kindes, die wesentlich zur Etablierung einer eigenständigen Entwicklungspsychologie beitrug, wenn auch zunächst beschränkt auf eine Kindespsychologie. Und zwar wurde die bis dahin vorherrschende Sichtweise vom Kind als *kleinem Erwachsenen* nun umgekehrt und der Erwachsene als das Endprodukt einer langen Entwicklungsgeschichte angesehen (das Kind als *Vater des Mannes/Mutter der Frau).* D. h., das Kind wurde nicht länger von der Warte des Erwachsenen aus betrachtet (und entsprechend für defizitär und unfertig gehalten), sondern es wurden die altersspezifischen seelischen Eigenarten des Kindes als etwas Eigenständiges (eine eigene Qualität) behandelt. Das Kind war und konnte nicht *weniger* als der Erwachsene, sondern es war *anders.*

2.4 Das Bild der heutigen Entwicklungspsychologie

Die heutige Entwicklungspsychologie zeichnet sich durch eine große Vielfalt von Problemstellungen, theoretischen Ansätzen und methodischen Vorgehensweisen aus (vgl. Damon, 1998; Oerter & Montada, 2002; Trautner, 1992a, 1997a). Gleichzeitig wird das Gesamtbild der Entwicklungspsychologie der Gegenwart durch eine Reihe von Charakteristika geprägt, die relativ unabhängig von den spezifischen Fragestellungen, Theorien und Methoden sind. Als die wichtigsten Charakteristika sind zu nennen:

- ein großes Interesse an der *Erklärung* von Entwicklung, d. h. an der Aufdeckung der Bedingungen und Mechanismen, die den Veränderungen im Laufe der Entwicklung zugrunde liegen (s. dazu ausführlich Kap. 5);
- eine *Lebensspannenorientierung,* d. h. die Einbeziehung des Erwachsenenalters in die entwicklungspsychologische Betrachtung (s. die seit 1970 erscheinenden Buchreihen ›Lifespan developmental psychology‹ bzw. ›Life-span development and behavior‹; Baltes, Lindenberger & Staudinger, 1998; Faltermaier, Mayring, Saup & Strehmel, 2000);
- eine zunehmende Beachtung der evolutionären und der neurophysiologischen Grundlagen der menschlichen Entwicklung (s. Chasiotis, 1998; MacDonald, 1988; Nelson & Luciana, 2001);
- eine zunehmende *Spezialisierung* der Themen bei gleichzeitig zunehmender *interdisziplinärer* Ausrichtung (s. Damon, 1998; Durkin, 1995; Keller, 1997);
- eine verstärkte Bezugnahme auf die allgemeinpsychologischen *Kognitionswissenschaften* und die dort im Vordergrund stehenden kognitiven Funktionen (z. B. Wahrnehmung, Gedächtnis, Sprache, Problemlösen) und die damit zusammenhängenden Informationsverarbeitungsprozesse (s. Goswami, 2001; Kuhn & Siegler, 1998);
- eine stärkere Berücksichtigung des *sozialen* und *ökologischen Kontextes,* in dem Entwicklungsprozesse stattfinden (s. Bronfenbrenner & Morris, 1998; Greenfield & Suzuki, 1998; Trommsdorff, 1995);
- eine Hinwendung zu einer *differentiellen Entwicklungspsychologie,* die neben interindividuellen Differenzen auch den historischen Wandel von Entwicklungsphänomenen berücksichtigt (s. Baltes, 1990; Hasselhorn & Schneider, 1998);
- eine Wiederentdeckung der *Längsschnittmethode* als notwendige Grundlage für die Beantwortung zentraler Fragen der Entwicklungspsychologie (s. dazu Kap. 8.2);
- eine Öffnung hin zu Problemen einer *Angewandten Entwicklungspsychologie* (Oerter & Montada, 2002; s. dazu Kap. 7), sowie – angeregt durch die Etablierung des Kinder- und Jugendlichen-Psychotherapeuten in Deutschland – eine zunehmende Beschäftigung mit der *Klinischen Entwicklungspsychologie* oder *Entwicklungspsychopathologie* (s. Cichetti & Toth, 1998; Noam, 1998; Oerter, von Hagen, Roeper & Noam, 1999).

3 Entwicklungsbegriff und Gegenstand der Entwicklungspsychologie

Wie aus dem historischen Abriss der Entwicklungspsychologie deutlich geworden ist, hat sich die Auffassung über das, was die Entwicklung des Menschen ausmacht, über die Jahrhunderte ständig gewandelt. Gleichzeitig wurden aber immer wieder die gleichen Fragen gestellt:
- Wird die Entwicklung von inneren Anlagen und Reifungsfaktoren gesteuert, oder sind es eher die Umwelt und von ihr ausgehende Erfahrungen und Lernprozesse, die der Entwicklung zugrunde liegen?
- Ist Entwicklung eher ein stetiger, kontinuierlicher Prozess der quantitativen Veränderung, oder zeichnet sich die Entwicklung eher durch Diskontinuität und qualitative Veränderungen aus?
- Verläuft die Entwicklung bei allen Individuen in gleicher Weise auf ein vorgegebenes Entwicklungsziel (Reifeniveau) hin, oder gibt es individuell ganz unterschiedliche Arten des Entwicklungsverlaufs mit offenem Ende?
- Lassen sich einmal eingetretene Entwicklungsveränderungen wieder rückgängig machen, oder ist Entwicklung eher ein irreversibler Prozess?

Auf diese Fragen wurden und werden in der Entwicklungspsychologie bis heute unterschiedliche Antworten gegeben. Dabei zeichnet sich die heutige Entwicklungspsychologie durch ein Fehlen allgemeiner Modelle der Entwicklung aus (Valsiner, 1998). Seit der Entstehung einer wissenschaftlichen Entwicklungspsychologie gegen Ende des 19. Jahrhunderts lässt sich nicht nur ein Wandel in den Auffassungen über den Entwicklungsbegriff erkennen, sondern auch ein Nebeneinander von Konzepten, Methoden und Ergebnissen. Es gibt nicht *die* Entwicklungspsychologie und damit einen einheitlichen Entwicklungsbegriff, sondern mehrere Entwicklungspsychologien, die sich darin unterscheiden, wie sie Forschungsprobleme formulieren und diese untersuchen.

Der kleinste gemeinsame Nenner in der vorgefundenen Vielfalt der Auffassungen über den Entwicklungsbegriff scheint zu sein, dass Entwicklung, wie bereits im Kap. 1 erläutert, immer *Veränderungen über die Zeit* (die Ontogenese) beinhaltet. Entwicklung heißt also immer Veränderung. Es gilt aber nicht das Umgekehrte, dass jede Veränderung gleich Entwicklung ist. Was unterscheidet Entwicklungsveränderungen von solchen Veränderungen, die nicht Entwicklung genannt werden? Was definiert Entwicklung? Darum geht es im nächsten Abschnitt.

3.1 Definition des Entwicklungsbegriffs

Sowohl in der Alltagssprache wie in der Wissenschaftssprache scheint *Entwicklung* weniger ein eindeutig zu definierender Klassenbegriff zu sein als eher ein an den Rändern unscharfer Typenbegriff oder prototypischer Begriff, der mit anderen Begriffen weniger durch klar abgrenzbare Merkmale als durch ›Familienähnlichkeit‹ (im Sinne von Wittgenstein), d. h. durch partielle Überlappungen, verbunden ist (s. Ulich, 1986, S. 16 f.). Das bedeutet: Für einige Arten von Veränderungen sind diese Merkmale, für andere Arten von Veränderungen jene Merkmale kennzeichnend und/oder gemeinsam.

Schauen wir uns zunächst den Alltagsbegriff von Entwicklung an. Er ist stark von biologischen Vorstellungen geprägt, d. h., er lässt eine Nähe zu Vorstellungen von ›Entfaltung‹, ›Wachstum‹ und ›Reifung‹ erkennen: »Wir denken bei Entwicklung meist an ein allmähliches, graduelles, universelles, bestimmte Phasen und Stufen durchlaufendes Wachstum im Sinne einer Entfaltung angelegter Möglichkeiten. Entwicklung geschieht mit uns, sie läuft nach Gesetzmäßigkeiten ab, die z. B. die Biologie erforschen und entdecken kann. Entwicklung erscheint uns als naturwüchsiger Prozess. Die Entfaltung zu größerer Vielfalt, besserem Können, das Wachstum hin zu ausgebildeteren Formen, zur Vervollkommnung scheint mit innerer Notwendigkeit zu erfolgen; eines geht aus dem anderen hervor, baut auf dem anderen auf« (Ulich, 1989, S. 181). Dabei lässt sich der Entwicklungsprozess selbst nicht beobachten. Direkt beobachtbar sind immer nur die jeweiligen Produkte des Entwicklungsprozesses (Trautner, 1992a, S. 47). Auch die der Entwicklung zugrunde liegenden Bedingungen können nur erschlossen werden.

Was sehen Entwicklungspsychologen als die konstituierenden Merkmale von Entwicklungsveränderungen an? In der Entwicklungspsychologie des 20. Jahrhunderts treffen wir auf eine Vielzahl mehr oder weniger voneinander abweichender Entwicklungsdefinitionen (s. Trautner, im Druck). Vier Beispiele aus der großen Zahl von Definitionen seien als repräsentativ für die vorherrschende Sichtweise herausgegriffen:

E. Nagel (1957): Entwicklung ist der Begriff für »die regelhafte Abfolge von Veränderungen in einem in sich geschlossenen System mit einer klar umrissenen Struktur und einer bestimmten Menge von schon existierenden Fähigkeiten, die zu relativ dauerhaften Neuerwerbungen sowohl der Struktur wie der Funktionsweise des Systems führen.«

H. Remplein (1958, S. 28): Entwicklung ist »eine nach immanenten Gesetzen (einem Bauplan) sich vollziehende (d. h. nicht umkehrbare, irreversible) Veränderung eines ganzheitlichen Gebildes, die sich als Differenzierung (Ausgliederung) einander unähnlicher Teilgebilde bei zunehmender Strukturierung (gefügehafter Ordnung) und funktionaler Zentralisierung (Unterordnung der Funktionen und Glieder unter beherrschende Organe) darstellt.«

W. Kessen (1960, S. 36; übers. v. Verf.): »Ein Phänomen wird entwicklungsbedingt genannt, wenn es in regel- oder gesetzmäßiger Weise mit dem Alter in Beziehung gesetzt werden kann.«

H. Thomae (1959, S. 10): Entwicklung ist zu verstehen »als eine Reihe von miteinander zusammenhängenden Veränderungen, die bestimmten Orten des zeitlichen Kontinuums eines individuellen Lebenslaufs zuzuordnen sind.«

Die in den vorgenannten Entwicklungsdefinitionen zum Ausdruck kommenden Auffassungen von Entwicklung lassen sich im Großen und Ganzen in zwei Gruppen sortieren: Die eine Gruppe von Definitionen bindet den Entwicklungsbegriff an eine Reihe von Merkmalen, die für biologische Wachstums- und Reifungsprozesse des menschlichen Organismus charakteristisch sind (Nagel, 1957; Remplein, 1958). Die andere Gruppe von Definitionen hält den Entwicklungsbegriff weitgehend frei von inhaltlichen Festlegungen (Kessen, 1960; Thomae, 1959). Ersteres gibt die traditionelle Auffassung wieder, letzteres ist eher die heute gebräuchliche Auffassung von Entwicklung. Neuere Hand- und Lehrbücher der Entwicklungspsychologie diskutieren zwar verschiedene Entwicklungsmodelle und Sichtweisen der Entwicklung, sie versuchen aber nicht mehr, eine verbindliche Definition des Entwicklungsbegriffs zu liefern (vgl. Damon & Lerner, 1998; Keller, 1998; Oerter & Montada, 2002; Trautner, 1992a, 1997a). Auf diesem Hintergrund sind die folgenden Erläuterungen zur Bestimmung des Entwicklungsbegriffs zu sehen.

Nach ihrem Allgemeinheitsgrad geordnet, lassen sich neun Definitionsmerkmale des Entwicklungsbegriffs der Psychologie angeben (Trautner, im Druck). Die am Anfang beschriebenen Merkmale haben einen breiteren Geltungsbereich als die am Ende beschriebenen Merkmale. Dabei besteht über die Gültigkeit der ersten fünf Merkmale des Entwicklungsbegriffs weitgehend Einigkeit in der Entwicklungspsychologie. Uneinig ist man darüber, ob diese fünf Definitionsmerkmale ausreichen, um entwicklungsbedeutsame von nicht entwicklungsbedeutsamen Veränderungen eindeutig abzugrenzen, oder ob nicht zumindest einige der weiteren vier Merkmale gegeben sein müssen.

1. *Veränderung über die Zeit.* Das Auftreten von Veränderungen über die Zeit ist das allgemeinste Merkmal des Entwicklungsbegriffs. Dabei ist zu fragen, *was* im Hinblick auf die Veränderung *welcher Attribute* betrachtet wird. Außerdem ist der Zeitraum festzulegen, über den Veränderungen analysiert werden. Für die Individualentwicklung ist dies die *Ontogenese*.

2. *Veränderung in systematischem Zusammenhang mit dem Lebensalter (Lebenslauf).* Nach der klassischen Formel von Kessen (1960), Verhalten = f(Alter), sind solche Veränderungen als Entwicklung zu bezeichnen, die (gehäuft) in einem bestimmten Lebensalter auftreten. Angaben zu den alterstypischen Merkmalsausprägungen gehören zum Standard entwicklungspsychologischer Untersuchungen. Ein wesentlicher Grund hierfür ist die Beobachtung, dass häufig eine enge Korrelation zwischen dem Lebensalter und der Variation eines Merkmals besteht (s. dazu Kap. 3.2).

3. *Überdauernde, langfristige Veränderung.* Soweit Veränderungen mit dem Etikett ›Entwicklung‹ versehen werden, sollte es sich nicht um nur kurzfristige, vorübergehende Veränderungen handeln, sondern um langfristige, überdauernde Veränderungen. Der durch krankheitsbedingtes Fehlen in der Schule vorübergehende Abfall der Schulleistungen oder das schnell erlahmende Interesse am Erlernen eines Musikinstruments lassen sich kaum als Entwicklungsprozesse betrachten. Ein durch eine chronische Erkrankung bedingtes dauerhaftes Absinken der Schulleistungen oder das u. U. lebenslange Spielen eines Musikinstruments wären hingegen eher als Beispiele für Entwicklungsveränderungen anzusehen.

4. *Geordnete, regelhafte Veränderungen.* Die aufeinander folgenden überdauernden (quantitativen oder qualitativen) Veränderungen sollten überdies eine irgendwie geartete Ordnung und einen inneren Zusammenhang aufweisen, d. h., systematisch auseinander hervorgehen (Thomae, 1959). Das Spätere baut

dabei auf dem Früheren auf und setzt es, u. U. in veränderter Form, fort (s. hierzu Kap. 4).
5. *Unterschiedliche Veränderung verschiedener Personen in unterschiedlichen, sich verändernden Umwelten.* Entsprechend der Sichtweise einer differentiellen Entwicklungspsychologie sind nicht nur die typischen (universellen) altersbezogenen Veränderungen Gegenstand einer entwicklungspsychologischen Betrachtung, sondern auch die interindividuellen Unterschiede in den intraindividuellen Veränderungen (Hasselhorn & Schneider, 1998; Trautner, 1992a). Soweit die intraindividuellen Veränderungen und die interindividuelle Variation in diesen Veränderungen auf die (intra- und interindividuelle) Variation von Umweltbedingungen zurückgeht, sind auch diese zu berücksichtigen.
6. *Gerichtetheit.* Die Veränderungen zeigen eine natürliche Abfolge (Unidirektionalität) und sind auf ein Ziel (einen Reifezustand) gerichtet. In der Regel handelt es sich um Aufbauprozesse, wobei das Spätere meist als höherwertig verstanden wird (z. B. größere Differenziertheit oder geistige Überlegenheit; s. Schmidt, 1970).
7. *Universalität.* Die Veränderungen, d. h. deren Richtung und zeitliche Abfolge, treten bei allen Menschen weitgehend unabhängig von unterschiedlichen Umweltgegebenheiten in gleicher Form auf. Interindividuelle Unterschiede sowohl in der Entwicklungsgeschwindigkeit wie im letztlich erreichten Entwicklungsniveau sind dabei nicht ausgeschlossen.
8. *Irreversibilität.* Aufgrund der angenommenen Gerichtetheit der Veränderungen (6.) und ihrer Universalität (7.) liegt es nahe, auch eine Nichtumkehrbarkeit der Entwicklung anzunehmen. Das einmal Erreichte kann zwar durch etwas Neues ergänzt oder ersetzt werden, ein Zurückfallen auf ein früheres Entwicklungsniveau (eine Regression) wird aber ausgeschlossen.
9. *Qualitativ-strukturelle Transformationen.* Eine weitere Einschränkung des traditionellen Entwicklungsbegriffs ist dadurch gegeben, dass er nur auf Veränderungen angewendet wird, die sich nicht rein quantitativ, im Sinne eines Mehr-oder-Weniger darstellen lassen, sondern als aufeinander folgende unterschiedliche Qualitäten (s. Kap. 4.2).

Die heute mehrheitlich gebräuchlichen Entwicklungskonzepte kommen mit den unter 1. bis 5. beschriebenen Merkmalen weitgehend aus. Traditionelle Konzepte setzen der Anwendung des Entwicklungsbegriffs engere Grenzen und fordern auch das Vorliegen der unter 6. bis 9. erläuterten Kriterien.

Mit jeder inhaltlichen Festlegung des Entwicklungsbegriffs werden nur bestimmte Ausschnitte des Entwicklungsgeschehens erfasst. Motorische Entwicklungssequenzen in den ersten Lebensjahren, Spracherwerbsprozesse oder das wachsende Geschlechtskonstanzverständnis im Vorschulalter, Veränderungen des Denkens im Kindes- und Jugendalter genügen z. B. weitgehend den Kriterien der traditionellen Entwicklungsdefinition. Es gibt aber auch zahlreiche Veränderungen in individuellen Lebensläufen, die von einem derartigen engen Entwicklungsbegriff nicht abgedeckt werden. Dies gilt vor allem für die meisten Veränderungen im Erwachsenenalter und höheren Lebensalter (z. B. im Zusammenhang mit Veränderungen von familiären und beruflichen Rollen und Aufgaben, Veränderungen von Interessen und Freizeitaktivitäten, körperlicher und geistiger Leistungsfähigkeit; s. dazu Faltermaier et al., 2000). Viele Aspekte der Entwicklung im Erwachsenenalter zeichnen sich »durch große interindividuelle Variabilität, beträchtliche intraindividuelle Plastizität, Multidimensionalität und auch Multidirektionalität (multiple Gerichtetheit)« aus (Baltes & Sowarka, 1983, S. 15).

Aber auch eine Reihe von Veränderungen im Kindes- und Jugendalter lassen sich nicht als universell auf einen Endpunkt gerichtet, irreversibel und qualitativ-strukturell beschreiben. Dies gilt z. B. für die Ansammlung von Wissen über die dingliche und soziale Umwelt, die Gewinnung einer persönlichen Identität, den Aufbau und die Veränderungen des Selbstkonzeptes oder den Erwerb und die Veränderungen von Spiel- und Freizeitinteressen. Sollen wir bei all diesen Veränderungen deshalb nicht von Entwicklung sprechen bzw. sie nicht zum Gegenstand entwicklungspsychologischer Untersuchungen machen? Die große Mehrheit der Entwicklungspsychologen beantwortet diese Frage heute eher mit einem *Nein* und hält es nicht für angemessen, wegen des Nichtzutreffens einzelner Kriterien der traditionellen Entwicklungsdefinition bestimmte Untersuchungsgegenstände von vornherein aus der Entwicklungspsychologie auszuschließen. Dies erscheint auch deshalb wenig sinnvoll, weil man häufig erst *nach* der gründlichen Untersuchung eines Gegenstandes feststellen würde, dass die postulierten Kriterien des Entwicklungsbegriffs nicht auf eine Veränderung zutreffen.

Die unterschiedliche Bedeutung der beiden Entwicklungsbegriffe lässt sich am Beispiel von Entwicklungsprozessen der Geschlechtstypisierung im Kindesalter noch einmal veranschaulichen (s. dazu Trautner, 1997b). Ein Aspekt der Entwicklung der Geschlechtstypisierung im Kindesalter ist die mit dem Alter zunehmende Erkenntnis, dass die Geschlechtszugehörigkeit einer Person etwas Unveränderliches ist. Man konnte in zahlreichen Untersuchungen zeigen, dass alle Kinder bis zum Grundschulalter folgende Stufen des Geschlechtskonstanz-Verständnisses durchlaufen (vgl. Trautner, 1997b, S. 336 f.): Ungefähr mit zwei bis drei Jahren ordnen Kinder sich selbst und andere Personen zuverlässig dem richtigen Geschlecht zu *(Identität)*. In der nächsten Entwicklungsstufe wird die zeitliche Konstanz des Geschlechts in Vergangenheit und Zukunft erkannt *(Stabilität)*. Am Ende wissen die Kinder, dass auch bei der Übernahme von Attributen des anderen Geschlechts (z. B. bei Verkleidungen oder im Rollenspiel) das ursprüngliche Geschlecht beibehalten wird *(Konstanz)*. Hier gibt es eine bestimmte *Entwicklungsrichtung* mit einem eindeutig definierten *Endniveau*. Die Entwicklungsschritte treten bei allen Kindern auf, d. h., sie sind *universell* (jedenfalls in unserem Kulturkreis). Es lassen sich auch keine Umkehrungen der Entwicklungsabfolge oder Rückschritte beobachten *(Irreversibilität* der Abfolge), und es handelt sich eher um *qualitativ unterscheidbare Stufen* als um eine rein quantitative Wissenszunahme. Bei der Entwicklung der Geschlechtskonstanz greift also der enge Entwicklungsbegriff.

Die Entwicklung der Geschlechtstypisierung beinhaltet aber auch andere Arten von Veränderungen, für die die Kriterien der engen Entwicklungsdefinition nicht gelten. So bilden Kinder im Vorschul- und Grundschulalter so genannte Geschlechtsrollenpräferenzen aus, d. h., sie wählen bevorzugt Rollenmerkmale oder Personen, die mit der Geschlechtsgruppe (im Regelfall der eigenen) assoziiert sind, und sie bewerten diese Merkmale und Personen auch höher (vgl. Trautner, 1997b, S. 346–348). Hier lässt sich die Entwicklungsrichtung und das Endziel der Entwicklung nicht so eindeutig festlegen. So werden z. B. geschlechtstypische Spielzeugpräferenzen und die Wertschätzung für Kinder der eigenen Geschlechtsgruppe nicht bei allen Kindern in gleicher Art und auf Dauer ausgebildet. Sie entwickeln sich überdies kaum unabhängig vom jeweiligen Spielzeugangebot der sozialen Umwelt und weiterer sozialer Einflüsse. Auch scheinen einmal gegebene Präferenzen nicht irreversibel zu sein. Schließlich ist es durchaus möglich, Veränderungen in den Geschlechtsrollenpräferenzen rein quantitativ zu betrachten, d. h. nur nach der Stärke der gegebenen Präferenz zu fragen. Hier ist die Anwendbarkeit der Kriterien des engen Entwicklungsbegriffs offensichtlich nicht gegeben. Trotzdem erscheint es sinnvoll, sich als Entwicklungspsychologe mit dem Aufbau und den Veränderungen von Geschlechtsrollenpräferenzen im Kindesalter zu befassen.

3.2 Zur Bedeutung der Begriffe »Alter« und »Zeit« in der Entwicklungspsychologie

Das konstituierende Merkmal jeglicher Veränderung ist, dass sie sich in der Zeit abspielt. Speziell der heute gebräuchliche weite Entwicklungsbegriff stellt die Zuordnung von Veränderungen zu bestimmten Abschnitten »des zeitlichen Kontinuums eines individuellen Lebenslaufs« (Thomae, 1959, S. 10) als grundlegend für eine Entwicklungsbetrachtung heraus (vgl. oben S. 28). Dabei ist es üblich, das Zeitkontinuum der Ontogenese nach dem *chronologischen Alter* (Lebensalter) zu unterteilen.

Die Systematisierung von Entwicklungsveränderungen nach dem Lebensalter hat eine lange Tradition in der Entwicklungspsychologie. Sie ist in allen Stufenkonzepten anzutreffen, in denen ja für aufeinander folgende Altersabschnitte die jeweils charakteristischen Verhaltensmerkmale beschrieben werden (s. Kap. 4.2). Aber auch bei einer quantitativen Entwicklungsbetrachtung, etwa bei der Erstellung von Wachstumskurven oder Entwicklungsfunktionen, dient meist das Lebensalter als Einteilungsmaßstab für die Untergliederung der Zeitachse (s. Kap. 4.1). Schließlich existieren auch in der ›naiven‹ Alltagspsychologie eine Vielzahl altersbezogener Erwartungen und entsprechender Regeln in der sozialen Umwelt. Beispiele sind die Altersbezogenheit der Erwartungen an die Selbständigkeit eines Kindes oder Jugendlichen, die altersabhängige Aufnahme in Kindergarten und Grundschule oder die Altersnormen hinsichtlich Strafmündigkeit, Führerscheinerwerb, Volljährigkeit, Heiratsfähigkeit und vieles mehr.

Das chronologische Alter einer Person ist nicht nur leicht festzustellen, sondern es korreliert auch mit der Ausprägung zahlreicher Verhaltensmerkmale. Der korrelative Zusammenhang zwischen Lebensalter und Merkmalsausprägung ist dabei häufig enger als der zwischen irgendwelchen angenommenen Einflussgrößen und der Merkmalsvariation (Wohlwill, 1977). Dies hat dazu geführt, dass von einigen Entwicklungspsychologen Veränderungen nur dann als entwicklungsbedingt und unter einem Entwicklungsaspekt bedeutsam angesehen werden, wenn sie in regelhafter (gesetzmäßiger) Weise auf das Alter bezogen werden können (s. Kessen, 1960).

Die Betrachtung der im Laufe der Entwicklung auftretenden Veränderungen *in Abhängigkeit* vom Lebensalter bringt allerdings eine Reihe von Problemen mit sich. Sie lassen sich in drei Punkten zusammenfassen (nach Trautner, 1992a, S. 28–30):

1. *Alter hat keinen Erklärungswert.* Das chronologische Alter ist keine psychologische Variable, sondern eine physikalische Größe, die nichts erklärt, sondern nur eine Dimension darstellt, in der mit dem Alter korrelierte Entwicklungsdeterminanten zur Auswirkung gelangen. Ihre psychologische Bedeutung erhält die Altersvariable »erst durch das Auffinden antezedenter Bedingungen und Prozesse, die zu einem gewissen Alter stattgefunden haben« (Rudinger, 1978, S. 174). Das Alter an sich

hat somit keinen Erklärungswert. Die eigentlichen Bedingungen des Zustandekommens von Veränderungen sind in der Einwirkung spezifischer Entwicklungsbedingungen zu suchen. Wie andere psychologische Variablen (z. B. Geschlecht oder Schichtzugehörigkeit) wird das Alter zu einer ›*Trägervariable*‹ für jeweils erst aufzufindende Bedingungen und Prozesse. Wohlwill (1977) schlägt daher vor, das Alter als einen Parameter der gemessenen *abhängigen* Variable zu verwenden. Mit dem Alter eintretende Veränderungen werden somit nicht mehr als abhängig vom Alter (Lebenszeit) betrachtet, sondern die Zeit (Altersspanne), die benötigt wird, um von einem Entwicklungsniveau auf ein höheres Niveau zu gelangen, ist nun als abhängige Variable konzipiert.

2. *Alter vernachlässigt interindividuelle Unterschiede.* Da die Ausprägung bzw. Auswirkung relevanter Entwicklungsbedingungen nicht bei allen Individuen in gleicher Weise mit dem Alter variiert, kommt es zwangsläufig zu interindividuellen Unterschieden zwischen Altersgleichen. Diese Unterschiede werden gegenüber den (mittleren) Altersunterschieden oft vernachlässigt. So unterscheiden sich z. B. nicht nur Vierjährige und Siebenjährige in ihrer Selbständigkeit, sondern auch innerhalb jeder der beiden Altersgruppen gibt es Kinder mit höherer oder niedrigerer Selbständigkeit. Die Vernachlässigung der Unterschiede innerhalb der einzelnen Altersgruppen fällt umso stärker ins Gewicht, je weniger eng der Zusammenhang zwischen dem Alter und der Einwirkung der jeweiligen Entwicklungsbedingungen ist.

3. *Altersvariation heißt nicht zwangsläufig Bindung an das Lebensalter.* Lebensalterbezogene Entwicklungsreihen erwecken den – meist – falschen Eindruck einer festen Bindung von Veränderungen an das Alter. Überall da, wo Veränderungen nicht fest an vorprogrammierte Reifungsprozesse gebunden sind, besteht die Gefahr, die unter den gerade gegebenen Entwicklungsbedingungen angetroffenen typischen Altersverläufe fälschlicherweise als unveränderbar anzusehen und das Eintreten von ›altersgemäßen‹ Entwicklungsfortschritten einfach abzuwarten. Unter anderen Entwicklungsbedingungen können die beobachteten Altersunterschiede aber u. U. völlig anders aussehen.

So weiß man z. B. seit längerem, dass die Fähigkeit von Kindern, lesen zu lernen, nicht an das Einschulungsalter von sechs Jahren gebunden ist, auch nicht im Regelfall, sondern unter bestimmten Voraussetzungen bereits einige Jahre früher erworben werden kann (Schmalohr, 1971). In welchem Alter frühestens oder am besten einzelne Verhaltensmerkmale erworben werden können, ist aber heute noch weitgehend unbekannt. Entsprechend ist fraglich, ob die unter den bestehenden soziokulturellen Gegebenheiten beobachteten Altersveränderungen auch unter veränderten Bedingungen in dem betreffenden Alter auftreten werden.

Die gleichen Einwände, die gegen eine altersabhängige Betrachtung von Entwicklungsveränderungen vorgetragen wurden, gelten natürlich auch für eine zeitabhängige Betrachtung von Entwicklungsveränderungen. Auch die Zeit erklärt nichts, im Unterschied zu echten Entwicklungsfaktoren, sondern ist nur ein Medium, in dem sich Entwicklungsprozesse abspielen. Auch werden interindividuelle Unterschiede vernachlässigt, und es bleibt offen, inwieweit der Entwicklungsverlauf auch anders aussehen könnte. Davon abgesehen hat aber die Konzeption von *über die Zeit eintretenden Veränderungen* gegenüber der Konzeption von *Veränderungen über das Alter* eine Reihe von Vorteilen (Trautner, 1992a, S. 33):

1. Der Zeitbegriff macht deutlicher, dass es sich um eine physikalische Größe handelt, um ein Medium, in dem sich Prozesse abspielen, die zum Zwecke der Erklärung von Veränderungen erst aufzudecken sind.
2. Im Unterschied zum traditionellen Gebrauch der Altersvariable ist der Begriff Zeit frei von impliziten Hypothesen über eine Reifungsabhängigkeit der Entwicklung.
3. Alter ist ein Merkmal des sich verändernden Individuums. Soweit individuelle Merkmalsänderungen mit veränderten Umweltbedingungen zusammenhängen, ist Entwicklung nicht nur vom Individuum aus, sondern auch von seiner Umwelt aus zu betrachten. Auf der Zeitdimension können leichter sowohl Veränderungen des Individuums als auch Umweltveränderungen abgebildet werden.
4. Zeit ist der weitere, Alter der engere Begriff. Soweit eine Altersgebundenheit von Veränderungen vorliegt, lässt sich die Zeitstrecke ohne weiteres in Altersabständen einteilen.

Die vorangegangene Kritik an einer Betrachtung von Entwicklungsvorgängen in Abhängigkeit vom Lebensalter leugnet nicht den empirischen Sachverhalt, dass zahlreiche Veränderungen mit dem Lebensalter korrelieren. Derartige Zusammenhänge kommen aber erst dadurch zustande, dass bestimmte Entwicklungsfaktoren bzw. ihre Auswirkungen in einer mehr oder weniger engen Beziehung zum Alter stehen. Dies gilt es aufzudecken.

Auch unter Berücksichtigung der vorgenannten Kritikpunkte und Einschränkungen stellt das Lebensalter, definiert als chronologisches Alter, eine zu verengte Sichtweise der Zeitdimension dar, in der Entwicklungsprozesse stattfinden. Neben dem Lebensalter des Individuums ist zumindest die *historische Zeit,* in der das Individuum lebt bzw. zu der es von Entwicklungspsychologen in seinen Merkmalen erfasst und beschrieben wird, mit zu berücksichtigen.

Noch einen Schritt weiter gehen Neugarten & Datan (1979), indem sie zwischen drei Arten von entwicklungspsychologisch relevanter Zeit unterscheiden: *Lebenszeit* (chronologisches Alter), *sozialer Zeit* (System der Altersstufung in einer Gesellschaft) und *historischer Zeit*. Das chronologische Alter wird für viele Formen des sozialen und psychischen Verhaltens für die Autorinnen erst dann zu einem sinnvollen Prädiktor, wenn es sich auf die genaue Kenntnis der betreffenden Gesellschaft zu einem bestimmten historischen Zeitpunkt als Bezugsrahmen stützen kann. Ein anschauliches Beispiel ist die Tatsache, dass heutzutage das typische 14-jährige Mädchen in den Vereinigten Staaten noch zur Schule geht, während es in einem Provinzdorf im Nahen Osten bereits Mutter von zwei Kindern sein kann. Was es bedeutet, ein bestimmtes Alter zu haben, kann also von Gesellschaft zu Gesellschaft, von Zeit zu Zeit variieren. Die historische Zeit wirkt dabei modifizierend auf das soziale System ein, und das soziale System wiederum erzeugt die sich ändernden Altersnormen und ein wechselndes Altersstufungssystem, das den individuellen Lebenslauf prägt.

Neugarten & Datan (1979) geben in ihrem Artikel eine Reihe von Beispielen dafür, wie anders heute im Gegensatz zu früheren Zeiten bedeutsame Ereignisse über die Lebenszeit hin verteilt sind und dass dieser Unterschied in der Zeitgliederung eine Begleiterscheinung zugrunde liegender biologischer, sozialer und ökonomischer Veränderungen in der Gesellschaft ist.

Schorsch (1992) unterscheidet neben dem *chronologischen* Alter noch feiner zwischen dem *biologischen* oder *physiologischen* Alter (dem Reifezustand, der Vitalität oder Funktionstüchtigkeit des Organismus), dem *psychologischen* Alter (dem Entwicklungsstand psychische Funktionen), dem *sozialen* Alter (den gesellschaftlichen Altersstufungen und Altersnormen) und dem *subjektiven* Alter (der Einstellung des Individuums zu seinem chronologischen, biologischen, psychologischen oder sozialen Alter).

4 Die Beschreibung der Entwicklung

Als *Beschreibung* der Entwicklung wurde im Einleitungskapitel die möglichst objektive, zuverlässige und valide Erfassung der Veränderungen in ausgewählten Entwicklungsvariablen definiert, unabhängig davon, wodurch diese Veränderungen zustande kommen. Welche Variablen mit welchen Messinstrumenten hinsichtlich welcher Merkmale in welchen Entwicklungsabschnitten erfasst werden sollen, ist dabei *vor* der empirischen Untersuchung der interessierenden Entwicklungsprozesse festzulegen. Bereits Stevenson (1972) hat darauf hingewiesen, dass die meisten empirischen Untersuchungen zwar auf die Repräsentativität der Versuchspersonen-Stichprobe achten, die Repräsentativität der Verhaltensmaße zur Erfassung der Untersuchungsvariablen aber eher vernachlässigen.

Je nach Erkenntnisinteresse und Fragestellung lassen sich Entwicklungsvariablen auf verschiedenen Ebenen und in verschiedenen Ausschnitten betrachten (s. Trautner, 1992a, S. 36 ff.). Nehmen wir an, wir wollen die Entwicklung von Geschlechtsrollenpräferenzen untersuchen (s. dazu Trautner, 1997b, S. 345–353). Hier ist zunächst festzulegen, um welche inhaltlichen Aspekte es gehen soll. In Frage kommen: die positive Bewertung der eigenen Geschlechtsgruppe allgemein oder der mit dem eigenen Geschlecht assoziierten spezifischen Eigenschaften; die bevorzugte Ausübung bestimmter geschlechtstypischer Aktivitäten; die Vorliebe für gemeinsame Unternehmungen mit Angehörigen des eigenen Geschlechts. Interessieren dabei nur die Richtung und die Stärke der jeweiligen Geschlechtsrollenpräferenzen oder (auch) die einzelnen Inhalte und Muster der Präferenzen? Wird nur erfasst, was die Personen bevorzugen und positiv bewerten, oder werden auch die Ablehnungen erfragt? Ist eventuell die Schnelligkeit der Präferenzentscheidungen von Bedeutung? Weiter ist festzulegen, ob die Präferenzen erfragt oder beobachtet werden. Im Falle der Befragung ist u. a. zu entscheiden, ob von den Untersuchungsteilnehmern absolute Urteile für jeden einzelnen Präferenzgegenstand verlangt werden, die einzelnen Inhalte in eine Rangreihe zu bringen sind oder jeweils im Paarvergleich gegenübergestellt werden, ob die Beurteilungsgegenstände real, bildlich oder verbal dargeboten werden usw. Im Falle der Beobachtung sind Festlegungen bezüglich der Gestaltung der Beobachtungssituation zu treffen, z. B. ob die Personen im natürlichen Lebensumfeld (bzw. in welchem sozialen Kontext) oder unter experimentell kontrollierten Bedingungen beobachtet werden.

Die aufgezählten Alternativen der Operationalisierung der Untersuchungsvariablen decken die gegebenen Möglichkeiten der Gestaltung einer Untersuchung zur Entwicklung von Geschlechtsrollenpräferenzen bei weitem noch nicht vollständig ab. Welche Entscheidungen bezüglich der Auswahl der Untersuchungsvariablen und der Erhebungsmethoden getroffen werden, dürfte nicht zuletzt davon abhängen, welcher Altersbereich auf Veränderungen hin untersucht werden soll.

Je nach der Definition des Untersuchungsgegenstandes und der Art seiner Messung können ganz unterschiedliche Beschreibungsmerkmale der Entwicklung resultieren. Beschränkt man sich z. B. auf die Erfassung der allgemeinen Wertschätzung für die eigene Geschlechtsgruppe oder summiert man die geäußerten geschlechtstypischen Präferenzen einfach auf, so erhält man ausschließlich Angaben über die Ausprägungsstärke der individuellen Geschlechtsrollenpräferenz. Betrachtet man hingegen die einzelnen Präferenzurteile oder Handlungsentscheidungen der Untersuchungsteilnehmer, so kann man darüber hinaus so etwas wie ein individuelles Präferenzprofil erstellen oder Präferenztypen voneinander abgrenzen, die jeder für sich in ihrem Entwicklungsverlauf betrachtet werden können.

Die verschiedenen Möglichkeiten der Beschreibung von Entwicklungsveränderungen lassen sich vorrangig danach klassifizieren, ob es sich um *quantitative* Veränderungen oder um *qualitative* Veränderungen handelt. Zu welcher Art von Veränderungen ein beobachteter Entwicklungsverlauf zählt, hängt im Wesentlichen davon ab, ob die interessierende Entwicklungsvariable *kontinuierlich* oder *diskret* definiert wird. Die Anzahl geschlechtstypischer Präferenzen oder der Grad der Bevorzugung gleich geschlechtlicher Interaktionspartner variieren auf einer kontinuierlichen Entwicklungsdimension und lassen sich daher eindeutig nach größer oder kleiner (mehr oder weniger) quantifizieren. Ob die Präferenzwahlen eher an der Geschlechtsangemessenheit der zur Wahl stehenden Aktivitäten orientiert sind oder an der Geschlechtszugehörigkeit der Personen, die die betreffenden Aktivitäten ausüben, ist als diskrete Variable definiert. Entweder überwiegt das eine oder das andere. Jedes für sich (wie sehr man sich an der Geschlechtsangemessenheit und an der Geschlechtszugehörigkeit orientiert) ließe sich prinzipiell wieder quantifizieren.

Weitere Beispiele für kontinuierliche, quantifizierbare Variablen in der Entwicklungspsychologie sind: die Körperhöhe, der Umfang des Wortschatzes, die mittlere Satzlänge, der Intelligenzquotient oder die Häufigkeit aggressiven Verhaltens. Weitere Beispiele für diskrete, qualitative Variablen sind: die Ausbildung der sekundären Geschlechtsmerkmale und die hormonellen Umstellungen während der Pubertät, die Selbstbeschreibung als maskulin, feminin oder androgyn, die Verwendung bestimmter Satzkonstruktionen oder die Art, wie über die moralische Beurteilung von Handlungen gedacht wird.

Ob Entwicklungsveränderungen eher quantitativer Art oder eher qualitativer Art sind oder – weniger apodiktisch formuliert – unter quantitativem oder qualitativem Aspekt betrachtet werden sollten, ist eine alte Streitfrage in der Entwicklungspsychologie (s. Lerner, 1986; Wohlwill, 1977). Wie bei anderen Kontroversen in der Entwicklungspsychologie (z. B. dem Anlage-Umwelt-Problem, der Frage der Aktivität oder Passivität des menschlichen Organismus, der Reversibilität oder Irreversibilität von Entwicklungsprozessen etc.) gilt auch hier, dass *beide* Perspektiven, unter jeweils bestimmten Voraussetzungen, einen geeigneten Zugang für die Beschreibung der Entwicklung bieten. Wie wir im weiteren Verlauf dieses Kapitels noch sehen werden, schließen sich eine quantitative und eine qualitative Betrachtungsweise nicht gegenseitig aus, sondern ergänzen sich sinnvoll bei der Beschreibung von Entwicklungsprozessen.

Ich kann z. B. von der unterschiedlichen Qualität verschiedener Arten intelligenter Leistungen, wie z. B. schlussfolgerndes Denken, räumliche Vorstellung, Wahrnehmungsgeschwindigkeit, Gedächtnis usw., absehen und die Intelligenz – genauer die Intelligenzhöhe – eines Menschen in Form des quantifizierten Intelligenzquotienten (IQ) ausdrücken. Entwicklung der Intelligenz, so verstanden, heißt dann nichts anderes als Veränderung der absoluten Intelligenzleistung über das Alter und über alle Teilfähigkeiten hinweg (s. hierzu Erdfelder, 1987; Sternberg & Berg, 1992). Das gleiche Vorgehen kann ich im Übrigen für die Beschreibung der Entwicklung der einzelnen Teilfähigkeiten wählen. Ich kann andererseits die Intelligenzentwicklung primär unter qualitativen Aspekten betrachten, wie es z. B. Piaget in seiner Entwicklungstheorie tut (Piaget, 1948, 1983), und dann die Entwicklung der Intelligenz als eine Abfolge unterschiedlicher kognitiver Strukturen darstellen (bei Piaget: sensomotorische, vorbegriffliche, konkret-operationale, formal-abstrakte Intelligenz; s. Goswami, 2001).

Beide Herangehensweisen an die Beschreibung der Intelligenzentwicklung sind möglich und legitim. Mit Wohlwill (1977) ist daher festzustellen: »Die Frage, ob entwicklungsbedingte Veränderungen qualitativer oder quantitativer Natur sind, ist deshalb keine Sache der Empirie, sondern muss vielmehr auf der Grundlage der Untersuchungsfrage, die der Forscher beantworten möchte, oder der Aspekte des Entwicklungsprozesses, die ihn am stärksten interessieren, entschieden werden« (S. 80).

In den beiden folgenden Abschnitten 4.1 und 4.2 werden diese beiden Betrachtungsweisen der Entwicklung, die Beschreibung der Entwicklung unter quantitativen und unter qualitativen Aspekten, näher erläutert.

4.1 Die quantitative Beschreibung – Wachstumskurven und Entwicklungsfunktionen

4.1.1 Wachstum und Entwicklung

Die quantitative Betrachtung der Entwicklung ist historisch eng mit dem *Wachstumsbegriff* verknüpft. Der Begriff Wachstum stammt ursprünglich aus der Entwicklungsbiologie und wird dort als Gegenbegriff zu Reifung verwendet. Mit *Wachstum* werden in der Entwicklungsbiologie quantitative Veränderungen im Sinne einer Volumenzunahme bezeichnet, während qualitative Veränderungen, die Proportionsverschiebungen oder die Ausdifferenzierung von Strukturen beinhalten, mit dem Begriff *Reifung* belegt werden (Undeutsch, 1959). In der *Entwicklungspsychologie* versteht man unter Wachstum hingegen einen Teilaspekt von Entwicklung, nämlich den einer eindimensionalen quantitativen Betrachtungsweise von Entwicklungsvorgängen (Trautner, 1992a, S. 67).

Im engeren Sinne sind mit Wachstum alle Veränderungen gemeint, die sich als *mengenmäßige Zunahme* von Kenntnissen, Fertigkeiten, Interessen, Gedächtnisleistungen usw. darstellen lassen. In einem weiteren Sinne werden unter Wachstum alle zähl- oder messbaren Veränderungen der Anzahl, Größe, Intensität, Funktionstüchtigkeit etc. einer Variablen verstanden (Schmidt, 1970, S. 415). Neben der Zunahme quantifizierbarer Größen

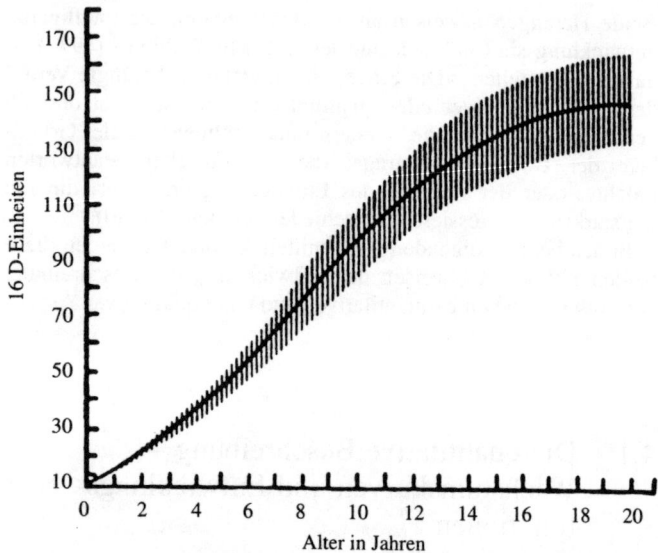

Abb. 4.1: Wachstumskurve der Intelligenz (Mittelwerte und Streubreiten der Intelligenzleistung von der Geburt bis 21 Jahre; nach Bayley, 1955; entnommen aus Trautner, 1992a, S. 69)

sind darin auch deren Abnahme oder (vorübergehender) Stillstand über die Zeit eingeschlossen (ähnlich wie man in der Wirtschaft von ›Nullwachstum‹ oder sogar ›Minuswachstum‹ spricht).

In den so genannten *Wachstumsmodellen der Entwicklung,* die in der amerikanischen Entwicklungspsychologie bis in die 50er Jahre hinein großen Einfluss hatten (z. B. Gesell, 1952; Olson, 1953), wird Wachstum eher im engen Sinne einer endogen gesteuerten Zunahme von Fertigkeiten gebraucht. Entwicklung wurde, im ausdrücklichen Gegensatz zu den in Europa damals vorherrschenden Stufenkonzepten der Entwicklung, als stetiges, kontinuierliches Fortschreiten konzipiert. Die Betonung von kontinuierlichen, quantitativen Veränderungen führte zu einer Reihe umfangreicher Längsschnittuntersuchungen (vgl. oben 2.3). Ziel dieser Studien war, für alle möglichen Entwicklungsbereiche (z. B. Psychomotorik, Intelligenz, Gedächtnis, Sprache, Sozialverhalten), meist über einen Zeitraum von mehreren Jahrzehnten, so genannte *Wachstumskurven* zu erstellen (s. Abbildung

4.1) und – davon ausgehend – (mathematische) *Wachstumsfunktionen* für die untersuchten Größen zu berechnen.

4.1.2 Wachstumskurven und Entwicklungsfunktionen

Ohne die weitreichenden theoretischen Annahmen der amerikanischen Wachstumsmodelle zu übernehmen, ist es bis heute in der Entwicklungspsychologie üblich, die über die Zeit (das Alter) eintretenden Veränderungen (in Querschnittsuntersuchungen: die mittleren Altersunterschiede) in einer Entwicklungsvariablen in Form einer Wachstums- oder Entwicklungskurve grafisch darzustellen. Voraussetzung ist, dass Daten über mehrere Altersgruppen vorliegen. Wie in dem vorangegangenen Beispiel der Wachstumskurve der Intelligenz nach Bayley (1955) wird dabei im Regelfall die Abszisse des Koordinatensystems nach den in der Untersuchung erfassten Altersstufen unterteilt, während auf der Ordinate die Werte der gemessenen Variablen abgetragen werden.

Wohlwill (1977) verwendet für diese Art der Darstellung von Entwicklungsprozessen, anstelle der vorbelasteten Begriffe Wachstumskurve oder Wachstumsfunktion, den Begriff der *Entwicklungsfunktion*. Er versteht darunter »die Form oder die Art der Beziehung zwischen dem chronologischen Alter des Individuums und den Veränderungen, die in seinen Reaktionen auf irgendeiner spezifizierten Verhaltensdimension im Verlauf seiner Entwicklung bis zur Reife beobachtet werden können« (S. 50). Die beiden Begriffe *Wachstumskurve* und *Entwicklungsfunktion* werden im Folgenden rein deskriptiv und mit gleicher Bedeutung gebraucht. Außerdem beschränkt sich die hier gebrauchte Verwendung der beiden Begriffe auf die Darstellung *quantitativer* Veränderungen, die nicht mit dem Erreichen des Erwachsenenalters enden müssen, sondern die gesamte Lebensspanne umfassen können. Für qualitative Veränderungen werden die Begriffe *Entwicklungssequenz* und *Entwicklungsstufe* eingeführt (s. dazu Abschnitt 4.2).

Wachstumskurven oder Entwicklungsfunktionen lassen sich unter verschiedenen Gesichtspunkten analysieren:
– nach der allgemeinen *Richtung* der Veränderung (z. B. ansteigend oder abfallend);
– nach der allgemeinen *Form* des Kurvenverlaufs (z. B. linear ansteigend, kurvilinear nach anfänglicher positiver Beschleunigung negativ beschleunigt);

- unter Berechnung der speziellen *mathematischen Funktion,* die dem Kurvenverlauf am besten entspricht (z. B. Exponentialfunktion, logistische Kurve);
- nach der *Änderungsgeschwindigkeit* (den Zuwachsraten) innerhalb bestimmter Zeitabschnitte des Entwicklungsverlaufs;
- nach den *Zeitpunkten,* zu denen bestimmte Charakteristika der Entwicklungsfunktion (z. B. Minimum, Maximum, Asymptote) erreicht werden.

Die verschiedenen Möglichkeiten der Analyse von Entwicklungsfunktionen und ihre Bedeutung für die Gewinnung entwicklungspsychologischer Erkenntnisse werden ausführlich in Wohlwill (1977, Kap. 8) dargestellt.

4.1.3 Individuelle Verläufe und Gruppenkurven

Üblicherweise wird in der Entwicklungsfunktion einer Variablen der durchschnittliche Verlauf der betreffenden Variablen für die gesamte Untersuchungsstichprobe zusammengefasst (vgl. die Wachstumskurve der Intelligenz in Abb. 4.1).

Im (seltenen) Fall des Vorliegens von Längsschnittdaten lässt sich überprüfen, inwieweit die Verlaufsmerkmale der gemittelten Gruppenkurve die typischen Verlaufsmerkmale der Individualkurven wiedergeben. Im häufigeren Fall von Querschnittdaten gibt die Entwicklungskurve nur den mittleren Alterstrend wieder, ohne dass festgestellt werden kann, in welchem Verhältnis zueinander die Individualkurven und die Gruppenkurven stehen (zu den Problemen von Längsschnitt- und Querschnittuntersuchungen s. ausführlich Kap. 8.2). Das folgende Beispiel illustriert die Problematik.

In einem Längsschnittprojekt zur Entwicklung der Geschlechtstypisierung im Kindesalter wurden u. a. die Veränderungen kindlicher Geschlechtsrollenpräferenzen vom fünften bis zum zehnten Lebensjahr untersucht (Trautner 1992b; Trautner, 1997b). Ein Bereich der Geschlechtsrollenpräferenz, der unter quantitativem Aspekt näher betrachtet wurde, war der Bereich der von den Jungen und Mädchen in dieser Altersgruppe bevorzugten und abgelehnten Spielaktivitäten (z. B. Gummitwist spielen, Modellschiffe basteln, Würfelspiele machen). Je nach der Bevorzugung geschlechtstypischer gegenüber geschlechtsuntypischen Spielaktivitäten (SA) wurde ein Gesamtwert der geschlechtstypischen

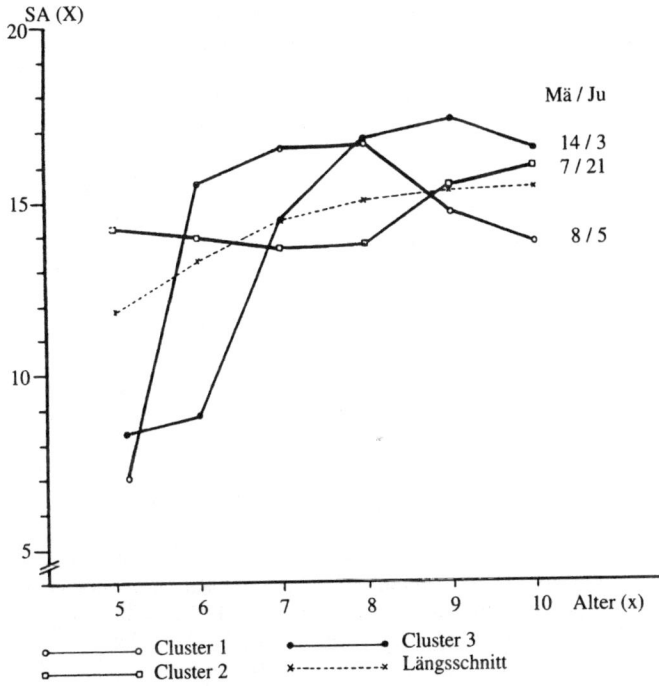

Abb. 4.2: Veränderungen von geschlechtstypischen Spielpräferenzen im Kindesalter (aus Trautner, 1997b, S. 347)

Aktivitätspräferenz berechnet. Die Mehrheit der Kinder bevorzugte eindeutig geschlechtstypische Aktivitäten. Über das Alter zeigte sich für die Gesamtgruppe der Jungen und Mädchen eine auffällige Zunahme der Geschlechtsrollenpräferenz zwischen fünf und sieben Jahren, die bis zum Alter von zehn Jahren stagnierte. Schaut man sich aber nun die individuellen Entwicklungsverläufe an und gruppiert diese mithilfe des statistischen Verfahrens der Clusteranalyse nach charakteristischen Verlaufsmerkmalen, so ergibt sich ein ganz anderes Bild (vgl. Abbildung 4.2). Etwa die Hälfte der Kinder zeigt zwischen fünf und sechs Jahren (Cluster 1) bzw. zwischen sechs und sieben Jahren (Cluster 2) einen dramatischen Anstieg in der Geschlechtsrollenpräferenz und stagniert dann in ihren Werten (Cluster 1) oder zeigt sogar eine auffällige

Abnahme geschlechtstypischer Präferenzen (Cluster 2). Die andere Hälfte der Kinder (Cluster 3) weist bereits mit fünf Jahren eine ausgeprägte Geschlechtsrollenpräferenz auf, die bis zum Alter von sieben bis acht Jahren eher wieder abnimmt als weiter zunimmt und dann bis zum Alter von zehn Jahren wieder leicht ansteigt. Bei den Kindern mit dramatischem Anstieg der Präferenzwerte zwischen fünf und sieben Jahren beträgt das Verhältnis von Jungen und Mädchen ungefähr eins zu drei, bei den anderen Kindern ist das Verhältnis gerade umgekehrt.

Im vorangegangenen Beispiel wurde, wie in den meisten Fällen, das Lebensalter als Bezugssystem für die Skalierung der Zeitachse gewählt. Nicht nur in Fällen, in denen große interindividuelle Unterschiede in der Verlaufsform gegeben sind, wie in unserem Beispiel der Entwicklung von Geschlechtsrollenpräferenzen, sondern auch in Fällen homogener Verlaufstypen kann ein solches Vorgehen zu einer Verfälschung der tatsächlich gegebenen Entwicklungsverläufe führen. Ein in diesem Zusammenhang häufig zur Illustration verwendetes Beispiel sind die von Shuttleworth (1937) vorgelegten Daten zum Größenwachstum im Kindes- und Jugendalter. Die mittlere Gruppenkurve des Größenwachstums sieht bei einer Unterteilung der Abszisse nach dem Lebensalter anders aus als jede Individualkurve, obwohl diese in ihrer Verlaufsform untereinander sehr ähnlich sind (s. Abbildung 4.3a).

Die Abweichung der Individualkurven von der Durchschnittskurve kommt hier vor allem dadurch zustande, dass das Maximum der Wachstumsgeschwindigkeit bei den einzelnen Individuen zu verschiedenen (Alters-)Zeitpunkten eintritt. Dies führt zu einer Verkleinerung der in Jahresabständen berechneten mittleren Zuwachsraten und damit zu einer erheblichen Glättung der Durchschnittskurve. Wird hingegen die zeitliche Entfernung vom Punkt der maximalen Zunahme des Größenwachstums zum Maßstab genommen, gibt die Durchschnittskurve den Verlauf der individuellen Zuwachswerte zutreffend wieder (s. Abbildung 4.3b). Dies gilt allerdings nur unter der hier gegebenen Voraussetzung, dass die interindividuellen Unterschiede der Verlaufsform gering sind.

Es dürfte in der Entwicklungspsychologie eher die Regel als die Ausnahme sein, dass sich Entwicklungsveränderungen bei verschiedenen Individuen nicht nur im Zeitpunkt des Eintretens, sondern auch in der Veränderungsrate, dem Niveau und der Verlaufsform unterscheiden. Deshalb kann aus einer gemittelten Gruppenkurve grundsätzlich nicht unmittelbar auf individuelle

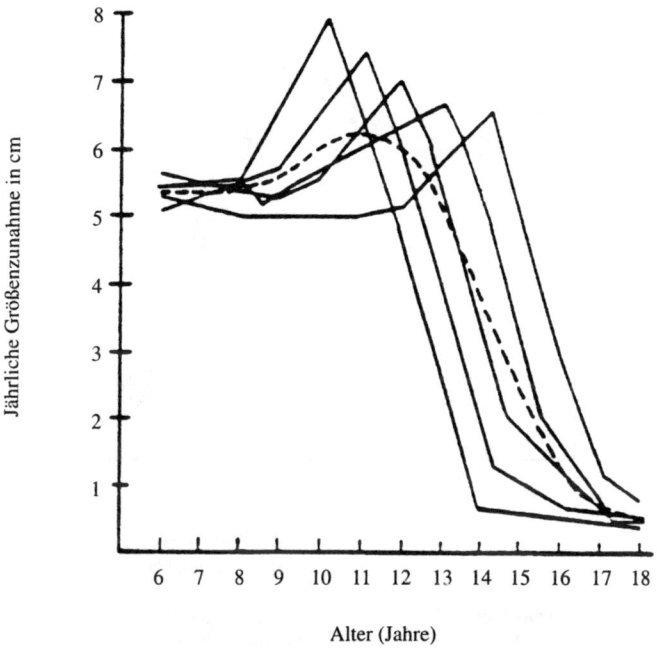

Abb. 4.3a: Durchschnittliche jährliche Größenzunahme (Körperhöhe) bei Mädchen als Funktion des Lebensalters. (—) Gruppenkurven von Mädchen, geordnet nach dem Alter der größten Wachstumsgeschwindigkeit; (- - -) Gemittelte Kurve für die Gesamtstichprobe (nach Wohlwill, 1977, S. 177)

Entwicklungsverläufe zurückgeschlossen werden (s. dazu auch Kap. 8.1).

Da in den vorangegangenen Beispielen jeweils Längsschnittdaten vorlagen, war es durchweg möglich, die intraindividuellen Veränderungen und ihre Mittelung in Form einer Gruppenkurve direkt miteinander zu vergleichen. Bei Querschnittdaten, wie sie in über 90% der entwicklungspsychologischen Untersuchungen angetroffen werden, ist dies allerdings nicht möglich. Hier können nur mittlere Alterstrends festgestellt werden. Unter bestimmten Voraussetzungen lassen sich aber auch auf dieser Basis durchaus sinnvolle und brauchbare Informationen über die Entwicklung eines Merkmals gewinnen (s. dazu Kap. 8.2.1).

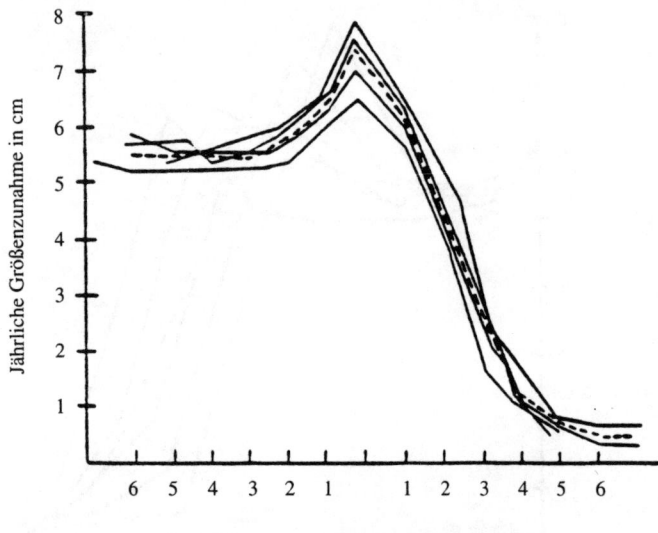

Abb. 4.3b: Durchschnittliche jährliche Größenzunahme (Körperhöhe) bei Mädchen als Funktion des Zeitpunkts der größten Wachstumsgeschwindigkeit. (—) Gruppenkurven von Mädchen, geordnet nach dem Alter der größten Wachstumsgeschwindigkeit; (- - -) Gemittelte Kurve für die Gesamtstichprobe (nach Wohlwill, 1977, S. 177)

Ein Weg, die Aussagekraft von Entwicklungsfunktionen auf der Grundlage von Querschnittdaten zu erhöhen, besteht darin, anstelle einer Gesamtkurve den Altersverlauf (genauer: die Altersunterschiede) getrennt für einzelne Gruppen von Individuen zu erstellen, die sich in einzelnen Merkmalen, die den Entwicklungsverlauf der betreffenden Variablen vermutlich beeinflussen, unterscheiden (z. B. im sozioökonomischen Status, dem Geschlecht, oder dem Erziehungshintergrund). Auf diese Art kann man sich zumindest einen ungefähren Eindruck von der Variabilität der zu erwartenden intraindividuellen Veränderungen verschaffen.

Dazu ein Beispiel: Trautner (1972a, b) untersuchte bei 122 Bochumer Haupt- und Gymnasialschülerinnen zwischen zehn und vierzehn Jahren das Ausmaß deren Elternzentriertheit. Elternzentriertheit war dabei durch eine Reihe von Skalen eines Selbstbildfragebogens definiert, der die emo-

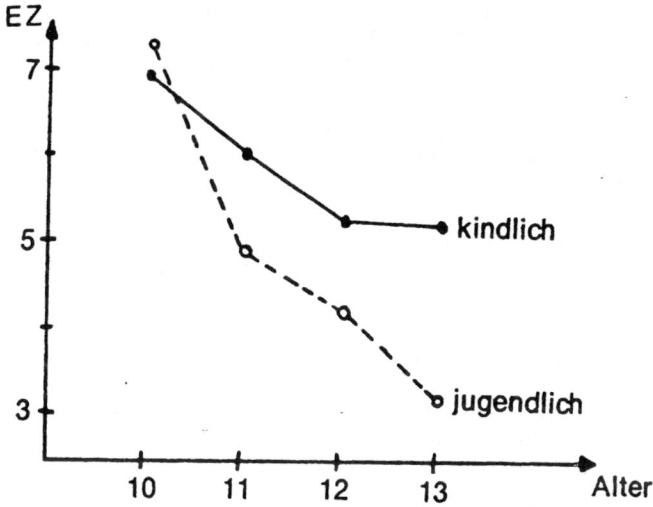

Abb. 4.4: Altersunterschiede in der Elternzentriertheit (EZ) 10- bis 13-jähriger Mädchen in Abhängigkeit von den mütterlichen Rollenerwartungen (aus Trautner, 1972a, S. 99)

tionale Abhängigkeit von den Eltern, das Ausmaß traditioneller Familieneinstellungen sowie die Befürwortung elterlicher Strenge erfasste. Über den untersuchten Altersbereich zeigten alle Mädchen eine signifikante Abnahme ihrer Elternzentriertheit. Allerdings unterschieden sich Mädchen, die von ihren Müttern noch als ›kindlich‹ eingeschätzt wurden, auffällig von den Mädchen, die von ihren Müttern bereits als ›jugendlich‹ eingeschätzt wurden (s. Abbildung 4.4). Die »kindlichen« Mädchen waren in der altersgemäßen Abnahme der Elternzentriertheit stark retardiert, während die »jugendlichen« Mädchen, insbesondere im höheren Altersbereich, in der Abnahme ihrer Elternzentriertheit besonders akzeleriert waren.

Prototypische Entwicklungsfunktionen, die auf den Daten einer Gruppe von Individuen basieren, auch wenn Untergruppen gebildet werden, abstrahieren zwangsläufig von den interindividuellen Unterschieden der Entwicklungsverläufe. Da im Regelfall davon auszugehen ist, dass die intraindividuellen Veränderungen mehr oder weniger stark in den einzelnen Verlaufsmerkmalen (Zeitpunkt, Geschwindigkeit, Niveau, Form der Veränderung) variieren, lässt sich der Anspruch, den Entwicklungsverlauf eines Merkmals angemessen zu beschreiben, letztlich nur durch einen Längsschnittansatz erfüllen. Dies gilt natürlich in besonderem Maße, wenn man nicht nur eine Beschreibung des typischen Entwicklungsverlaufs anzielt, sondern auch die interindividuellen Unterschiede von Entwicklungsverläufen zum Gegenstand der Entwicklungsanalyse macht. Wie die Auswertung der Entwicklungsfunktion für die Gesamtgruppe kann die Analyse interindividueller Unterschiede des Entwicklungsverlaufs sich beziehen auf: die Richtung oder Form der Veränderung, die Änderungsrate in einem definierten Zeitraum sowie die Zeitpunkte, zu denen bestimmte Charakteristika der Entwicklungsfunktion erreicht werden.

4.1.4 Veränderung und Identität

Wird die Beschreibung quantitativer Veränderungen über die Zeit nach dem Muster einer Wachstumskurve oder Entwicklungsfunktion zum Gegenstand der Entwicklungsanalyse gemacht, stellt sich das grundsätzliche Problem, dass so getan wird, als ob die auf Veränderung gemessene Variable über die Zeit inhaltlich (qualitativ) gleich bleibt und sich nur quantitativ verändert. D. h., die Untersuchungsvariablen und ihre Messung sind so zu definieren, dass sie einerseits homogen genug sind, um über längere Zeiträume des Lebenslaufs verfolgt werden zu können, dass sie andererseits aber auffälligen Veränderungen über die Zeit unterliegen. Bei Variablen wie Körpergröße oder Wortschatzumfang bedeutet dies kein wesentliches Problem. Hier kann davon ausgegangen werden, dass sowohl eine einheitliche Variable gegeben ist als auch ein für alle Altersstufen vergleichbares Messinstrument. Anders sieht das bei Variablen wie *Intelligenz* oder *Abhängigkeit* aus. Zwar lässt sich auch hier über weite Altersbereiche das gleiche Messverfahren anwenden (z. B. ein standardisierter Test oder eine standardisierte Beobachtungsmethode), damit ist jedoch nicht gewährleistet, dass auf diese Art über alle Altersstufen das Gleiche erfasst wird. Es ist sogar eher wahrscheinlich, dass Intelligenzfähigkeiten oder Abhängigkeitsverhalten sich im Laufe der Entwicklung auch qualitativ verändern. Z. B. werden verschiedene Intelligenzfunktionen oder Strategien zur Lösung der gleichen Aufgaben eingesetzt, es bilden sich neue Fähigkeiten heraus, oder es verändern sich – im Falle der Abhängigkeit – die Inhalte und Adressaten abhängigen Verhaltens. Derartige qualitative Veränderungen werden jedoch von einer rein quantitativen Betrachtungsweise grundsätzlich nicht erfasst.

Wird ein Untersuchungsverfahren über einen weiten Altersbereich konstant gehalten, stellt sich das Problem der Vergleichbarkeit der Ergebnisse außerdem noch in anderer Art. Über das Alter verändert sich nicht nur die Qualität der gemessenen Variablen, sondern es verändern sich u. U. auch:
- das Verständnis der Untersuchungsinstruktion,
- die Wahrnehmung und Beachtung der aufgabenrelevanten Aspekte,
- die motivationalen Grundlagen des Verhaltens in der Versuchssituation und
- die Verfügbarkeit über die in der Untersuchung geforderten Verhaltensmuster (Trautner, 1992a, S. 244).

Es handelt sich hierbei um ein Problem der *Validität* der Untersuchung, und zwar der so genannten *Konstruktvalidität*. Es stellt sich die Frage, ob auf den verschiedenen Altersstufen tatsächlich immer das gleiche Konstrukt, z. B. von Intelligenz oder Abhängigkeit, gemessen wird. In den meisten Fällen gilt dies sicherlich nicht. Vergleicht man z. B. die Intelligenzleistungen von kleinen Kindern mit denen von Erwachsenen, »so vergleicht man eigentlich nicht mehr gleiche Fähigkeiten, die sich nur quantitativ verändern – d. h. in der Regel zunehmen, sondern man vergleicht z. B. sensomotorische Geschicklichkeit des Kleinkindes mit schlussfolgerndem Denken des Erwachsenen« (Roth, Oswald & Daumenlang, 1980, S. 67 f.).

Hiermit ist ein prinzipielles Problem der Entwicklungspsychologie, wie jeder Wissenschaft von zeitlichen Veränderungen, angesprochen: Soweit Entwicklung durch einen Neuerwerb oder einen strukturellen Wandel von Merkmalen zu kennzeichnen ist, sind der Darstellung von Veränderungen in Form eines bloßen Zuwachses (oder auch einer Abnahme) Grenzen gesetzt.

4.1.5 Zur Abgrenzung quantitativer und qualitativer Veränderungen

In der Einleitung zu diesem Kapitel wurde schon darauf hingewiesen, dass es weniger eine empirisch zu klärende Frage ist, ob Entwicklungsveränderungen quantitativer oder qualitativer Natur sind, sondern dass es sich hier um zwei unterschiedliche Herangehensweisen der Beschreibung von Entwicklungsprozessen handelt, die sich nicht gegenseitig ausschließen. Im Abschnitt

4.1 wurde die quantitative Sichtweise dargestellt. Im nun folgenden Abschnitt 4.2 wird die qualitative Sichtweise erläutert. Es ist wichtig, dass man sich bei der Gegenüberstellung der beiden Betrachtungsweisen darüber im Klaren ist, dass bei einer Beschränkung auf die Quantifizierung von Veränderungen ausschließlich Aussagen über zahlenmäßige Veränderungen (Zunahme, Abnahme, Beschleunigung, Verlangsamung u. ä.) der gemessenen Variablen getroffen werden, deren inhaltliche Identität, wie zuvor dargestellt, implizit vorausgesetzt wird.

Darüber hinaus gilt, dass die Gegenüberstellung von quantitativen und qualitativen Veränderungen zwar begrifflich und von der Methode her eindeutig möglich ist, faktisch aber häufig Schwierigkeiten bereitet. Z. B. ergeben sich in der körperlichen Entwicklung zahlreiche qualitative Veränderungen aufgrund quantitativer Verschiebungen. So verändert sich die Körpergestalt aufgrund unterschiedlicher Wachstumsgeschwindigkeiten in verschiedenen Regionen (Kopf, Rumpf, Extremitäten) vom Kleinkind zum Schulkind. Veränderungen im quantitativen Verhältnis der Mengen verschiedener Hormone führen während der Pubertät zur Ausbildung der sekundären Geschlechtsmerkmale. Qualitativer Wandel kommt also auf dem Wege der neuartigen Kombination quantitativer Werte zustande (Undeutsch, 1959). Derartige Verhältnisse finden wir genau so beim viel komplexeren Geschehen psychischer Veränderungen vor.

4.2 Die qualitative Beschreibung – Entwicklungssequenzen und Entwicklungsstufen

4.2.1 Qualitative Veränderungen als Entwicklungssequenzen

Bei einer *quantitativen* Betrachtung von Entwicklungsprozessen geht es um die Bestimmung der Richtung und der Form von Veränderungen in einer quantitativ abstufbaren, kontinuierlichen Variablen (z. B. Körperhöhe, Wortschatz, Intelligenzniveau). Zu den wesentlichen Aufgaben der Entwicklungspsychologie gehört aber auch, die in einem Merkmalsbereich im Laufe der Entwicklung auftretenden *qualitativen* Veränderungen, die über ein bloßes

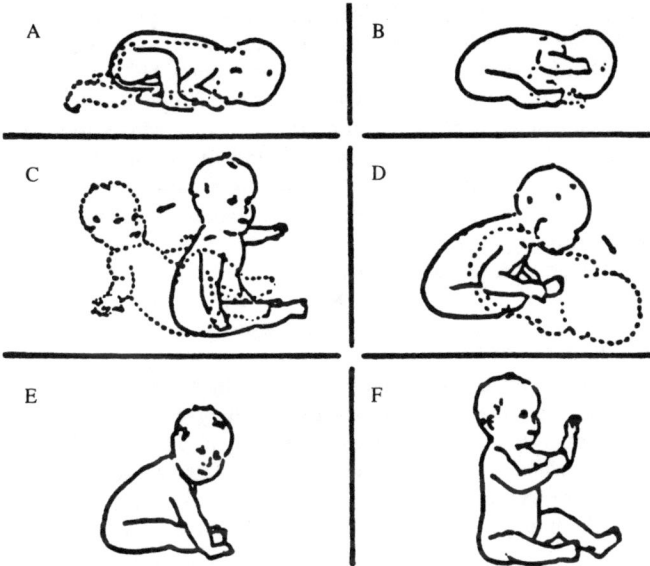

Abb. 4.5: Sechs Phasen in der Entwicklung der Sitzhaltung (nach McGraw, 1943; entnommen aus Wohlwill, 1977. S. 222)

Mehr oder Weniger auf einer Dimension hinausgehen, zu beschreiben und zu erklären. Bei der *qualitativen* Betrachtung von Entwicklung geht es um die Feststellung des Auftretens bzw. der zeitlichen Abfolge qualitativ unterscheidbarer, diskreter Entwicklungsmerkmale. Als ein Beispiel für letzteres wurde bei der Erläuterung des traditionellen Entwicklungsbegriffs bereits die Abfolge verschiedener Arten des Geschlechtskonstanzverständnisses (Identität, Stabilität, Konstanz) beschrieben (vgl. Kap. 3.1.1).

Weitere Beispiele für qualitative Entwicklungsveränderungen sind die Abfolge *Sitzen-Stehen-Laufen* in der motorischen Entwicklung des Kleinkindes oder – noch detaillierter – die sechs Phasen der Sitzhaltung, wie sie von McGraw (1943) beschrieben wurden (s. Abbildung 4.5). Danach folgen nacheinander: a) Umknicken der Wirbelsäule, b) beginnender Widerstand gegen Abknickungen, c) verstärkter Widerstand gegen Abknickungen, d) Rumpfwiderstand, e) andauernder Widerstand gegen Abknickungen, f) freies Sitzen.

Solche gesetzmäßigen Abfolgen des Auftretens qualitativ unterscheidbarer Verhaltensmerkmale nennt man *Entwicklungssequenzen*. Den Entwicklungspsychologen interessieren bei der Analyse von Entwicklungssequenzen vor allem zwei Dinge:
1. in welchem Alter ein bestimmtes Merkmal zum ersten Mal auftritt (z. B. das Alter, in dem ein Kind alleine läuft, sauber ist oder über den Begriff der Geschlechtskonstanz verfügt);
2. wie lange es dauert, von einem Entwicklungsniveau auf das nächste zu gelangen.

Im strengen Sinne spricht man von einer Entwicklungssequenz nur dann, wenn die folgenden Kriterien erfüllt sind:
– alle Individuen zeigen die gleiche Abfolge der Entwicklungsschritte;
– es gibt weder ein Überspringen einzelner Schritte noch ein Zurückfallen auf ein früheres Entwicklungsniveau;
– interindividuelle Differenzen treten nur in der Entwicklungsgeschwindigkeit (der Schnelligkeit des Durchlaufens der einzelnen Entwicklungsschritte), dem Alter, in dem bestimmte Veränderungen eintreten, und dem erreichten Entwicklungsniveau auf.

Es lässt sich hierbei unschwer die Nähe zur traditionellen Entwicklungsdefinition erkennen (vgl. Kap. 3.1). Selbstverständlich gibt es in individuellen Entwicklungsverläufen auch zeitliche Abfolgen von Ereignissen und Verhaltensmerkmalen, die den oben genannten Kriterien einer Entwicklungssequenz nicht entsprechen und eher unter einen weiten Entwicklungsbegriff fallen. Dazu zählen z. B. der Wechsel von Freundschaftsbeziehungen und die damit einhergehenden Verhaltensänderungen während des Schulalters, ein auffälliger Wandel der Persönlichkeit und der Interessen eines Kindes oder Jugendlichen nach einer Scheidungserfahrung, die Veränderungen der Lebensführung im Zusammenhang mit der Verheiratung oder mit der Geburt des ersten Kindes.

Ob die Voraussetzungen für das Vorliegen einer Entwicklungssequenz im strengen Sinn tatsächlich erfüllt sind, lässt sich mithilfe verschiedener statistischer Verfahren empirisch überprüfen. Dazu zwei Beispiele:

In einer Querschnittuntersuchung an 75 Kindern zwischen 14 und 30 Monaten gingen Halpern, Corrigan und Aviezer (1983) u. a. der Frage nach, in welcher Reihenfolge das sprachliche und das nicht-sprachliche Verständnis für eine Reihe räumlicher Begriffe *(in, auf, unter)* erworben werden. Sie testeten die Hypothese, dass das Verstehen der räumlichen Beziehung dem sprachlichen Verständnis vorausgeht und dieses wiederum dem richtigen Sprachgebrauch. Mithilfe einer so genannten *Skalogrammanalyse* ließ sich die postulierte Entwicklungssequenz nachweisen. 74 der 75 Kinder zeigten die erwarteten Antwortmuster (s. Tabelle 4.1).

Tab. 4.1: Häufigkeiten von Antwortmustern der Entwicklungsabfolge kognitiver und sprachlicher Kompetenzen hinsichtlich der räumlichen Beziehungen »in« und »auf«; +/- Kompetenz vorhanden/ nicht vorhanden (nach Halpern et al., 1983, S. 163; aus Trautner 1997a, S. 306)

Stufe	Kognitive Konstruktion	Sprachliches Verständnis	Sprachproduktion	N
	Räumliche Beziehung »in«			
0	–	–	–	3
1	+	–	–	7
2	+	+	–	38
3	+	+	+	26
Sonstiges	–	+	–	1
Insgesamt				75
	Räumliche Beziehung »auf«			
0	–	–	–	11
1	+	–	–	21
2	+	+	–	32
3	+	+	+	10
Sonstiges	+	–	+	1
Insgesamt				75

In einer Längsschnittuntersuchung an 82 Mädchen und Jungen über den Altersbereich von fünf bis zehn Jahren überprüften Trautner, Helbing, Sahm & Lohaus (1988) folgendes Sequenzmodell der Entwicklung von Geschlechterstereotypen im Kindesalter: Nach einer anfänglichen *Unkenntnis* oder *Unsicherheit* hinsichtlich der kulturell vorherrschenden Geschlechtszuordnung von Persönlichkeitseigenschaften und Verhaltensweisen (Phase 1) erwerben Kinder bis zum Anfang des Grundschulalters zunehmend Wissen über die kulturellen Geschlechtsrollen, das sie aufgrund kognitiver Begrenzungen zunächst sehr *rigide* in Form absoluter Geschlechtszuordnungen anwenden (Phase 2). Diese Phase wird im Verlauf der nächsten Jahre allmählich von *flexiblen* Konzepten im Sinne relativierter und geschlechtsneutraler Zuord-

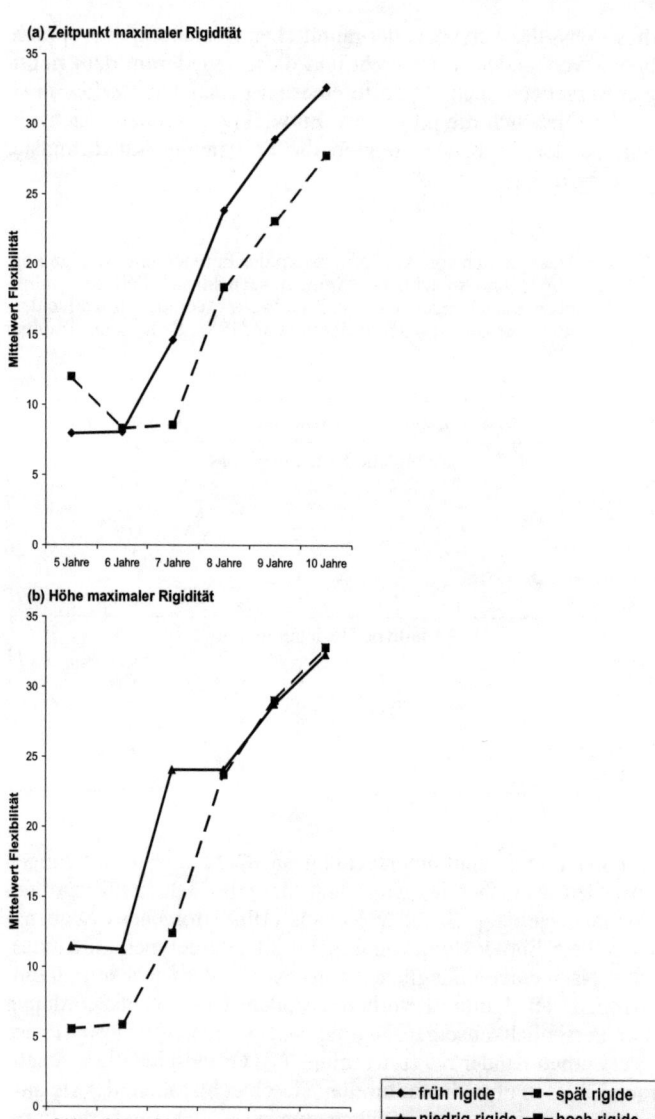

Abb. 4.6: Entwicklung der Flexibilität kindlicher Geschlechtersterotypen in Abhängigkeit (a) vom Zeitpunkt maximaler Rigidität und (b) von der Höhe maximaler Rigidität (nach Trautner et al., 2002)

nungen abgelöst (Phase 3). Unzulässig ist danach das Auftreten gegenstereotyper Zuordnungen nach dem Auftreten stereotyper (rigider oder flexibler) Zuordnungen sowie das Auftreten rigider Stereotypisierungen nach dem Vorkommen flexibler Zuordnungen. Ein Vergleich modellkonformer und modelldiskrepanter Antwortmuster über alle Versuchspersonen und Items ergab, dass 80 der 82 Kinder einen Anteil modellkonformer Antwortmuster aufwiesen, der den per Zufall zu erwartenden Übereinstimmungswert signifikant überstieg. Kürzlich durchgeführte Reanalysen dieser Längsschnittdaten zeigten, dass die Entwicklungssequenz von rigiden zu flexiblen Geschlechter-Konzepten eher ein generelles (kognitiv fundiertes) Entwicklungsmerkmal ist als eine differentielle Variable (Trautner, Kirsten, Ruble, Behrendt, Cyphers & Hartmann, 2002). D. h., die Kinder, die ihre höchste Rigidität in einem frühen Alter zeigten, wurden auch in einem früheren Alter flexibel, während eine stark ausgeprägte Rigidität (unabhängig davon, in welchem Alter sie ihr Maximum erreichte) keine Vorhersage auf die spätere Ausprägung der Flexibilität erlaubte (s. Abbildung 4.6).

4.2.2 Verschiedene Arten von Entwicklungssequenzen

Viele Autoren unterscheiden nur grob zwischen zwei Arten von Entwicklungssequenzen: *kumulativen* und *disjunktiven* Sequenzen. Von einer kumulativen Sequenz spricht man, wenn Verhaltensmerkmale auf niedrigerem Niveau nicht verloren gehen, nachdem das Individuum in der Entwicklungssequenz auf ein höheres Niveau gelangt ist. Von einer disjunktiven Sequenz spricht man, wenn jedes spätere Verhaltensmerkmal mit seinem Erscheinen die früheren (niedrigeren) Verhaltensmerkmale ersetzt, wobei allerdings, bei veränderter Performanz, die Kompetenz zu früherem Verhalten im Einzelfall weiter vorhanden sein kann.

Beispiele für eine kumulative Sequenz sind: die motorische Sequenz Sitzen-Stehen-Laufen, der Erwerb der Rechenfähigkeiten Addieren-Subtrahieren-Multiplizieren-Dividieren, der Erwerb von Passivformen von Sätzen nach Aktivformen oder die Abfolge der Stufen des Geschlechtskonstanzverständnisses. Beispiele für eine disjunktive Sequenz sind: die von McGraw (1943) beschriebenen Phasen der Sitzhaltung (vgl. Abbildung 4.5), die Ablösung früher Formen des Abhängigkeitsverhaltens (z. B. Weinen, Anklammern bei einer Trennung von der Mutter) durch spätere Formen (z. B. um Hilfe bitten, Aufmerksamkeit suchen) oder die Abfolge unsicherer, rigider und flexibler Geschlechtsrollenstereotype, wie sie Trautner et al. (1988) beschrieben haben.

Flavell (1972) hat für kognitive Entwicklungssequenzen ein differenzierteres Klassifikationssystem vorgeschlagen, das auch auf Entwicklungssequenzen anderer Art anwendbar erscheint. Flavell geht dabei von der Unterscheidung fünf verschiedener Arten des Verhältnisses zeitlich aufeinander folgender Entwicklungsschritte aus (s. Trautner, 1992a, S. 43 f.). Die beiden ersten Arten, *Addition* und *Substitution*, stimmen in etwa mit dem überein, was zuvor als kumulative und disjunktive Sequenz bezeichnet wurde.

Addition als die einfachste Form einer kumulativen Beziehung ist gegeben, wenn ein späteres Verhaltensmerkmal zu einem früheren hinzukommt, ohne dass dieses aufgegeben wird. Neue Wörter werden gelernt, ohne dass frühere Wörter verschwinden. Einfaches Auswendiglernen als eine frühe Form der Informationsspeicherung ist weiter verfügbar, auch wenn später die Informationsspeicherung durch den Einsatz von kognitiven Vermittlungsgliedern (z. B. Bedeutungsähnlichkeit) erleichtert werden kann.

Bei einer *Substitution* wird das Frühere mehr oder weniger vollständig durch das Spätere ersetzt. Z. B. wird die ursprüngliche Abhängigkeit von der Pflegeperson, die sich u. a. in dem Wunsch dokumentiert, von dieser getragen zu werden, zugunsten größerer Selbständigkeit und Unabhängigkeit aufgegeben.

Von einer *Modifikation* spricht Flavell, wenn der spätere Zustand eine Differenzierung, Generalisierung oder Stabilisierung des vorangegangenen Zustandes beinhaltet. Die allmähliche Herausbildung der Unterscheidung von Aussehen und Wirklichkeit ist z. B. eine Differenzierung. Die Bildung von Klassenbegriffen und ihre Anwendung über die Situation hinaus, in der sie ursprünglich erworben wurden, ist eine Generalisierung. Die Konsolidierung einer Verhaltensgewohnheit, z. B. die Konsistenz oder Verlässlichkeit, mit der die moralische Beurteilung von Handlungen das Kriterium der Absicht zugrunde legt, wäre eine Stabilisierung.

Im Falle der *Inklusion* wird das Frühere weder ergänzt noch aufgegeben oder modifiziert, sondern im Späteren eingeschlossen und integriert. Ein Beispiel: Die beim Kleinkind zunächst voneinander isoliert auftretenden Verhaltensweisen, nach Gegenständen zu greifen und Gegenstände wegzuschieben, werden zu einem koordinierten Handlungsablauf integriert (ein Kissen wird weggeschoben, um einen dahinter liegenden Gegenstand ergreifen zu können).

Eine *Mediation* liegt vor, wenn die frühere Gegebenheit ein notwendiges oder förderliches Zwischenglied für einen späteren Entwicklungsschritt darstellt. Durch den Erwerb der Fähigkeit, sich in andere hineinversetzen zu können, wird z. B. der Wechsel von der Berücksichtigung der Handlungsfolgen zur Berücksichtigung der Handlungsabsichten im Moralurteil ermöglicht.

4.2.3 Entwicklungsstufen

Der Begriff *Entwicklungssequenz* enthält keinerlei Aussagen über die Komplexität der ins Auge gefassten Entwicklungsabfolgen. In den bisher dargestellten Beispielen für Entwicklungssequenzen ging es immer um die zeitliche Abfolge von Entwicklungsqualitäten innerhalb eines spezifischen Verhaltensbereichs. Entwicklungsveränderungen in den verschiedenen Verhaltensbereichen laufen aber nicht isoliert voneinander ab, sondern hängen mehr oder weniger eng miteinander zusammen. Zur Bezeichnung dieser komplexen Zusammenhänge zwischen mehreren Entwicklungsvariablen eignet sich der Begriff *Entwicklungsstufe.*

Die Anwendung des Stufenkonzepts erscheint nach Wohlwill (1977) immer dann sinnvoll, wenn zeitlich miteinander verknüpfte Wechselbeziehungen (Zusammenhangsmuster) zwischen zwei oder mehreren qualitativ definierten Entwicklungsvariablen vorliegen. Entwicklungsstufe wird von Wohlwill »als ein Konstrukt innerhalb eines strukturell definierten Systems aufgefasst, das die Eigenschaft hat, eine Menge von Verhaltensweisen zu einer Einheit zusammenzufassen« (Wohlwill, 1977, S. 235). Dabei sollte ein strukturelles Modell der Entwicklungsstufen »nicht nur auf die Überprüfung der Relationen zwischen Verhaltensweisen auf einer Stufe sowie die Aufeinanderfolge dieser Verhaltensrelation über verschiedene Stufen hinweg abzielen, sondern es muss das sich verändernde Netzwerk der Wechselbeziehungen zwischen den verschiedenen Verhaltenssträngen abbilden, die zu einer Stufen-Sequenz gehören« (Wohlwill, 1977, S. 249).

In der entwicklungspsychologischen Literatur trifft man neben dem Stufenbegriff auf ähnliche Begriffe wie *Phase, Stadium* oder

Periode. Eine genaue terminologische Abgrenzung dieser Begriffe ist nur schwer möglich. Sie werden nämlich von verschiedenen Autoren unterschiedlich verwendet. Stufen, Stadien oder Perioden ließen sich nach Bergius (1959) am ehesten definieren als gegenüber dem früheren Zustand durch plötzliche und tiefgreifende Niveauveränderungen ausgezeichnete Entwicklungsabschnitte, die für längere Zeit andauern. Phasen wären vom Wortsinne her demgegenüber in gleicher oder ähnlicher Form wiederkehrende, vergleichsweise kürzer andauernde Zustände. Man findet jedoch auch genau entgegengesetzte Begriffsverwendungen. (Zum Konzept der Entwicklungsstufe s. auch Hoppe-Graff, 1983).

Mit einem Stufenkonzept sind meistens die folgenden Annahmen verbunden:
– Die Strukturelemente einer Entwicklungsstufe bilden ein *integriertes Ganzes.*
– Jede Stufe hat ihre *eigenen Qualitäten,* die sich von denen der anderen Stufen unterscheiden.
– Entwicklungsstufen folgen in einer *festen Reihenfolge* aufeinander.
– Das Durchlaufen jeder früheren Stufe bildet die *notwendige Voraussetzung* für die Ausbildung der nächsthöheren Entwicklungsstufe. In welchem Verhältnis frühere und spätere Stufen stehen, ist, wie bei Entwicklungssequenzen, unterschiedlich.
– *Innerhalb* einer Entwicklungsstufe kommt es zu *keinen wesentlichen Veränderungen.* Das Erreichte wird lediglich ausgebaut und gefestigt.
– *Zwischen* zwei Stufen liegt ein deutlich erkennbarer Einschnitt, der als *rascher Übergang* (plötzliche Veränderung) sichtbar wird.

Als anschauliches Beispiel für ein sehr komplexes, mehrere Ebenen und Verhaltensbereiche umfassendes Stufenkonzept der Entwicklung kann das Entwicklungsmodell von Erik Erikson (1966) dienen (s. Trautner, 1997a, S. 78–89). Ausgehend von dem psychoanalytischen Entwicklungsmodell Freuds, hat Erikson die Freudschen *psychosexuellen Entwicklungsstufen* um die Dimensionen *psychosozialer Funktionsweisen* und *psychosozialer Krisen* erweitert. Außerdem bezieht er explizit das *soziale Gefüge,* in das Entwicklungsprozesse eingebettet sind, mit ein und dehnt die Beschreibung des Entwicklungsverlaufs auf die gesamte Lebensspanne aus (s. Tabelle 4.2).

Tab. 4.2: Das Phasenmodell von Erik H. Erikson (aus Trautner, 1997a, S. 82 f.)

(1) Psychosexuelle Stufe (Erogene Zone)	und zugehörige Funktionsweise	(2) Psychosoziale Funktionsweise	(3) Merkmale des sozialen Gefüges	(4) Relevante Bezugsperson	(5) Psychosoziale Krise
I. Oral-respiratorisch, Sensorisch kinästhetisch Mundzone	Einverleibung, später Beißen	Empfangen und Geben »I am what I am given«, (Vertrauen)	Ist darauf eingerichtet, das Kind zu stillen und zu pflegen (Cosmic order)	Mutter (bzw. Pflegeperson)	Urvertrauen vs. Urmisstrauen; Entwöhnungssituation; Verlassensein und Trennung, Antrieb und Hoffnung
II. Analurethral, Muskulär Analzone	Retention und Elimination (Vorform: Beugen und Strecken)	Behalten und Hergeben »I am what I will« (Anfänge der Selbständigkeit)	Einüben von Gehorsam (Law and order)	Vater und Mutter (Eltern)	Autonomie vs. Selbstzweifel; Kampf zwischen Fremd- und Selbstkontrolle, Mitte finden zwischen Omnipotenz und Unterwerfung, Selbstbeherrschung und Willenskraft
III. Infantilgenital, Lokomotorisch Genital-Zone	Intrusion, Inklusion, Eindringen und Einschließen	Etwas machen, nachmachen (Spielen) »I am what I will be« (Experimentieren, Anfänge von Wetteifer)	Eltern als Vorbilder, Idealpersonen	Primärgruppe, Familie	Initiative vs. Schuldgefühl; Rollenübernahme bringt Gefahr von Rivalität mit gleichgeschlechtlichem Elternteil; Schuld und Angst vor Strafe (Ödipale Situation) Richtung und Zweckhaftigkeit
IV. Latenzphase (keine eigene Zone)	»Geistiges« Eindringen, Begreifen	Dinge machen, zusammenfügen (Konstruieren) »I am what I learn«	Dinge, Sachen der Umwelt	Nachbarschaft, Schule	Werksinn vs. Minderwertigkeitsgefühl; Methode und Können

(1) Psychosexuelle Stufe (Erogene Zone)	und zugehörige Funktionsweise	(2) Psychosoziale Funktionsweise	(3) Merkmale des sozialen Gefüges	(4) Relevante Bezugsperson	(5) Psychosoziale Krise
V. Adoleszenz und ihre auffälligen körperlichen Veränderungen (Genitalzone)	wie III.?	Selbst sein oder nicht selbst sein »To share being oneself«	Meinungen und Einstellungen, Ideologien, Ideen; Wertehierarchien	Peergroup und andere Bezugsgruppen, Führerfiguren	Identitätsfindung vs. Rollendiffusion; Festigung der sozialen Rolle Hingebung und Treue
VI. Genitalität Genital-Zone	wie V.?	Sich in einem anderen verlieren und finden	Kooperation und Wettstreit	Sexualpartner, Freunde, Kameraden, mit denen man im Wettstreit steht oder zusammenarbeitet	Intimität (Solidarität) vs. Isolation (Rückzug); Finden der Rolle des Ehemanns/der Ehefrau; Bindung und Liebe
VII. Generativität Erwachsenenalter	–	Etwas schaffen, sorgen für; Sich einen Bekanntenkreis schaffen, häusliches Leben usw.	Erziehung und Tradition	Arbeitsplatz und gemeinsamer Haushalt; Arbeitsteilung	Zeugungsfähigkeit vs. Selbst-Abkapselung; Produktivität und Fürsorge
VIII. Integrität Greisenalter	–	Sein durch gewesen sein, dem Nicht-Sein ins Auge sehen	Weisheit	Die ganze Menschheit, Gefühl der Einheit mit »meiner Art«	Ichintegrität vs. Verzweiflung; Eigener Zerfall und Tod; Entsagung und Weisheit

Zu Spalte (5)

Da ERIKSON der Selbsteinschätzung, d. h. dem Gefühl, eine Krise erfolgreich gemeistert zu haben oder aber dabei versagt zu haben, entscheidende Bedeutung für die weitere Persönlichkeitsentwicklung zuschreibt, ist bei der Kennzeichnung der einzelnen Phasen durch die phasentypische soziale Fähigkeit jeweils das Präfix *ein Gefühl* von hinzuzudenken: ein Gefühl von Vertrauen, ein Gefühl von Autonomie usw. Bezüglich der Inhalte der Krisen vollzieht sich im Laufe der Ontogenese – wie in der Phylogenese – ein Wandel: Anfänglich stehen Konflikte zwischen Triebbedürfnissen und Anforderungen der Realität im Vordergrund (z. B. die Beherrschung der Ausscheidungsorgane), später spielen sich die Konflikte ausschließlich auf der sozialen Ebene ab und beinhalten aimbivalente soziale Situationen (z. B. für andere sorgen versus sich auf sich selbst zurückziehen).

Eine qualitative Entwicklungsanalyse in Form der Beschreibung von Entwicklungssequenzen und ihrer wechselseitigen Zusammenhänge im Sinne von Entwicklungsstufen stellt eine brauchbare und notwendige Alternative zur rein quantitativen Beschreibung der Entwicklung dar. Mit der Beschreibung der Entwicklung in Form qualitativ unterscheidbarer Entwicklungsstufen in fester Abfolge sind aber eine Reihe von Problemen verbunden. Sie lassen sich in sechs Punkten zusammenfassen (nach Trautner, 1992a, S. 57 f.):

1. Stufeneinteilungen der Gesamtentwicklung beruhen eher auf einer gedanklichen Konstruktion als auf einer empirisch gewonnenen Induktion.
2. Stufeneinteilungen lassen das Entwicklungsgeschehen innerhalb einer Stufe weit einheitlicher erscheinen, als es tatsächlich ist, weil in der Regel nur bestimmte ins Auge fallende Aspekte zur Charakterisierung herausgegriffen werden.
3. Da der Wechsel von einer zur anderen Stufe als auffällige Veränderung konzipiert ist, wird die Diskontinuität der Entwicklung häufig überschätzt.
4. Stufeneinteilungen lassen interindividuelle Unterschiede der Entwicklung unberücksichtigt. Sie verführen dazu, das Augenmerk auf die Altersgleichheit zu verlegen, anstatt von der Gleichheit der mitgebrachten Voraussetzungen auszugehen.
5. Ungeklärt bleibt in der Regel, wodurch es zu bestimmten Zeitpunkten zur Ablösung einer Stufe durch eine andere kommt. Es werden eher Zustände beschrieben als Übergangsmechanismen mit Erklärungscharakter dargestellt.
6. Verschiedene Stufentheoretiker kommen zu völlig unterschiedlichen Stufeneinteilungen, was die Zahl der Stufen, die zentralen Inhalte und die einzelnen Altersabschnitte betrifft.

4.2.4 Qualitative Entwicklungsanalyse zur Ergänzung der Beschreibung quantitativer Veränderungen

Die qualitative Beschreibung der Entwicklung muss nicht der Hauptzweck einer Entwicklungsanalyse sein. In einer Reihe von entwicklungspsychologischen Untersuchungen dient die qualitative Entwicklungsanalyse zur Ergänzung der Beschreibung quantitativer Veränderungen. Dies geschieht meist mit dem Ziel, die Interpretation des Zustandekommens der beobachteten quantitativen Veränderungen zu verbessern. Mit Wohlwill (1977, S. 226–230) lassen sich im Wesentlichen vier Arten von Informationen unterscheiden:

1. *Qualitative Analyse von quantifizierten Verhaltensmustern.* Hier werden die gleichen Verhaltensmerkmale, die quantitativ erfasst worden sind (z. B. die gelösten und nicht gelösten Aufgaben in einem Intelligenztest, die Männern und Frauen zugeordneten Eigenschaften), unter qualitativem Aspekt betrachtet. Man schaut sich etwa Lösungsstrategien und Fehlertypen an, oder man analysiert nicht nur, wie viele Merkmale stereotypgemäß zugeordnet wurden, sondern auch charakteristische Antwortmuster (werden eher Persönlichkeitseigenschaften oder Freizeitaktivitäten geschlechtstypisch zugeordnet, welche Begründungen werden für eine Geschlechterdifferenzierung gegeben u. ä.).

2. *Analyse von beobachtbaren vermittelnden Reaktionen.* Bei bestimmten Aufgabenarten ist es möglich, beobachtbare Verhaltensweisen zu registrieren, von denen angenommen werden kann, dass sie eine vermittelnde Funktion in Bezug auf das quantitativ erfasste Verhaltensmaß haben. In einer Untersuchung zur Fähigkeit von Kindern, Paare von komplexen visuellen Mustern als identisch oder als verschieden zu beurteilen, wurden z. B. zusätzlich zu den Unterscheidungsleistungen die Blickbewegungen registriert, die die Kinder beim Explorieren der Reizvorlagen zeigten (Vurpillot, 1968). Auf dieser Grundlage war eine qualitative Zuordnung in eine von drei Beobachtungsstrategiegruppen möglich: a) Suche nach Unterschieden, b) Suche nach identischen Teilen und c) unsystematisches Betrachten. Für die Kinder der ersten beiden Gruppen (fast alle Kinder über vier Jahre) wurde eine klare Beziehung zwischen (vorausgehender) Beobachtungsstrategie und (nachfolgender) Leistung beim Herausfinden verschiedener und identischer Reizvorlagen festgestellt.

3. *Analyse qualitativer Merkmale, die mit dem Aufgabenverhalten korrelieren.* Vielfach ist es möglich, Verhaltensweisen von Probanden während der Bearbeitung einer Aufgabe zu registrieren, die zwar keine direkte vermittelnde Rolle spielen (wie im Beispiel zuvor), die aber auf qualitative Unterschiede in der Art hinweisen, wie an eine Aufgabe herangegangen wird. Solche qualitativen Indizes können u. U. Anhaltspunkte für die Interpretation von Entwicklungsveränderungen in dem quantifizierten Maß geben.

Ein Beispiel: Rand, Wapner, Werner & McFarland (1963) führten eine Untersuchung über Altersunterschiede im so genannten *Stroop-Farben-Wort-Interferenz-Test* durch. Dabei werden verbale Bezeichnungen von Farben (z. B. die Farbwörter *rot* oder *blau)* in einer anderen Farbe dargeboten, als es der Wortbedeutung entspricht (z. B. das Wort *rot* in grüner Farbe oder das Wort *blau* in gelber Farbe). Vom Probanden ist nun jeweils das dargebotene Wort und nicht die Farbe der Wortdarbietung zu nennen. Durch die Analyse der Tonbandaufzeichnungen aller verbalen Äußerungen eines jeden Probanden während der Aufgabenbearbeitung waren die Autoren in der Lage, verschiedene Verhaltensweisen zu spezifizieren, die die Probanden in der Auseinandersetzung mit dieser Aufgabe zeigten und die auf verschiedenen Altersstufen eine unterschiedliche Rolle spielten. Beispielsweise nahmen Nennungen der Farbe statt des ausgedruckten Wortes und Vermischungen von Farbnamen wie ›blün‹ oder ›brau‹ mit dem Alter ab.

4. *Analyse von nachträglich abgegebenen verbalen Kommentaren.* In einer Reihe von Untersuchungen werden die Probanden gebeten, nach Beendigung eines Versuchs verbale Kommentare zum Versuch und zum eigenen Versuchsverhalten abzugeben. Dadurch soll Aufschluss gewonnen werden über die Verhaltensgrundlagen, das Regelverständnis des Probanden und evtl. auch dessen Verständnis der Versuchsanleitung. Grundsätzlich ist allerdings fraglich, ob durch solche nachträglichen Äußerungen tatsächlich Hinweise auf Prozesse geliefert werden, die während des Versuchs im Probanden abliefen und sein Verhalten determinierten oder es begleiteten. Solche *post hoc* Daten eignen sich eher zur Generierung von Hypothesen als zur Erklärung beobachteten Verhaltens.

Um die Vorteile der Quantifizierung auch für qualitative Veränderungen zu nutzen, gibt es verschiedene Möglichkeiten der Umwandlung qualitativer Entwicklungsabfolgen in kontinuierliche Skalen. Die folgenden drei Verfahren werden am häufigsten gewählt.

1. *Angabe der Anzahl von Versuchspersonen, die ein Kriterium erreichen.* Nehmen wir als Beispiel eines qualitativen Entwicklungsschritts das *Alleine laufen lernen.* Unterscheiden wir nur zwischen ›läuft allein‹ versus ›läuft nicht allein‹, lässt sich für jedes Kind feststellen, ob es alleine laufen kann oder nicht. Außerdem lässt sich für jedes Kind, das alleine laufen kann, feststellen, ab welchem Alter es dies kann. Unter Beibehaltung des diskreten Charakters der Variablen lässt sich daraus ein quantifizierbares Maß ableiten, wenn man als Bezugspunkt anstelle des einzelnen Kindes die Gruppe wählt und für jedes Alter angibt, wie viel Prozent der Kinder alleine laufen können.

2. *Bildung eines Gesamtwerts auf der Basis von Items heterogener Schwierigkeit.* Kindern im Alter des Laufenlernens kann man verschiedene motorische Aufgaben unterschiedlicher Schwierigkeit stellen. Sie sollen z. B. über Strecken laufen, die verschiedene Steigungsgrade aufweisen, sie müssen Hindernisse umgehen, die Orientierung im Raum wird variiert u. a. m. Man kann nun für jedes Kind auszählen, wie viele der Aufgaben bewältigt wurden. Die Summe der gelösten Aufgaben dient dann als quantifiziertes Maß der Fähigkeit eines Kindes, alleine laufen zu können.
3. *Betrachtung qualitativer Variablen unter rein quantitativem Aspekt.* Die Messung einer qualitativen Variablen kann man auf deren leicht quantifizierbare (Neben-)Aspekte beschränken. So kann man z. B. die Dauer oder die Effizienz der Bewältigung verschiedener motorischer Aufgaben messen. Für unser Beispiel des alleine Laufens könnte man etwa für jedes Kind feststellen, wie lange es braucht, um von einem Punkt A zu einem Punkt B zu gelangen oder wie sicher es läuft.

5 Die Erklärung der Entwicklung

Während es bei der *Beschreibung* von Entwicklungsprozessen darum geht, *wie* sich bestimmte Merkmale des Individuums über die Ontogenese (quantitativ oder qualitativ) verändern, geht es bei der *Erklärung* der Entwicklung um die Frage, *wodurch,* d. h. aufgrund welcher Bedingungen und Mechanismen, die beschriebenen Veränderungen zustande kommen. Wie bei der Beschreibung der Entwicklung sind dabei nicht nur die (typischen) intraindividuellen Veränderungen Gegenstand der Entwicklungsanalyse, sondern auch die interindividuellen Unterschiede im Entwicklungsverlauf.

Da die meisten entwicklungspsychologischen Studien Individuen aus verschiedenen Altersgruppen im Querschnitt untersuchen, anstatt einzelne Individuen über das Alter im Längsschnitt zu verfolgen, liegen im Regelfall nur Angaben über mittlere Altersunterschiede vor (zu Querschnitt und Längsschnitt s. Kap. 8.2). Entsprechend lässt sich die Frage, wodurch unterschiedliche Veränderungen zustande kommen, häufig nur indirekt über die Aufklärung der Bedingungen interindividueller Differenzen in den einzelnen Altersgruppen beantworten (s. dazu weiter unten).

Bei der Erklärung von Entwicklung ist zwischen einer *Konditionalanalyse* und einer *Kausalanalyse* zu unterscheiden (Schmidt, 1970). Eine Konditionalanalyse intendiert das Auffinden von Bedingungen, die an Entwicklungswirkungen nach dem Muster »*Wenn-Dann*« teilhaben. *Wenn* ein Kind gefördert wird, *dann* zeigt es mit höherer Wahrscheinlichkeit gute Schulleistungen als bei fehlender Förderung. Eine Kausalanalyse versucht hingegen zu klären, dass und wie die angenommenen Bedingungen es fertig bringen, Entwicklungswirkungen zu erzeugen. In unserem Beispiel: *Bewirkt* Förderung die gute Leistung und *auf welchem Weg*? Für die Konditionalanalyse reicht die bloße Feststellung von korrelativen Zusammenhängen aus, die Kausalanalyse erfordert die Unterscheidung von Ursache und Wirkung und eine theoretische Begründung für die aufgefundenen Zusammenhänge. Bedingtheiten oder Abhängigkeiten sind somit nicht gleichzusetzen mit Verursachungen. Die (Entwicklungs-)Psychologie sieht sich aus methodischen Gründen meist außerstande, echte Kausalbeziehungen im Sinne von Ursache-Wirkungs-Zusammenhängen aufzudecken. So kann z. B. eher gesagt werden, *dass* Kinder, die streng erzogen wurden, erhöhte Ängstlichkeit zeigen, als dass Kinder erhöhte Ängstlichkeit zeigen, *weil* sie streng erzogen wurden.

Neben der hier getroffenen Unterscheidung zwischen einem *konditionalen* und einem *kausalen* Erklärungsbegriff gibt es in der Entwicklungspsychologie noch andere Erklärungsbegriffe (Hopkins & Butterworth, 1990; Seiler, 1977). Seiler (1977) nennt drei weitere Erklärungsbegriffe: *rationale*, *teleologische* und *genetische* Erklärung.

Rationale Erklärung kann einmal bedeuten, dass der Zusammenhang zwischen den begründenden und den zu begründenden Aussagen auf einer begrifflichen oder bedeutungsmäßigen Analyse beruht (begriffliche Verträglichkeit oder logische Widerspruchsfreiheit). Eine zweite Art rationaler Erklärung sieht Seiler (1977) in der Angabe von Gründen für die Berechtigung einer Annahme, ohne dass die angegebenen Gründe das zu Begründende erklären.

Teleologische Erklärung richtet sich auf die Beantwortung von Fragen nach dem Wozu, dem Zweck oder der Funktion von Entwicklung, d. h. auf die Zielgerichtetheit von Ereignisabfolgen. Ziel kann z. B. die Aufrechterhaltung bzw. Wiederherstellung eines Gleichgewichtszustandes sein (Äquilibrationsmodell). Auch die Evolutionstheorie mit ihrer Betonung der evolutionär entstandenen Angepasstheit von Genotypen gehört hierher.

Eine *genetische Erklärungsweise* verfolgt nach Seiler (1977) mittels rationaler, kausaler und teleologischer Erklärungsargumente die Rekonstruktion der Entstehungs- und Veränderungsgeschichte von Zuständen und Handlungen und deren inneren Bedingungen.

Die Auseinandersetzung mit dem Problem der Erklärung von Entwicklung wird häufig verkürzt auf die Frage des (relativen) Gewichts endogener und exogener Entwicklungsbedingungen (Anlagen und Umwelteinflüsse). Wie wir im Verlauf dieses Kapitels noch feststellen werden, ist eine derartige Vereinfachung der Fragestellung, im Sinne des bloßen Nachweises einer Anlage- oder Umweltabhängigkeit von Entwicklungsmerkmalen, in Anbetracht der Komplexität des Bedingungsgefüges und seiner Auswirkungen auf Entwicklungsprozesse völlig unangemessen. Mit welchen Problemen man bei der Erklärung von Entwicklung konfrontiert ist, welche Entwicklungsfaktoren im Einzelnen zu berücksichtigen sind, wie diese Entwicklungsfaktoren miteinander zusammenhängen und ihren Einfluss auf die Entwicklung ausüben und welche Erklärungsmuster in den verschiedenen Entwicklungstheorien vorgefunden werden, wird in den folgenden Abschnitten 5.1 bis 5.5 näher erläutert.

5.1 Probleme der Erklärung von Entwicklung

Mit den allgemeinen Voraussetzungen und Problemen der Erklärung von Entwicklung hat sich Trautner (1983, 1992a) ausführlich beschäftigt. Danach sind folgende Punkte zu beachten:

Intraindividuelle Veränderungen oder interindividuelle Unterschiede als Gegenstand der Erklärung

Wie die Beschreibung kann die Erklärung von Entwicklung sich vornehmlich richten auf
– die (typischen) *intraindividuellen Veränderungen* oder
– die *interindividuellen Unterschiede in diesen Veränderungen.*
Beides setzt Längsschnittdaten voraus. Meistens liegen jedoch Querschnittdaten vor, die ausschließlich Informationen über Veränderungen von Altersdurchschnittswerten und ihren Streubreiten liefern. In diesem Fall können nur Zusammenhänge zwischen der Variation angenommener Entwicklungsbedingungen und den interindividuellen Differenzen in einem Entwicklungsmerkmal, ohne Bezug auf dessen zeitlichen Verlauf, festgestellt werden. D. h.: Tatsächlich erklärt werden
– *interindividuelle Unterschiede zu einem bestimmten Zeitpunkt der Entwicklung.*
Der – in der Entwicklungspsychologie weit verbreitete – Rückschluss von derartigen Zusammenhängen auf die Erklärung interindividueller Unterschiede im Entwicklungsverlauf oder gar des Aufbaus und der Veränderung des betreffenden Merkmals bei den einzelnen Individuen ist in mehrfacher Hinsicht problematisch.

Die Probleme können am Beispiel des körperlichen Wachstumsschubs in der Pubertät veranschaulicht werden (vgl. Abbildung 4.3). Der Wachstumsschub in der Pubertät ist ein universelles Entwicklungsphänomen, das hauptsächlich durch die vom individuellen Genprogramm in ihrem zeitlichen Ablauf gesteuerten Wachstumsprozesse und hormonellen Prozesse bedingt ist. Interindividuelle Unterschiede der Entwicklung zeigen sich weniger in der Form des Wachstumsverlaufs als im Zeitpunkt des Auftretens und in der Größenordnung der absoluten Werte. Für diese Unterschiede, die sowohl – besonders markant – über die Generationen zu beobachten sind (Stichwort: *säkulare Akzeleration;* vgl. Ewert, 1983) als auch zwischen verschiedenen Jugendlichen einer Generation, sind (neben genetischen und hormonellen Faktoren) sehr wahrscheinlich Unterschiede in den Lebensbedingungen (z. B. Ernährung, Stress, Klima und deren Rückwirkungen auf Geneffekte) verantwortlich, die zur Erklärung des universellen Phänomens Wachstumsschub selbst weitgehend vernachlässigt werden können (Schölmerich, 1996). Wieder andere Faktoren bzw. andere Gewichtungen der beteiligten Faktoren sind vermutlich von Bedeutung, wenn es darum geht, die Unterschiede der aktuellen Körpergröße in einer Gruppe von 14-jährigen Jungen und Mädchen zu erklären.

Es ist zwar nicht auszuschließen, dass die zu irgendeinem Zeitpunkt für interindividuelle Unterschiede in einem Entwicklungsmerkmal verantwortlichen Faktoren in gleichem Maße auch den intraindividuellen Veränderungen des betreffenden Merkmals und deren interindividueller Variation zugrunde liegen. Ob diese Voraussetzungen gegeben sind, muss aber im Einzelfall immer erst geprüft werden.

Erscheint es noch plausibel, dass Faktoren, die zu einem bestimmten Zeitpunkt der Entwicklung mit den interindividuellen Differenzen in einem Merkmal korrelieren, auch für die Entstehung interindividueller Unterschiede des Entwicklungsverlaufs bedeutsam sind, ist ein direkter Schluss vom Anteil eines Faktors an der Varianz der Merkmalsunterschiede zwischen Individuen auf den Anteil dieses Faktors am Zustandekommen des betreffenden Merkmals im individuellen Entwicklungsverlauf nicht möglich. Das hat damit zu tun, dass Merkmalsunterschiede zwischen Individuen nur auf Faktoren zurückgeführt werden können, die interindividuell variieren, während gleichartige intraindividuelle Veränderungen auch bei fehlender Variation eines zugrunde liegenden Faktors zustande kommen können. So lassen sich die Intrapaardifferenzen in einem Merkmal bei (genotypisch identischen) eineiigen Zwillingen logischerweise ausschließlich auf Unterschiede in Umweltbedingungen zurückführen. Daraus ist aber nicht zu schließen, dass die – im Fall von eineiigen Zwillingen identischen – Anlagebedingungen für den Erwerb und die Veränderungen des betreffenden Merkmals bei den untersuchten Zwillingen bedeutungslos sind. Umgekehrt gilt, dass bei einer für alle Menschen realisierten gleichartigen Entwicklungsumwelt die dann noch vorhandenen phänotypischen Unterschiede auf Anlageunterschiede zurückgehen müssen. Das hieße aber nicht, dass die Umwelt für die Entwicklung der betreffenden Merkmale ohne Bedeutung ist.

Entwicklungstheorien sind meist so formuliert, dass Aussagen über die Erklärung von intraindividuellen Veränderungen gemacht werden (vgl. Abschnitt 5.4). Die empirischen Daten erlauben hingegen meist nur Schlüsse über Bedingungen oder Korrelate interindividueller Differenzen. Am eklatantesten ist dieser Widerspruch in der klassischen Sozialisationsforschung (vgl. Hurrelmann & Ulich, 1998; Maccoby & Martin, 1983).

Die Reichweite der Erklärung

Durch welche Faktoren die Veränderungen von Entwicklungsmerkmalen und die interindividuellen Unterschiede der Entwicklung zustande kommen, ist niemals generell zu beantworten (auch nicht für *die* Persönlichkeit oder *die* Intelligenz), sondern immer nur in Bezug auf das betrachtete spezifische Merkmal (z. B. die Ausprägung der Erfolgszuversicht in Leistungssituationen oder das Niveau der soziomoralischen Perspektivenübernahme) und die daraufhin untersuchte Population (z. B. amerikanische Jugendliche der Mittelschicht oder unter schwierigen sozialen Verhältnissen in Deutschland aufwachsende türkische Kinder).

Eine für die Entwicklungspsychologie zentrale Dimension, in der sich Untersuchungspopulationen unterscheiden, ist dabei deren Lebensalter oder Entwicklungsniveau. Für die Erklärung der Entwicklung ist dies deshalb sehr wichtig, weil sich die Bedeutsamkeit der für die Ausprägung bzw. Veränderung eines Merkmals relevanten Bedingungen über die Ontogenese im Regelfall nicht unwesentlich verändern dürften. So scheint z. B. die Entwicklung der Geschlechtsidentität in den ersten Lebensjahren eng mit elterlichen Bekräftigungen und den Verhaltensmodellen in der sozialen Umwelt des Kindes zusammenzuhängen (Trautner, 1994). Bis zum Beginn des Grundschulalters wird das Wissen über die kulturellen Geschlechterrollen und das Bedürfnis des Kindes nach kognitiver Konsistenz mit den von ihm als geschlechtsangemessen wahrgenommenen Merkmalen zunehmend wichtiger (Trautner, 2002), zuweilen sogar entgegen den von den Eltern unterstützten oder vorgelebten Geschlechtsrollen. Später ist es vielleicht vor allem das inzwischen entwickelte Selbstkonzept eigener Maskulinität/Femininität, das verhaltenssteuernd wirkt (Martin, 2000).

Noch komplexer wird das Bedingungsgefüge dadurch, dass einzelne Entwicklungsbedingungen bei verschiedenen Individuen in verschiedenem Alter zur Auswirkung kommen (s. Baltes & Schaie, 1979).

Biologische und soziokulturelle Variabilität

Häufig wird die Bedeutung *biologischer* (endogener) und *soziokultureller* (exogener) Faktoren für Entwicklungsprozesse so verstanden, als ob erstere ausschließlich für Ähnlichkeiten zwischen

Individuen verantwortlich sind (z. B. den arttypischen Erwerb des aufrechten Ganges, Universalien des Spracherwerbs oder Ähnlichkeiten zwischen engen Verwandten), während letztere die Unterschiede zwischen Individuen erklären. Es lässt sich jedoch leicht zeigen, dass *beide* Faktorengruppen sowohl Ähnlichkeiten wie Unterschiede zwischen Individuen hervorbringen können.

Zum einen gibt es zwischen verschiedenen Menschen aufgrund der großen Anzahl von Genen und deren zahlreichen Kombinationsmöglichkeiten erhebliche genetische Unterschiede. Diese genetische Variabilität dürfte mindestens so groß sein wie die Variabilität der Lebensumwelten, in denen Individuen aufwachsen. So sind die genetischen Unterschiede innerhalb von Kulturen schätzungsweise sechsmal so groß wie die zwischen Kulturen (Cavalli-Sforza, Menozzi & Piazza, 1993). Zum anderen gibt es in weiten Bereichen des sozialen Umfelds ein hohes Maß an Gleichförmigkeit, z. B. innerhalb einer sozialen Schicht, im Schulsystem, hinsichtlich weit verbreiteter kultureller Normen. Durch die Homogenität von soziokulturellen Einflüssen können ursprünglich vorhandene genetisch bedingte Unterschiede zwischen Individuen u. U. überdeckt und nivelliert werden. Die Umwelt ist demnach in starkem Maße auch für Ähnlichkeiten zwischen Individuen verantwortlich. (Zum Verhältnis von Anlage und Umwelt s. Kap. 5.3.)

Aktuelle (proximale) und zeitliche zurückliegende (distale) Entwicklungsbedingungen

Jede in einem Organismus stattfindende Veränderung ist gleichzeitig eine Funktion seines momentanen Zustands und der aktuell gegebenen Stimulation wie auch der endogenen und exogenen Bedingungen, denen der Organismus bis dahin ausgesetzt war und die auf irgendeine Weise ihre Spuren in seiner Anatomie und Physiologie hinterlassen haben (Lewontin, 1986). Ein Verhalten bzw. eine Verhaltensänderung lässt sich somit prinzipiell als Folge *aktueller* (proximaler) oder *zeitlich weiter zurückliegender* (distaler) Bedingungen betrachten (Baltes & Schaie, 1979). Dabei ist zu beachten, dass aktuelle Einflüsse immer auf einen Organismus treffen, der bereits aufgrund seiner bisherigen Entwicklungsgeschichte (also zeitlich zurückliegender Bedingungen) an einem bestimmten Punkt der Entwicklung angelangt ist und diese aktuellen Einflüsse seinem Entwicklungsstand entsprechend verarbeitet.

Von der größeren theoretischen Bedeutung für die Entwicklungspsychologie sind selbstverständlich die Bedingungszusammenhänge, in denen Antezedenz-Konsequenz-Beziehungen durch größere Zeiträume voneinander getrennt sind (s. dazu Kap. 6.2). Bei der Interpretation derartiger Zusammenhänge stellt sich allerdings das grundsätzliche Problem, dass die in der Zwischenzeit aufgetretenen (weiteren) Einflüsse auf die Entwicklung kaum kontrolliert werden können.

Eine besondere Art in der Vergangenheit liegender Entwicklungsbedingungen stellen die in unserer evolutionären Vergangenheit vorherrschenden Umweltbedingungen und die entsprechend auselegierten Verhaltensanpassungen dar (Buss, 1995). Diese sog. *ultimaten* Faktoren unserer Entwicklungsgeschichte manifestieren sich in evolutionärer Sicht bis heute als die Entwicklung beeinflussende Verhaltensdispositionen und evolvierte psychologische Mechanismen (Barkow, Cosmides & Tooby, 1992).

Hinreichende und notwendige Entwicklungsbedingungen

Für die Erklärung von Veränderungen kann man auf *hinreichende* oder *notwendige* Entwicklungsbedingungen zurückgreifen (Baltes & Schaie, 1979).

Hinreichende Bedingungen für das Auftreten einer Veränderung sind solche, die – unter bestimmten Randbedingungen – die betreffende Veränderung hervorrufen bzw. fördern *können* (McCall, 1977). Z. B. kann die Beobachtung aggressiver Verhaltensmodelle zur Entstehung bzw. Erhöhung aggressiver Verhaltenstendenzen beim Beobachter führen (Bandura, 1986). Daraus lässt sich aber nicht zwingend ableiten, dass auch unter den üblichen Entwicklungsbedingungen in der natürlichen Lebensumwelt die Beobachtung von aggressiven Verhaltensmodellen wesentlich zur Ausbildung aggressiven Verhaltens beiträgt oder gar dafür eine notwendige Voraussetzung ist, aggressives Verhalten also nur auf diese Art zustande kommen kann. Experimentelle Untersuchungen oder Trainingsstudien auf dem Boden der sozialen Lerntheorie (z. B. Goetz & Baer, 1973; Petermann & Petermann, 1995) zeigen daher nur, wie Verhaltensänderungen *kurzfristig* herbeigeführt werden *können*. Sie belegen weder, dass entsprechende Veränderungen nur auf diese Art zustande kommen können, noch dass die langfristigen Veränderungen im Laufe der Entwicklung tatsächlich so entstehen. Wahrscheinlicher ist, dass die »gleichen« Entwicklungsresultate auf verschiedenen Wegen erreicht werden können.

Notwendige Entwicklungsbedingungen sind hingegen solche Bedingungen (Voraussetzungen), die gegeben sein *müssen*, damit es zu bestimmten Entwicklungsveränderungen kommt. Sind sie nicht vorhanden, kommt es auch nicht zu der betreffenden Veränderung. Das Hören menschlicher Sprache und die Gelegenheit zur sprachlichen Kommunikation scheinen in diesem Sinne notwendig für den Spracherwerb zu sein (Grimm, 1998; Szagun, 2000). Ähnlich scheint ein Kind nur dann die Geschlechtskonstanz im strengen Sinn zu verstehen, wenn es fähig geworden ist, zwischen der äußeren Erscheinung eines Objekts und seiner erschlossenen Wirklichkeit zu unterscheiden (Trautner, Gervai & Nemeth, 2003). Das Vorhandensein notwendiger Entwicklungsbedingungen garantiert aber noch nicht, dass es in jedem Fall zu der entsprechenden Entwicklungsveränderung kommt.

Um eindeutig festzustellen, was eine notwendige Entwicklungsbedingung ist, müsste man dem Organismus die fragliche Bedingung während der Entwicklungsperiode vorenthalten, in der sie vermutlich zur Auswirkung gelangt. Für die Humanentwicklung ist dies aus ethischen Gründen ausgeschlossen, es sei denn, es handelt sich um mutmaßliche Bedingungen für Entwicklungsstörungen. Ist das nicht der Fall, kann man höchstens auf vorgefundene Deprivationen zurückgreifen (wie z. B. Mutterdeprivation, angeborene Blindheit oder Taubheit).

Die Vielzahl von Bedingungen

Grundsätzlich ist davon auszugehen, dass die Entwicklung beim Menschen von einer *Vielzahl* wechselseitig abhängiger Bedingungen beeinflusst wird und dies in unterschiedlicher Art und Weise, je nach dem betrachteten Verhaltensmerkmal, der daraufhin untersuchten Population und dem ins Auge gefassten Entwicklungsabschnitt. Aufgabe der Forschung ist es, für die ausgewählten Merkmale, Populationen und Entwicklungsabschnitte sowohl festzustellen, welche Faktoren in welchem Ausmaß einen Einfluss auf die Entwicklung ausüben, als auch aufzuzeigen, wie die einzelnen Bedingungen im gegebenen Fall zusammenwirken und aufgrund welcher Mechanismen sie zur Herausbildung des betreffenden Verhaltensmerkmals bzw. zu individuellen Unterschieden in der Merkmalsausprägung führen.

Da diese Aufgabe nicht auf einmal bewältigt werden kann, beginnt man dabei zunächst mit der Untersuchung des Einflusses *einzelner* Faktoren und klammert andere Faktoren aus. Man untersucht z. B. den Einfluss elterlicher Erziehungspraktiken auf das Sozialverhalten von Kindern und vernachlässigt darüber andere Faktoren der Verhaltenssteuerung wie Gene, Hormone, Erwartungen der Kinder oder Erfahrungen außerhalb der Familie. Die Entscheidung für einen bestimmten Grad der Differenziertheit und Komplexität der Bedingungsanalyse hat sich dabei nicht zuletzt nach dem gegebenen Forschungsstand zu richten.

Die kumulative Auswirkung von Entwicklungsbedingungen

Für ontogenetische Veränderungsreihen gilt grundsätzlich: Das Spätere baut auf dem Früheren auf. Dies gilt sowohl für die beobachteten Verhaltensänderungen selbst wie für die ihnen zugrunde liegenden Entwicklungsbedingungen und ihre Auswirkungen. Jede aktuell einwirkende Entwicklungsbedingung trifft jeweils auf bereits vorhandene Auswirkungen früherer Entwicklungsbedingungen und wird davon in ihrer Wirkung beeinflusst.

So sind beispielsweise die Auswirkungen einer Mutter-Kind-Trennung auf die weitere Entwicklung eines Kindes erst dann genauer abzuschätzen, wenn die bisherigen Mutter-Kind-Interaktionen, Art und Ausmaß der vorliegenden Mutter-Bindung und weitere Entwicklungsmerkmale des Kindes berücksichtigt werden (Grossmann & Grossmann, 1986; Rutter, 1978). Wie aktuelle oder neue Entwicklungseinflüsse verarbeitet werden und sich auswirken, d. h., wie sich Individuen weiter entwickeln, hängt somit nicht zuletzt von den jeweils gegebenen (reifungs- und/oder lernabhängig zustande gekommenen) Fähigkeiten und Bereitschaften zur Verarbeitung dieser neuen Einflüsse ab.

Das kumulative Prinzip der Auswirkung von Entwicklungsbedingungen gilt im Übrigen nicht nur für Umwelteinflüsse, sondern auch für genetische Einflüsse (Asendorpf, 1998). Der kumulative Prozesscharakter von Entwicklung, das Auseinanderhervorgehen und der innere Zusammenhang von Früherem und Späterem erschweren die Erklärung von Entwicklung in besonderem Maße.

5.2 Entwicklungsfaktoren

Die Vielzahl der Bedingungen, die zur Erklärung von Entwicklungsprozessen dienen können, lässt sich in Abwandlung einer Einteilung von Herrmann (1991) in fünf Faktorengruppen aufgliedern (s. auch Trautner, 1992a, S. 165–169):
- allgemeine genetische Faktoren,
- individuelle genetische Faktoren,
- Reifungsvorgänge,
- Einflüsse der materiellen Umgebung (physikalisch-chemische Faktoren),
- Einflüsse der sozialen Lernumwelt (soziokulturelle Faktoren).

Bei den ersten drei Faktorengruppen handelt es sich um *endogene,* d. h. im Organismus verankerte und von dort ihre Wirkungen entfaltende Bedingungen. Die letzten beiden Faktorengruppen umfassen *exogene,* d. h. von außen auf den Organismus einwirkende Bedingungen.

Bei der Einschätzung der Bedeutung der einzelnen Faktoren für die Erklärung von intraindividuellen Veränderungen und interindividuellen Unterschieden der Entwicklung sind die im Abschnitt 5.1 erläuterten Probleme der Erklärung von Entwicklung stets im Auge zu behalten. Insbesondere ist zu beachten, dass der Einfluss eines Faktors immer nur *relativ* zum gemessenen Merkmal, der untersuchten Population und dem ausgewählten Entwicklungsabschnitt gesehen werden kann. Außerdem stehen die verschiedenen Faktoren in einer wechselseitigen Abhängigkeit, wobei vergangene und gegenwärtige Bedingungen, im Zusammenspiel mit dem jeweils gegebenen Entwicklungsstand des Individuums, auf komplexe Art zusammenwirken (s. Kap. 5.3).

Jenseits der Gegenüberstellung von endogenen und exogenen Entwicklungsfaktoren lässt sich Entwicklung als ein *Selbstregulationsprozess* betrachten, der *aktiv* vom heranwachsenden Individuum gestaltet wird. Das Individuum *konstruiert* und *produziert selbst* seine Entwicklung, indem es bestimmte Ziele verfolgt, manche Einflüsse auswählt und akzeptiert, andere zurückweist oder dagegen steuert (s. Brandstädter, 1998; Lerner & Busch-Rossnagel, 1981; Silbereisen, 1996). Diese Art der Selbstregulation stellt weniger einen eigenständigen Entwicklungsfaktor dar als eine besondere Art der Verarbeitung und des Zusammenspiels von endogenen und exogenen Entwicklungsbedingungen.

5.2.1 Allgemeine genetische Faktoren

Chromosomen und Gene

Alle Menschen sind gleich. Alle Menschen sind verschieden. Beide Aussagen treffen für die biologische Ausstattung des Menschen zu. Einerseits gibt es arttypische Gemeinsamkeiten in der funktionalen Struktur des Genoms aller Menschen, andererseits können dieselben Gene bei verschiedenen Menschen in unterschiedlichen Varianten (*Allelen*) auftreten.

Das Genom (der Genotyp) jedes Lebewesens ist in seinem *Chromosomensatz* niedergelegt, der vollständig und in gleicher Form im Zellkern jeder Körperzelle enthalten ist. Zahl und Form der Chromosomen sind arttypisch. Beim Menschen finden sich (im Normalfall) 46 paarweise angeordnete Chromosomen: 22 Paare Autosomen und ein Paar Geschlechtschromosomen (2 X-Chromosomen bei weiblichen Individuen, 1 X- und 1 Y-Chromosom bei männlichen Individuen). Die zueinander gehörigen Paarlinge der Autosomen sind zueinander *homolog*, d. h., sie gleichen sich äußerlich und enthalten in identischer linearer Anordnung die genetische Information für die gleichen phänotypischen Merkmale.

Auf den Chromosomen liegen die *Gene,* die eigentlichen Träger der Erbinformation. Gene sind Bestandteile eines Makromoleküls, in denen die Erbinformationen auf chemischem Wege gespeichert sind. Anschaulich kann man sich Gene als lang gestreckte, jeweils aus zwei ineinander verschlungenen leiterartigen Einzelsträngen gebildete Desoxyribonukleinsäure(DNS)-Molekülketten vorstellen (sog. *Doppelhelix).* Die genetische Information eines DNS-Moleküls steckt in der sequentiellen Anordnung von vier verschiedenen Basen: Adenin (A), Cytosin (C), Guanin (G) und Thymin (T). Dabei paaren sich immer nur jeweils ein Adenin mit einem Thymin und ein Guanin mit einem Cytosin.

Jedes einzelne Gen besteht aus einer Kombination von Tausenden solcher Basenpaare. Insgesamt enthält der menschliche Chromosomensatz nach gegenwärtigen Schätzungen ca. 50.000 Gene mit insgesamt (geschätzten) 3 Milliarden Basenpaaren.

Gene wirken nicht direkt auf die Entwicklung (s. Abschnitt 5.2.2). Hinsichtlich der Wirkung des Genoms auf die Entwicklung ist außerdem zu unterscheiden zwischen *Strukturgenen,* die Proteine (z. B. für den Aufbau des Nervensystems oder eines Organs) codieren, und Genen, die für die Regulation der Aktivität der Strukturgene sorgen, d. h. Strukturgene an- oder abschalten. In jeder Zelle sind zu einem bestimmten Zeitpunkt nur etwa 10 bis 20% aller Gene *aktiv,* je nachdem in welchem Gewebe sich die Zellen befinden und wie sie vom umliegenden Gewebe beeinflusst werden (Beerman, 1965). Verschiedene Gene zeichnen sich außerdem durch eine unterschiedliche Manifestationswahrscheinlichkeit (*Gen-Penetranz*) und unterschiedliche Stärke der Gen-Wirkung (*Gen-Expressivität*) im Phänotyp aus. Das Zusammenspiel zwischen Strukturgenen und Steuerungsgenen sowie deren Aktivität untereinander ist auf höchst komplexe Weise miteinander vernetzt (Asendorpf, 1998).

Damit die genetische Information in Aminosäuresequenzen von Eiweißmolekülen der Zelle umgesetzt werden kann *(Translation),* muss sie aus dem Zellkern an den Ort der Proteinbiosynthese im Cytoplasma, zu den Ribosomen, gelangen. Dies erfolgt auf dem Wege der Umkopierung *(Transkription)* der genetischen Information auf einem Informationszwischenträger, der sog. *Messenger-Ribonukleinsäure (mRNS).* Den Weg von der DNS zu Proteinmolekülen veranschaulicht in stark vereinfachter Form die Abbildung 5.1.

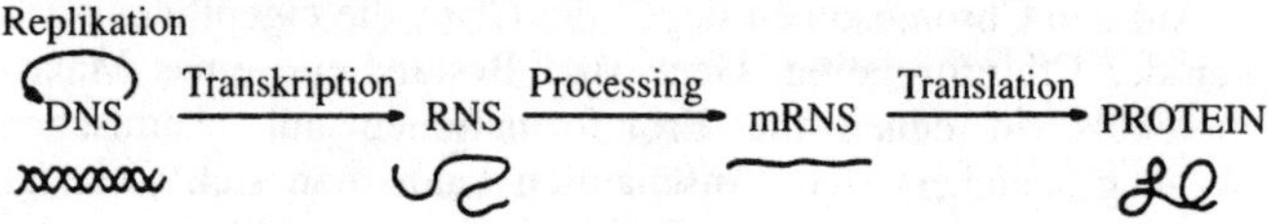

Replikation
DNS —Transkription→ RNS —Processing→ mRNS —Translation→ PROTEIN

Abb. 5.1: Umsetzung genetischer Information in Aminosäuresequenzen von Eiweßmolekülen auf Zellebene (nach Scarr & Kidd, 1983, S. 354)

Die »Sprache« des genetischen Informationscodes ist für Pflanzen, Tiere und Menschen gleich. Nach dem Bauplan, der in den DNS-Molekülen gespeichert ist, bestimmt sich, ob durch die Teilung einer Zelle eine Nerven-, Muskel-, Knochen- oder sonstige Körperzelle entsteht. In der genetischen Ausstattung gibt es ebenfalls, neben Unterschieden des Genoms, mehr oder weniger große Gemeinsamkeiten. So stimmt der Mensch mit den ihm am nächsten Verwandten, dem Schimpansen und dem Bonobo, in über 98% seiner Gene (nicht seiner Allele!) überein. Die genetische Ähnlichkeit zwischen dem Menschen und diesen beiden Affenarten ist dabei größer als die zwischen Schimpanse und

Bonobo oder anderen Affenarten, z. B. dem Gorilla (Andrews & Martin, 1987).

Von seltenen pathologischen Fällen abgesehen gleichen sich alle Menschen in der funktionalen Struktur ihres Genoms. Zahlreiche genetisch determinierte Entwicklungsprozesse treten daher universell auf. Solche *artspezifischen Gemeinsamkeiten* sind beim Menschen etwa charakteristische morphologische Merkmale (z. B. der Bau der Extremitäten oder der Augen), die Entwicklung zum aufrechten Gang, die Fähigkeit zur artikulierten Sprache, die Fähigkeit zum Aufbau sozialer Bindungen und sozialer Normen, mimische Ausdruckserscheinungen, Reflexe, die Entwicklungshöhe des Gehirns und die damit einhergehende enorme Lernfähigkeit. Es ist das, was die »Natur« des Menschen ausmacht.

Erbschäden und prä- oder postnatale Schädigungen ausgeschlossen, werden die genannten Merkmale bei allen Menschen ausgebildet. Die artspezifischen Determinanten schaffen hierbei die notwendigen anatomisch-physiologischen Voraussetzungen, dass es überhaupt zu diesen Merkmalen kommen kann. Gleichzeitig begrenzt das artspezifische Erbgut die Möglichkeiten des Erwerbs bestimmter Verhaltensmerkmale. So kann ein Mensch niemals aus eigener Kraft, d. h. ohne technische Hilfsmittel, fliegen, und er vermag nicht, bestimmte Schallfrequenzen (unter 10 Hz und über 10 000 Hz) akustisch wahrzunehmen. Auch wann sich bestimmte Merkmale im Laufe der Entwicklung ausbilden (können), ist (teilweise) durch die Gene begrenzt (s. Abschnitt 5.2.3). Diese allgemeinen biologischen Grundlagen der Entwicklung des Menschen sind phylogenetisch entstanden und werden individuell durch Vererbung weitergegeben.

5.2.2 Individuelle genetische Faktoren

Genotyp und Phänotyp

Zu individuellen Unterschieden des Genoms kommt es immer dann, wenn in einer Population die einzelnen Gene in mehr als einer Ausprägung, also in verschiedenen *Allelen* auftreten. (Während der Begriff *Gen* im engeren Sinn nur den *Genort* auf einem Chromosom bezeichnet, ist *Allel* die Bezeichnung für die spezifische Information auf einem Genort. Oft wird aber auch hier von Genen gesprochen). Die einzelnen Allele (Gene) sind wie die Chromosomen paarweise vorhanden, eines von der mütterlichen, eines von der väterlichen Seite. Sie liegen auf den jeweils einander entsprechenden *Loci* eines Chromosomenpaares. Sind die beiden Allele identisch, sprechen wir von einem *homozygoten* Genpaar, sind sie verschieden, von einem *heterozygoten* Genpaar.

Besondere Verhältnisse sind für die Gene auf den Geschlechtschromosomen gegeben. Da beim Mann nur ein X-Chromosom pro Zelle vorhanden ist, besitzt er jedes X-chromosomale Gen nur einmal (und zwar von der Mutter, da er das Y-Chromosom nur vom Vater geerbt haben kann). Ein Mann ist für X-chromosomale Gene *hemizygot,* eine Frau *homozygot* oder *heterozygot.*

Je nach der Art der korrespondierenden Gene der Eltern, also der Gene auf den entsprechenden Loci eines Chromosoms, ergeben sich verschiedene Kombinationsmöglichkeiten für den Genotyp. Da sich die Chromosomenpaarlinge (nicht die Gene!) der Geschlechtszellen eines Elternteils bei der Zellteilung frei kombinieren können, gibt es pro Elternteil $2^{23} = 8\,388\,608$ verschiedene Möglichkeiten bei der Bildung des haploiden elterlichen Chromosomensatzes. Dabei ist die mögliche Trennung der Gene auf einem Chromosom (z. B. durch *Crossing over*) noch nicht berücksichtigt.

Alle Gene zusammen machen den *Genotyp* oder das *Genom* eines Individuums aus. Je die Hälfte davon wird von väterlicher und von mütterlicher Seite vererbt. Die Merkmale bzw. Merkmalsausprägungen, die ein Individuum zu einem bestimmten Zeitpunkt seines Lebens aufweist, bezeichnet man als *Phänotyp* (äußeres Erscheinungsbild). Der individuelle Genotyp setzt durch seine Beschaffenheit gewisse Grenzen, innerhalb derer phänotypische Merkmale ausgebildet werden können. Nur wenige (physische) Merkmale sind in ihrer phänotypischen Ausprägung durch den Genotyp in dem Sinne festgelegt, dass sie in allen Umwelten konstant sind (dies gilt z. B. für die Blutgruppenzugehörigkeit). Normalerweise kommt es unter verschiedenen Umweltbedingungen bei gleichem Genotyp zu unterschiedlichen phänotypischen Ausprägungen. Dies bedeutet, dass niemals eine Merkmalsausprägung (z. B. ein bestimmter IQ) vererbt wird, sondern immer nur die Reaktionsweise eines bestimmten Genotyps auf bestimmte Umweltbedingungen. Die Spannbreite eines Genotyps, unter verschiedenen Umweltbedingungen verschiedene Phänotypen auszubilden, nennt man seit Woltereck (1909) die *Reaktionsnorm* eines Genotyps. (Der Begriff Genotyp wird hier, wie in der Genetik allgemein üblich, sowohl auf die Gesamtheit aller Gene eines Individuums als auch auf ein einzelnes Gen bezogen. Entsprechendes gilt für den Begriff Phänotyp.)

Weiß man also nur, dass eine bestimmte Person Träger eines Gens (Allels) ist, kann man über die mögliche Wirkung dieses Gens auf ein bestimmtes Verhaltensmerkmal nicht mehr aussagen, als dass ihr Verhalten innerhalb der entsprechenden Reaktionsnorm des Gens liegen wird. Ist sehr viel über die Gen-Wirkung bekannt, kann man zusätzlich noch die *Wahrscheinlichkeit* dafür angeben, mit der die Person eine bestimmte Ausprägung des Verhaltens innerhalb der Reaktionsnorm haben wird (Asendorpf, 1988). Reaktionsnormen von Genen sind auch keine unveränderlichen Größen, da sie sich immer auf existierende Genotypen und Umwelten beziehen. Neue Genotypen oder neue Umwelten können die Reaktionsnorm von Genen *verändern*.

Für kein menschliches Merkmal, ausgenommen für die wenigen in allen Umwelten konstanten Eigenschaften (z. B. die Blutgruppe), ist die Reaktionsnorm des zugrunde liegenden Genotyps bekannt. Das hat nach Lewontin (1986) zwei Gründe. Zur Ermittlung der Reaktionsnorm müsste man erstens Organismen mit identischem Genotyp während ihrer Entwicklung systematisch und kontrolliert zahlreichen unterschiedlichen Umwelten aussetzen, und zweitens brauchte man viele Individuen mit identischem Genotyp. Beides ist beim Menschen ausgeschlossen.

Aus diesem Grund stammen die in der Literatur vorgefundenen Beispiele aus dem Pflanzen- oder Tierreich. Ein bekanntes Beispiel ist das Experiment von Cooper & Zubek (1958) mit rein gezüchteten »dummen« und »intelligenten« Rattenstämmen, die unter verschiedenen Aufzuchtbedingungen gehalten wurden, was sich für die beiden Stämme unterschiedlich auf das Labyrinthlernen auswirkte. Deutlich wird dabei das allgemeine Prinzip der Reaktionsnorm: »Die gleichen Genotypen führen in verschiedenen Umwelten zu verschiedenen Phänotypen. Unterschiede zwischen Genotypen, die in einer Umwelt beobachtbar werden, mögen in einer anderen verschwinden«. (Merz & Stelzl, 1977, S. 22; s. dazu Abschnitt 5.3.2).

Es gibt aber noch einen weiteren Grund für das fehlende Wissen über die Reaktionsnorm von Genen beim Menschen. Bislang ist weitgehend ungeklärt, welche Gene im Einzelnen bestimmten Verhaltensmerkmalen zugrunde liegen. Das wiederum hat damit zu tun, dass die große Mehrzahl der normalen Merkmale beim Menschen auf dem Zusammenwirken zahlreicher Gene beruht. Man spricht hier von *Polygenie*. Wie viele und welche Gene bei welchen Verhaltensmerkmalen eine Rolle spielen, ist noch weitgehend unerforscht. Polygen gesteuerte Merkmale zeichnen sich durch kontinuierliche Merkmalsverteilungen aus und erfordern quantitative Modelle der Genetik (s. dazu Merz & Stelzl, 1977).

Beim Menschen genauer untersucht sind nur einige Entwicklungsstörungen, die durch einzelne »pathologische« Gene zustande kommen. Zu nennen sind hier der *Albinismus* (hier kommt es zu keiner Pigmentbildung), die *Chorea Huntington* (eine degenerative Hirnerkrankung, die u. a. zu ausufernden Bewegungen der Extremitäten und zu Sprachartikulationsstörungen führt) und die *Phenylketonurie* (eine Stoffwechselstörung, die fortschreitend das zentrale Nervensystem schädigt). Auch liegen Befunde zur Entstehung von einzelnen *Intelligenzdefekten* vor, die auf Chromosomenaberrationen zurückgehen (vgl. Scarr & Kidd, 1983).

Der Weg von den Genen zum Verhalten

Die Phenylketonurie (PKU) wird hier in ihrem Verlauf etwas ausführlicher dargestellt, da man an ihrem Beispiel gut zeigen kann, dass die Beziehung zwischen Genen und Verhalten über zahlreiche Zwischenschritte läuft, die variable Ausgänge haben können. Es gibt also grundsätzlich keine direkten Genwirkungen auf das Verhalten und seine Entwicklung, sondern immer nur Reaktionsweisen von Genotypen auf Umweltbedingungen. Gene sind chemische Substanzen (DNS-Moleküle), die mithilfe von Träger- und Übermittlersubstanzen ein *Potenzial* zur Ausbildung von Verhaltensmerkmalen beinhalten. Auf welchem Weg sich das Potenzial in Verhalten umsetzt, zeigt die Abbildung 5.2.

Gene →	Genprodukte →	Zwischenglieder →	Verhalten
Chemische Substanzen	Auswirkungen im anatomisch-physiologisch-nervösen Substrat	Exogene Einflüsse im Zusammenspiel mit der gegebenen Bereitschaft des Organismus, die die Auswirkungen der bisherigen endogenen und exogenen Einflüsse umfasst	Topographie, Häufigkeit, Intensität, Situationsspezifität etc. eines bestimmten Verhaltensmerkmals

Abb. 5.2: Schematische Darstellung zur Beziehung zwischen Genen und Verhalten (aus Trautner, 1992, S. 185)

Bei der Phenylketonurie (PKU) sieht der Weg von den Genen zum Verhalten wie folgt aus: Aus dem Defekt eines Gens auf dem ersten Chromosom resultiert eine Stoffwechselstörung, nämlich eine Überproduktion von Phenylalanin (Genprodukt). Bei normaler Säuglingsernährung mit eiweißhaltigen Milchprodukten (auch Muttermilch) wirkt sich dies schädigend auf die Gehirnentwicklung aus (Zwischenglied). Dies wiederum führt zu einer fortschreitenden schweren Retardierung der Intelligenzentwicklung (Verhaltensmerkmal). Diese Kette kann allerdings dadurch unterbrochen werden, dass solche Kinder von Geburt an eine phenylalaninarme Diät erhalten, was eine Schädigung der Gehirnentwicklung verhindert. Unter diesen Bedingungen kommt es nicht zu den sonst beobachteten auffälligen Intelligenzschäden. Der genetische Defekt kann also durch eine entsprechende Umweltänderung (eine spezielle Ernährung) kompensiert werden (Weglage, 2000).

Die Indirektheit und Komplexität der Beziehung zwischen Genen und Verhalten dürfte bei den meisten Verhaltens- und Persönlichkeitsmerkmalen noch weit größer sein. Der Weg von den Genen über Zwischenglieder zum Verhalten ist außerdem keine Einbahnstraße, sondern Wirkungen können in beiden Richtungen beobachtet werden (Gottlieb, 1992). Dies schließt u. a. Genaktivierungen und -desaktivierungen als Folge von Reifungsprozessen ein, deren Ablauf wiederum nicht unabhängig vom Verhalten und der Stimulation des Organismus ist.

Die Frage nach den Mechanismen der Umsetzung genetischer Information in Verhalten ist somit zu ergänzen durch die Frage nach den Steuerungsmechanismen der Geneffekte, d. h., wovon es abhängt, ob und wie sich Gene auf die Verhaltensentwicklung auswirken. Hierüber ist bisher nur wenig bekannt (s. hierzu Plomin, DeFries & McClearn, 1990). Das Beispiel PKU zeigt jedenfalls, dass die Auswirkungen von Genen auf die Entwicklung auch ohne Eingriff in das Erbgut durch bestimmte Umweltmaßnahmen beeinflusst werden können.

Asendorpf (1994) vergleicht den Genotyp eines Individuums mit einem Text, aus dem im Verlauf des Lebens immer wieder kleine Teile abgelesen werden. »Der Text begrenzt das, was abgelesen werden kann, legt aber keinesfalls fest, was genau abgelesen wird. Was zu einem bestimmten Zeitpunkt der Entwicklung abgelesen wird, hängt davon ab, was vorher gelesen wurde *und* welche Wirkungen dies hatte, einschließlich *Rückkopplungseffekten* auf das Leseverhalten« (Asendorpf, 1994, S. 110 f.).

5.2.3 Reifung als Faktor

Die zeitliche Steuerung von Genwirkungen

Aus einer einzigen, etwa stecknadelkopfgroßen Zelle entsteht im Laufe der Entwicklung ein Organismus, der aus mehreren Billionen Zellen von unterschiedlicher Struktur und Funktion besteht, die sich ständig weiter teilen und erneuern. Wie kommt es, dass sich in nur neun Monaten aus einer befruchteten Eizelle ein so komplexer Organismus wie ein Neugeborenes entwickelt? Da jede Zelle in ihrem Zellkern das gleiche genetische Material enthält, muss es im Genprogramm Mechanismen geben, die dafür sorgen, dass es nach einem bestimmten Zeitplan und in einer bestimmten Abfolge zu einer allmählichen Ausdifferenzierung und hierarchischen Organisation der verschiedenen Zellen kommt. Solche endogen gesteuerten, zeitabhängigen Entwicklungsprozesse bezeichnet man als *Reifung*. Anlagebedingt oder angeboren ist also nicht gleichzusetzen mit bei der Befruchtung oder der Geburt fertig ausgebildet. Bis sich Anlagen in neuroanatomischen Merkmalen und darauf aufbauenden Verhaltensmerkmalen manifestieren, vergeht mehr oder weniger viel Zeit.

Die Gesetzmäßigkeiten von Reifungsprozessen wurden vor allem von der *Embryologie,* der Wissenschaft von der Entwicklung der Lebewesen von der Zeugung bis zu ihrer Geburt, erforscht. Die Embryonalentwicklung scheint im Wesentlichen durch das Zusammenspiel von *Induktion* und *Determination* gesteuert zu werden (Asendorpf, 1988, S. 207–212). Am Anfang der Embryonalentwicklung sind alle Zellen noch *omnipotent,* d. h., sie können sich auch nach mehrfacher Teilung noch zu einem vollständigen Lebewesen entwickeln. Schon bald findet aber eine Differenzierung der Zellen statt, die im Wesentlichen darauf beruht, dass die weitere Entwicklung einer Zelle von dem Ort abhängt, an dem sie sich befindet. Wie Versuche mit Gewebsverpflanzungen gezeigt haben, ist diese ortsgemäße *Induktion* des Zellwachstums jedoch nur bis zu einem »kritischen« Zeitpunkt möglich. Später passt sich ein ortsfremdes Gewebe nicht mehr seiner Umgebung an, sondern entwickelt sich entsprechend der *Determination* seines Herkunftsortes. Für das Verständnis dieser Prozesse ist wichtig, dass sich diese Determination immer nur auf die *aktivierte* genetische Information, nicht auf die insgesamt vorhandene genetische Information der Zellen bezieht. Damit diese Prozesse programmgemäß ablaufen, bedarf es einer genauen zeitlichen Abstimmung der einzelnen Entwicklungsschritte. »Stimmt das ›Timing‹ nicht, können Rückwirkungen von Induktionen auf ihre Induktoren zu früh oder zu spät erfolgen und damit die Differenzierung stören« (Asendorpf, 1988, S. 211).

Auf molekularer Ebene kommt es zu einer Spezialisierung der Zellen durch Unterdrückung der Transkription von Genen durch ihre Operatorgene. Die Unterdrückung wird durch Regulatorgene der eigenen Zelle und durch Regulatorgene anderer benachbarter Zellen induziert (vgl. Asendorpf, 1988).

Die Gesetzmäßigkeiten der Embryonalentwicklung gelten auch für die weitere neuroanatomische Entwicklung und damit zusammenhängende Verhaltensänderungen nach der Geburt. Auch hier entfalten sich aus zunächst undifferenzierten Strukturen durch das Zusammenspiel von Induktion und Determination differenziertere Strukturen. Beispiele für nach der Geburt stattfindende, reifungsabhängige Entwicklungsprozesse beim Menschen sind u. a.: das Auftauchen und Verschwinden verschiedener Reflexe, die Entwicklung der Motorik, die frühe Ausdifferenzierung von emotionalen Reaktionen, die Anfänge der Sprachentwicklung, die fortschreitende Gehirnreifung und die damit zusammenhängende Zunahme der Lernfähigkeit. Auch die hormonellen Veränderungen während der Pubertät oder der Ausbruch endogener Erkrankungen im Erwachsenenalter (z. B. Chorea Huntington, genuine Epilepsie) gehen auf derartige zeitliche Steuerungsmechanismen zurück. Vermutlich sind auch die Alterungsprozesse des Körpers und die obere zeitliche Grenze der Lebensdauer im Genprogramm verankert.

Wie beim Genom haben wir auch bei Reifungsprozessen zwischen artspezifischen, allen Individuen gemeinsamen Bedingungen, und individuellen, d. h. zwischen verschiedenen Individuen, differierenden Bedingungen zu unterscheiden. Erstere erklären die ungefähre zeitliche Steuerung und die Sequenz der Entwicklungsveränderungen. Letztere erklären interindividuelle Unterschiede in der Entwicklungsgeschwindigkeit und in den erreichbaren Entwicklungsniveaus.

Reifung und Erfahrung

Die zeitliche Steuerung von Reifungsprozessen durch das Genprogramm geht in der Regel nicht so weit, dass der Beginn und der Verlauf eines Entwicklungsprozesses unabhängig von exogenen

Einflüssen betrachtet werden können. Auch unterliegen nicht nur die unmittelbaren Genwirkungen selbst einer zeitlichen Steuerung, sondern auch wie sich bestimmte Umweltbedingungen auf den Organismus auswirken, variiert über die Zeit.

Reifung bringt also nicht quasi von selbst Verhaltensmerkmale hervor, sondern bedeutet allein eine erhöhte Bereitschaft, durch Erfahrung und Übung zu lernen. Darüber hinaus ist für die Ausreifung und Konsolidierung neuraler Strukturen ein bestimmtes Maß an sensorischer Stimulation erforderlich. Wird dieses Maß unterschritten, bleiben die normalerweise eintretenden Reifungsvorgänge aus (Gottlieb, 1992). Auch die Ausübung von Verhaltensweisen kann, gerade in einer Reifungsphase, Rückwirkungen auf die Entwicklung neuroanatomischer Strukturen bei einem Individuum haben (Nelson & Luciana, 2001; Thompson & Berger, 1984).

Abschließend lässt sich zur Bedeutung von Reifungsprozessen für die Erklärung der Entwicklung feststellen: Reifungsprozesse schaffen für zahlreiche Entwicklungsvorgänge, insbesondere in der frühen Kindheit, die notwendigen Voraussetzungen und setzen gewisse Grenzen für das Wirksamwerden exogener Einflüsse. Dabei ist Reifung nicht unabhängig von Erfahrung und Lernen zu betrachten (wie auch nicht – umgekehrt – Erfahrung und Lernen unabhängig von Reifung). Mit der Verlangsamung oder dem Abschluss neuroanatomischer Reifungsprozesse tritt die Bedeutung von Reifung (allerdings nicht unbedingt von genetischer Information) für die Entwicklung allmählich zurück. So beeinflusst die körperliche Reifung während der Pubertät die psychische Entwicklung eher indirekt über sozial vermittelte Änderungen des Selbstbildes, des Status und der Interessen (s. dazu Degenhardt, 1971, 1996; Ewert, 1983; Trautner, 1972 a, b).

Da Reifung nicht direkt beobachtet und in der Regel auch nicht experimentell manipuliert werden kann, sondern meist aus der relativen Unempfindlichkeit gegenüber der Variation äußerer Einflüsse erschlossen werden muss, bietet sich als Alternative zur Untersuchung von Reifungsprozessen die genaue Analyse der Effekte bestimmter exogener Bedingungen und gezielter Interventionen an. Die Bedeutung dieser exogenen Faktoren für die Erklärung von Entwicklung wird ausführlich im Abschnitt 5.2.5 dargestellt.

5.2.4 Einflüsse der materiellen (physischen) Umwelt

Alle physikalischen oder chemischen Faktoren, die unmittelbar auf den Organismus einwirken und ihn in seiner Entwicklung fördern oder schädigen können, bezeichnen wir als *materielle* oder *physische Umwelt*. Hierzu gehören z. B. die pränatale Umwelt bzw. die während der Schwangerschaft über den mütterlichen Organismus an den Embryo weitergegebenen Einflüsse. Auch in der nachgeburtlichen Entwicklung wirken verschiedenste materielle Bedingungen auf den Organismus ein: Ernährungsbedingungen, Krankheitserreger, Umweltgifte, Lärm, die Bewegungsmöglichkeiten oder sonstige räumliche Verhältnisse der Umgebung.

Die genannten Beispiele für materielle Faktoren machen deutlich, dass deren Bedeutung für die Entwicklung eher in der Auslösung möglicher *Schädigungen* zu sehen sein dürfte als in einer direkt entwicklungsfördernden Funktion. Die Grundversorgung mit lebensnotwendigen Nährstoffen, ausreichende Bewegungsmöglichkeiten u. a. sind zwar Voraussetzungen für eine normale Entwicklung, sie determinieren aber nicht den Entwicklungsverlauf. Das Fehlen dieser Bedingungen oder das Auftreten ungünstiger Entwicklungsbedingungen kann hingegen zu Entwicklungsstörungen oder -schäden führen. Ausreichende Ernährung ist z. B. eine Voraussetzung für das Eintreten der Geschlechtsreife bei Mädchen in der frühen Adoleszenz. Durch Hungern verhindern magersüchtige Mädchen diese Entwicklung oder zögern sie hinaus. Zeitpunkt und Verlauf der Pubertätsentwicklung sind aber primär durch Genwirkungen gesteuert und erst sekundär durch die Ernährung.

Wie bei der Beziehung zwischen Genen und Verhalten ist auch die Beziehung zwischen materiellen Einflüssen und Verhalten eine indirekte. Die durch materielle Einflüsse resultierenden Auswirkungen auf den Organismus beeinflussen die Verhaltensentwicklung indirekt und in Wechselwirkung mit anderen Faktoren. Die jeweils gegebenen materiellen Einflüsse sind außerdem *sozial vermittelt*. Je nach vorhandenem Einkommen, Bildungsstand, der sozialen Lage der Familie, der Wohngegend etc. sind die Bedingungen der Versorgung des werdenden Kindes, der Ernährung, der Bewegungsmöglichkeiten u. a. eher günstig oder ungünstig.

5.2.5 Einflüsse der sozialen Lernumwelt (soziokulturelle Faktoren)

Der weitaus größte Teil entwicklungsrelevanter exogener Faktoren ist in der *sozialen Umwelt* eines Individuums zu suchen. Übermittelt werden die sozialen Einflüsse durch Interaktionspartner (z. B. Eltern, Lehrer, Geschwister, Freunde) oder Medien (Bücher, Fernsehen) auf dem Wege von Belohnung und Bestrafung, Unterweisung, Verhaltensmodellen, der Strukturierung von Aufgabensituationen oder Rollenanforderungen. Eingeschlossen sind somit auch die von der sozialen Umwelt gelieferten Reize und Informationen, die außerhalb sozialer Interaktionen aufgenommen und verarbeitet werden (wie z. B. Spiel- und Lernmaterial). Wir sprechen hier allgemein von *soziokulturellen Faktoren*.

Vom Heranwachsenden aus gesehen erfolgt die Verarbeitung soziokultureller Einflüsse auf dem Wege des (assoziativen und strukturierenden) *sozialen Lernens* und der *Sozialisation*, d. h. als Erwerb und Modifikation von Verhaltensweisen, Normen und Rollen aufgrund von Erfahrung, Übung, Beobachtung und Informationsverarbeitung in einem sozialen Kontext. Aus diesem Grund spricht man auch von der sozialen *Lernumwelt* eines Individuums. Den Entwicklungspsychologen interessieren dabei weniger die kurzfristigen, vorübergehenden Prozesse der Verhaltensänderung als die überdauernden Effekte von Erfahrungen mit der Lernumwelt, wie sie sich z. B. in der Ausbildung überdauernder Fertigkeiten, Kognitionen, Motive, Einstellungen und Verhaltensgewohnheiten niederschlagen.

5.2.5.1 Lernen und Entwicklung

Von *Lernen* spricht man in der Psychologie im Allgemeinen, wenn es aufgrund von *Erfahrung, Übung* oder *Beobachtung* zu mehr oder weniger überdauernden Verhaltensänderungen oder Veränderungen kognitiver Strukturen bei einem Individuum kommt (Edelmann, 2000; Steiner, 1988; Trautner, 1992a). Veränderung kann dabei sowohl einen Neuerwerb als auch eine Modifikation von bereits Vorhandenem beinhalten. Zu unterscheiden ist zwischen dem *eigentlichen Lernprozess*, d. h. der *Aneignung* der neuen Erfahrung, und der *Äußerung des Gelernten*. Zwischen dem

Lernen und der Äußerung im beobachtbaren Verhalten kann einige Zeit vergehen *(latentes Lernen)*. Manches Erlernte wird u. U. nie gezeigt.

Da der einer Veränderung zugrunde liegende Lernprozess intern abläuft, lässt er sich nicht direkt beobachten. Über die wesentlichen Gesetzmäßigkeiten des Lernens gibt es unterschiedliche Auffassungen. Sie sind in Form verschiedener *Lerntheorien* formuliert (vgl. Edelmann, 2000). Die verschiedenen Lerntheorien unterscheiden sich vor allem hinsichtlich der folgenden Merkmale:

- ob dem Individuum im Lernprozess eher eine *passive* oder eine *aktive* Rolle zukommt;
- ob ausschließlich *beobachtbares Verhalten* oder auch *interne Prozesse* berücksichtigt werden;
- ob die Umweltstimuli vornehmlich durch ihre raum-zeitliche *Kontiguität,* ihren *Anreizwert* oder ihren *Informationswert* wirksam sind;
- welcher Grad der *Komplexität* des Lernprozesses angenommen wird.

Darüber hinaus ist zu beachten, dass bestimmte Lernarten auch mit bestimmten *Lerninhalten* verknüpft sind. *Was* gelernt wird, bestimmt (mit) *wie* gelernt wird. So kommen z. B. beim Schwimmenlernen, beim Rechnenlernen und beim Lernen selbständigen oder geschlechtsangemessenen Verhaltens unterschiedliche Lernprinzipien ins Spiel (vgl. Steiner, 1988). Entgegen der Annahme der S-R-Theorien ist Lernen somit nicht reizunspezifisch, d. h. es folgt nicht allgemeingültigen Grundprinzipien unabhängig vom Lerninhalt. Außerdem scheint es genetische Prädispositionen zum Erlernen spezifischer Lerninhalte zu geben. D. h., was wie leicht gelernt wird, kann genetisch prädisponiert sein (Cook & Mineka, 1989; Öhmann, 1993).

Von den in der *behavioristischen* Tradition verankerten Arten des Reiz-Reaktions-Lernens sind für die Entwicklungspsychologie insbesondere drei Arten von Bedeutung: *Klassisches Konditionieren, Operantes Konditionieren* und *Beobachtungslernen* (s. Trautner, 1992a, 1997a). Aus *kognitiver* Sicht stellt sich Lernen eher als sog. *strukturierendes Lernen* oder als *Wissenserwerb* dar (s. Anderson, 1995; Steiner, 2001).

Klassisches Konditionieren

Vertreter des Klassischen Konditionierens sehen vor allem in der raum-zeitlichen Nähe *(Kontiguität)* zwischen einem Reiz *(Stimulus* S) und einem Verhalten *(Reaktion* R) – oder auch zwischen zwei Reizen (S – S) – eine ausreichende Bedingung für Lernen. Dabei geht es um Stimuli, die dem Verhalten vorausgehen und dieses *auslösen*.

Das Grundprinzip des Klassischen Konditionierens wurde um die Jahrhundertwende von dem russischen Physiologen Iwan Pawlow in seinen berühmten Versuchen zur Speichelsekretion bei Hunden entdeckt (Pawlow, 1926). Beim Pawlowschen Hund wird eine ungelernte (unkonditionierte) Reiz-Reaktions-Verknüpfung (der durch Futter hervorgerufene Speichelreflex) durch wiederholte Darbietung eines neutralen Reizes (z. B. einen Glockenton) vor dem Auftreten des unkonditionierten Reizes (hier: Futter) zu einer konditionierten Reaktion. D. h., der ursprünglich neutrale Reiz löst nun auch ohne nachfolgende Futtergabe eine Speichelsekretion aus. Der Speichelfluss ist auf den Glockenton konditioniert. Tritt der konditionierte Reiz allerdings sehr oft hintereinander ohne den unkonditionierten Reiz auf, wird die gelernte Verbindung zwischen konditioniertem Reiz und konditionierter Reaktion wieder verlernt. Man spricht hier von *Löschung* oder *Extinktion*. Es gibt noch eine Reihe weiterer Prinzipien des Klassischen Konditionierens (z. B. Reizgeneralisierung und Reizdiskriminierung, Konditionierung höherer Ordnung), auf die hier nicht eingegangen wird, zumal die Bedeutung des Klassischen Konditionierens für die Humanentwicklung nur sehr begrenzt ist (s. dazu Trautner, 1992a, 1997a).

Die Verknüpfung unkonditionierter, reflexartiger Reaktionen mit neuen Stimuli nach dem Muster des Klassischen Konditionierens stellt nur eine elementare Form des Lernens dar, die vor allem für die Entstehung und Modifikation situationsabhängiger Gefühle und affektiver Einstellungen von Bedeutung zu sein scheint. Insbesondere die Entstehung und der Abbau von Ängsten und Phobien folgen den Gesetzmäßigkeiten der Klassischen Konditionierung (Petermann, Essau & Petermann, 2000).

Untersuchungen zur Wirksamkeit der Klassischen Konditionierung in der Humanentwicklung sind bislang fast ausschließlich an Säuglingen und Kleinstkindern durchgeführt worden (vgl. Fitzgerald & Brackbill, 1976). In diesen Untersuchungen geht es außerdem weniger darum, langfristige Entwicklungsprozesse in

Abhängigkeit von Konditionierungsvorgängen darzustellen, als darum, die Konditionierbarkeit des Verhaltens bereits im frühesten Kindesalter zu demonstrieren (vgl. Papousek, 1965, 1967).

Neben der Frage, ab welchem Alter sich konditionierte Reaktionen ausbilden lassen, beschäftigten sich die Konditionierungsstudien außerdem mit dem Problem, welche Arten von Stimuli sich im Hinblick auf welche Reaktionen am besten konditionieren lassen. Dabei fand man mit zunehmendem Alter auffällige Veränderungen der Eignung und Wirksamkeit verschiedener Arten von Stimuli zur Konditionierung (Brackbill & Koltsova, 1968; Garcia, McGowan & Green, 1972). Außerdem besteht eine Altersabhängigkeit hinsichtlich der generellen Konditionierbarkeit. Sie steigt bis zum sechsten Lebensjahr an und fällt danach bis ins hohe Alter wieder ab (Borg-Laufs & Trautner, 1999; Stevenson, 1972).

Operantes Konditionieren

Während beim Klassischen Konditionieren Verhalten unter die Kontrolle vorausgehender Stimuli gebracht wird, richtet sich das Augenmerk beim Operanten Konditionieren auf die *Folgen* des Verhaltens (Skinner, 1938). Je nach der Art der Verhaltensfolgen erhöht oder verringert sich die Auftretenswahrscheinlichkeit, Intensität etc. eines Verhaltens. Alle Stimuli, die gesetzmäßig *(kontingent)* auf ein Verhalten folgen und die Auftretenswahrscheinlichkeit dieses Verhaltens erhöhen, werden als *Verstärker* bezeichnet. Deshalb spricht man auch von einem *Lernen durch Verstärkung* oder *Bekräftigung.*

Verstärker können sein: verschiedene Arten von Stimuli (z. B. Süßigkeiten, Geld, Spielsachen, Körperkontakt, Musik, soziale Zuwendung) oder Aktivitäten (z. B. spielen, ein Buch lesen, spazieren gehen). Nach der Darbietungsweise (z. B. direkte oder stellvertretende Verstärkung), dem Grad der biologischen Verankerung (z. B. Nahrung, Hautkontakt, Geld, soziale Zuwendung) oder dem Inhalt (z. B. materielle, soziale und verbale Verstärkung) lassen sich verschiedene Arten oder Klassen von Verstärkern unterscheiden. Die Darbietung »angenehmer« (positiver) Stimuli (Belohnung, Lob) bezeichnen wir als *positive Verstärkung,* die Beendigung »unangenehmer« (aversiver) Stimuli, z. B. das Stillen eines Schmerzes oder die Beendigung des Ausschimpfens, als *negative Verstärkung.* Beides *erhöht* die Auftretenswahrscheinlichkeit des unmittelbar vorangegangenen Verhaltens. *Bestrafung* ist hingegen definiert als Darbietung aversiver Stimuli (z. B. Schmerzreize, Ausschimpfen) oder Beendigung bzw. Entzug »angenehmer« Stimuli (z. B. soziale Zuwendung, Geld). Bestrafung unterdrückt lediglich ein Verhalten und führt nur unter spezifischen Bedingungen zu einem dauerhaften Verschwinden der Reaktion (Parke, 1977). Die Verstärkung eines Verhaltens kann sofort erfolgen oder aufgeschoben werden, sie kann regelmäßig oder unregelmäßig sein, häufig oder selten. Folgt auf ein Verhalten längere Zeit keine Verstärkung mehr, wird das Verhalten gelöscht oder extingiert.

Auch operantes Verhalten kann unter die Kontrolle vorausgehender Stimuli gebracht werden, indem es nur bei Anwesenheit bestimmter Stimuli verstärkt wird und bei anderen Stimuli unverstärkt bleibt. So lernt ein Kind z. B., dass seine Eltern sein ausgelassenes Herumtoben nur auf dem Spielplatz gut finden, nicht aber zu Hause in der Wohnung. Ein bestimmtes Verhalten wird also nur unter spezifischen Bedingungen bekräftigt. Diese Bedingungen lösen das Verhalten aber nicht aus, sondern haben nur eine Hinweisfunktion. Sie zeigen an, welche Konsequenzen ein Verhalten haben wird. Man spricht hier von *diskriminativen Stimuli.*

Auch beim Operanten Konditionieren gibt es noch weitere Lernprinzipien (z. B. Generalisierung und Diskriminierung, Shaping, Fading usw.), auf die hier nicht eingegangen wird (s. dazu Edelmann, 2000; Trautner, 1992a).

Eher als das an ungelernte, reflexartige Reiz-Reaktions-Verknüpfungen gebundene Klassische Konditionieren erscheint das Operante Konditionieren geeignet, Verhaltensänderungen beim Menschen zu erklären. Zum einen kommen mehr Verhaltensweisen für Operantes Lernen in Frage, da die Zahl der für die Entwicklung relevanten operanten Verhaltensweisen größer ist als die Zahl der (fertig vorgebildeten) respondenten Verhaltensweisen. Zum anderen ist die Vielfalt von Änderungsprinzipien größer. Die Anwendbarkeit des Operanten Lernens in der natürlichen Lebensumwelt zeigt sich eindrucksvoll in der Verhaltensmodifikation im klinischen und pädagogischen Bereich (Herbert, 1998; Steinhausen & von Aster, 1999; Tharp & Wetzel, 1976).

Dass die meisten Verhaltensweisen durch die systematische Kontrolle ihrer Folgen verändert werden *können,* lässt aber nicht den Schluss zu, dass die betreffenden Verhaltensweisen in der »natürlichen« Lebensumwelt nach den gleichen Gesetzmäßigkeiten gesteuert *werden*. So lässt sich z. B. kreatives Bauen mit Bauklötzen oder geschlechtstypisches Verhalten durch soziale Verstärkung fördern (Fagot, Rodgers & Leinbach, 2000; Goetz & Baer, 1973). Dass diese Verhaltensweisen auch im Alltagskontext in Abhängigkeit von der erfahrenen sozialen Verstärkung entstehen und sich verändern, ist damit aber noch nicht nachgewiesen.

Erklärung von Entwicklung muss außerdem die Erklärung des *Neuerwerbs* von Verhalten einschließen. Wie beim Klassischen Konditionieren hat auch beim Operanten Konditionieren neues Verhalten eine sehr eingeschränkte Bedeutung. Beim Klassischen Konditionieren ist »neu« nur der Auslösereiz für eine im Verhaltensrepertoire eines Individuums schon vorhandene (ungelernte) Reaktion. Beim Operanten Konditionieren bleibt die Herkunft des Verhaltens offen. »Neu« ist hier die (veränderte) Auftretenswahrscheinlichkeit einer vorhandenen Reaktion unter spezifischen Reizbedingungen bzw. – beim Shaping – die Kombination bisher in dieser Art nicht miteinander verknüpfter Reize und Reaktionsmöglichkeiten.

Beobachtungslernen

Beobachtungslernen oder *Lernen am Modell* vereinigt Prinzipien des Lernens durch *Kontiguität* (Klassisches Konditionieren) und des Lernens durch *Verstärkung* (Operantes Konditionieren) und verbindet beides mit *kognitiven Vermittlungsprozessen* (s. Bandura, 1979, 1986). Durch Lernen am Modell können nicht nur situationsspezifische Verhaltensgewohnheiten und Fertigkeiten gelernt, sondern auch allgemeine Regeln über situationsangemessenes Verhalten und die zu erwartenden Verhaltenskonsequenzen gebildet werden.

Um durch Beobachtung zu lernen, muss der Beobachter als Erstes seine *Aufmerksamkeit* auf das Modell bzw. auf relevante Aspekte dessen Verhaltens richten. Die Aufmerksamkeit wird dabei sowohl von Merkmalen des Modells und dessen Verhaltens (z. B. dessen Attraktivität und Bedeutsamkeit) als auch von Merkmalen des Beobachters (Vorerfahrungen, Erwartungen, motivationaler Zustand) beeinflusst. Als Zweites müssen die beobachteten Handlungsabläufe und Situationsmerkmale in *Symbole* bildlicher oder sprachlicher Art transformiert werden und im Gedächtnis *gespeichert* werden. Die *Ausführung* des so gelernten Verhaltens

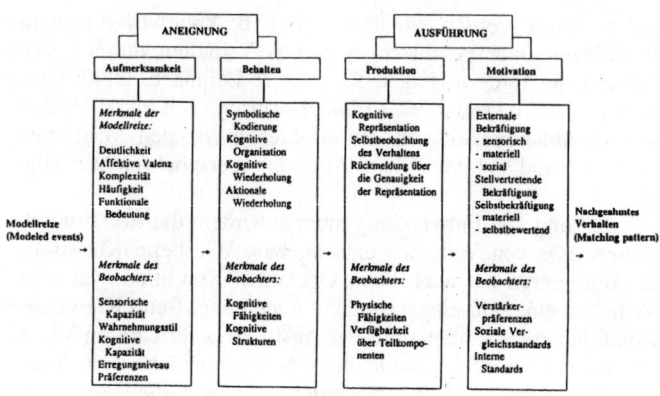

Abb. 5.3: Teilprozesse des Beobachtungslernens (nach Bandura, 1986; aus Trautner, 1992a, S. 108)

hängt dann von den vorhandenen oder zu übenden Fertigkeiten und von den gegebenen *Anreizbedingungen* (der Motivation) ab (s. die Abbildung 5.3).

Die Beobachtung eines Modells muss nicht immer zum Erwerb eines neuen Verhaltens führen, sondern kann auch bereits im Verhaltensrepertoire des Beobachters vorhandene, aber bisher aufgrund von Bestrafung unterdrückte Verhaltensbereitschaften enthemmen oder weiter unterdrücken, je nach den beobachteten Verhaltenskonsequenzen.

Banduras Theorie enthält noch eine Reihe weiterer Konzepte und Annahmen (z. B. zur Selbstregulation und Selbstwirksamkeit, zum abstrakten Modellieren, zum reziproken Determinismus von Person, Anlage und Umwelt, Annahmen über Moderatorvariablen), die hier nicht behandelt werden (s. dazu Bandura, 1986, 2001; Trautner, 1992a, 1997a).

Lernen am Modell ist während der gesamten Entwicklung eine wichtige Form des Lernens, ohne die kaum vorstellbar wäre, wie kulturelle Techniken und Normen tradiert werden. Ihre besondere Eignung für die Betrachtung der menschlichen Entwicklung besteht zum einen darin, dass Stimuli und Reaktionen ausdrücklich in einem *sozialen Kontext* gesehen werden, zum anderen, dass die spezifisch menschliche Fähigkeit zur *Symbolisierung* und *kognitiven Repräsentation* berücksichtigt wird. Außerdem macht die Konzeption des Lernens am Modell verständlich, dass Lernprozesse über das Alter und bei verschiedenen Individuen unterschiedlich ablaufen. Jüngere Kinder lernen durch Beobachtung weniger oder langsamer als ältere Kinder oder Erwachsene, da sie in ihrem Aufmerksamkeitsverhalten, ihren Gedächtnisfähigkeiten, ihren Fähigkeiten zur Ausführung komplexer motorischer Verhaltensweisen und ihrem Verständnis für die Konsequenzen eines Verhaltens noch einer Reihe von Beschränkungen unterliegen. Mit wachsenden Fähigkeiten in den genannten Bereichen kann durch Beobachtung mehr und besser gelernt werden.

Kognitives (strukturierendes) Lernen

Kognitives, strukturierendes Lernen, das über die von Bandura in seiner sozial-kognitiven Lerntheorie angenommenen kognitiven Prozesse hinausgeht, wird in der Entwicklungspsychologie vor allem von kognitiven Theoretikern wie Piaget und Kohlberg und in den neueren Informationsverarbeitungsansätzen beschrieben (s. dazu Miller, 2000; Trautner, 1997a).

Die zuvor geschilderten drei Formen des *Reiz-Reaktions-Lernens* (Klassisches Konditionieren, Operantes Konditionieren, Beobachtungslernen) sind *situationsspezifisch, beliebig* und *umkehrbar.* Mit ihnen lassen sich vor allem die Auswahl, die Verknüpfung und die Verfestigung beobachtbarer Verhaltensweisen erklären. Beim *strukturierenden Lernen* werden demgegenüber *kognitive Strukturen, Wissensinhalte, Mittel-Zweck-Relationen* und *Problemlösungsstrategien* gelernt. Der Organismus wird dabei nicht als passiver Empfänger von Umweltreizen gesehen, Erfahrung wird vielmehr von einem handelnden und denkenden Subjekt aktiv konstruiert (s. dazu Abschnitt 5.4.2). In kognitiver Sicht hat ein angemessener Lernbegriff zu erklären, wie ein Individuum die Wirklichkeit aufbaut und erfindet, nicht bloß wie die Wirklichkeit wiederholt und abgebildet wird (Piaget, 1970, S. 714).

Das Zusammenspiel von verknüpfendem Reiz-Reaktions-Lernen und strukturierendem kognitiven Lernen ist noch kaum untersucht. Ein Versuch, beides auf Theorieebene miteinander zu verbinden, wurde von Horowitz (1987) unternommen (s. auch Steiner, 2001). Im Vordergrund der aktuellen Diskussion zum kognitiven Lernen steht die Frage, inwieweit Gesetzmäßigkeiten des Lernens und des Wissenserwerbs bereichsübergreifend oder bereichsspezifisch sind und welche vorgegebenen Lerndispositionen hierbei zu berücksichtigen sind (Gelman & Williams, 1998; Sodian, 1998).

5.2.5.2 Entwicklung als Sozialisationsprozess

Mit dem Begriff *Sozialisation* umschreibt man im Allgemeinen den Einfluss soziokultureller Faktoren auf die Entwicklung im Sinne des *Hineinwachsens in die Wertvorstellungen, Normen und Rollen der sozialen Umgebung* oder *Kultur* (s. Trautner, 1992a, S. 133–155). Aus der Sicht des heranwachsenden Individuums handelt es sich um einen Prozess der *Sozialwerdung,* aus der Sicht der Umwelt oder Gesellschaft um einen Prozess der *Sozialmachung.* Einen anschaulichen Rahmen für die Beschreibung von Sozialisationsprozessen liefern u. a. die *Rollentheorie* (Brim, 1960; Sader, 1969) und die Konzeption der Entwicklung als einer Abfolge zu bewältigender *Entwicklungsaufgaben* (Dreher & Dreher, 1985; Havighurst, 1982).

In der *Rollentheorie* wird Sozialisation als ein Hineinwachsen des Individuums in gesellschaftlich definierte Positionen aufgefasst (z. B. Alters- oder Berufspositionen), mit denen spezifische Erwartungen verknüpft sind (z. B. hinsichtlich von Kenntnissen, Fertigkeiten oder Einstellungen). In unserer Gesellschaft gibt es für viele Positionen, je nach Bezugsgruppe, unterschiedliche Rollenerwartungen. So haben Eltern, Schüler oder Lehrerkollegen unterschiedliche Erwartungen an Lehrer.

Die Betrachtung der Sozialisation als Abfolge von *Entwicklungsaufgaben* stellt heraus, dass es in jedem Entwicklungsabschnitt bestimmte Aufgaben gibt, mit denen das heranwachsende Individuum sich auseinander setzen muss (z. B. der Aufbau einer sozialen Bindung und sozialer Beziehungen, die Ausbildung einer Geschlechtsidentität, der Erwerb von Selbständigkeit, Leistungsstreben oder moralischen Normen). Die Bewältigung der Entwicklungsaufgaben eines Entwicklungsabschnitts wird als (günstige) Voraussetzung für das Voranschreiten in der Entwicklung gesehen. Viele Entwicklungsaufgaben sind gesellschaftlich festgelegt oder zumindest mit gesellschaftlichen Erwartungen verbunden. Einige dieser Aufgaben gelten für alle (z. B. Schulbesuch), andere sind nicht verpflichtend (z. B. Eheschließung und Elternschaft). Einige Entwicklungsaufgaben sind langfristig vorhersehbar und planbar (z. B. die Wahl eines Berufs oder die

Elternschaft), andere sind nicht vorhersehbar (z. B. Arbeitslosigkeit, Erkrankungen oder Unfälle). Entwicklung beinhaltet daher auch eine Vorwegnahme zukünftiger Ereignisse (*antizipatorische Sozialisation*).

Vermittelt werden Sozialisationseinflüsse durch Angehörige gesellschaftlicher Institutionen wie Familie, Kindergarten und Schule sowie, im Erwachsenenalter, durch Erfahrungen im Beruf und in der Freizeit (s. Bugental & Goodnow, 1998; Hurrelmann & Ulich, 1998). Aktuelle Ansätze der Sozialisationsforschung betonen besonders die kognitiven Prozesse, die bei den beteiligten Personen (z. B. Eltern und Kinder, Lehrer und Schüler) ablaufen sowie die Einbettung der verschiedenen Träger und Vermittler von Sozialisationseinflüssen in gesellschaftliche Strukturen und Normen (Bronfenbrenner, 1976; Bronfenbrenner & Morris, 1998; Bugental & Goodnow, 1998).

Zum empirischen Nachweis von Sozialisationseinflüssen

Der entwicklungspsychologischen Sozialisationsforschung geht es in erster Linie um den Nachweis von Wenn-Dann-Beziehungen zwischen Sozialisationseinflüssen und der Verhaltensentwicklung (vgl. Bugental & Goodnow, 1998; Maccoby & Martin, 1983). Sozialisationseffekte werden immer dann angenommen, wenn Verhaltensmerkmale von Personen, die unter ähnlichen soziokulturellen Lebensbedingungen aufgewachsen sind, stärker übereinstimmen als zufällig zu erwarten wäre bzw. wenn Individuen, die unter verschiedenen soziokulturellen Bedingungen aufgewachsen sind, sich auffällig in ihrer Verhaltensentwicklung unterscheiden. Vom methodischen Ansatz der meisten Sozialisationsstudien, der *Korrelation* vermuteter Sozialisationsfaktoren mit davon als abhängig gedachten Verhaltensmerkmalen, ist allerdings kein direkter Nachweis des Einflusses soziokultureller Faktoren auf die Entwicklung möglich. Vielmehr kommen verschiedene Interpretationen bezüglich der Richtung des Einflusses in Frage (s. dazu weiter unten, Sozialisation: passiv oder aktiv?).

Das Hauptinteresse der psychologischen Sozialisationsforschung gilt der Untersuchung des Zusammenhangs von *elterlichen Erziehungsstilen* und Charakteristika von Kindern und Jugendlichen (Übersichten liefern Maccoby, 1992; Maccoby & Martin, 1983; Schneewind, 1994). Dabei muss zwischen kurzfristigen und langfristigen Auswirkungen der Sozialisation unterschieden werden. Je länger Erziehungseinflüsse zurückliegen, desto weniger eng ist meist der Zusammenhang mit Verhaltensmerkmalen der so Erzogenen.

Der elterliche Erziehungsstil wird meist nach zwei, als unabhängig voneinander konzipierten Dimensionen klassifiziert (Becker, 1964; Schaefer, 1959): 1. *Autonomie* versus *Kontrolle* bzw. *Permissivität* versus *Restriktivität* und 2. *Wärme (Liebe)* versus *Feindseligkeit (Ablehnung)*. Spätere Untersuchungen, die sich nicht nur auf die Befragung der Eltern, sondern auch auf die *Beobachtung des elterlichen Erziehungsverhaltens* und die *Befragung von Kindern* zu dem von ihnen *wahrgenommenen Erziehungsstil* stützten, gelangten zu einem etwas anderen Bild der Grunddimensionen des elterlichen Erziehungsverhaltens (Schumacher, Eisenmann & Brähler, 1999). Nach Baumrind (1971) lässt sich elterliches Verhalten auf den beiden Dimensionen *Demandingness* (Forderungen stellen) und *Responsiveness* (etwa: einfühlend reagieren) klassifizieren. Durch Kombination der jeweils positiven und negativen Ausprägungen ergeben sich vier verschiedene Erziehungsstile: 1. *autoritär-autokratisch,* 2. *nachgiebig-permissiv,* 3. *autoritativ- reziprok,* 4. *indifferent-unbeteiligt.* (Zur Bedeutung der verschiedenen Erziehungsstile für die Persönlichkeitsentwicklung s. Maccoby & Martin, 1983).

Die Erfassung der komplexen Sozialisationsbedingungen und -prozesse stößt auf erhebliche methodische Schwierigkeiten. Die einzelnen empirischen Studien beschränken sich notwendigerweise meist auf die Untersuchung weniger oder einer einzelnen Sozialisationsvariable. Wie differenziert familiäre Sozialisationsvariablen untersucht werden könnten, hat Weinert (1972) beschrieben:

»Da spielen die Schulbildung, der Beruf und das Einkommen der Eltern ebenso eine Rolle wie die Wohngegend, die Freunde und die Verwandtschaft. Zu beachten sind sowohl das Familienklima, wie es sich beim sonntäglichen Spaziergang, am Eßtisch oder bei einem Streit zeigt, als auch die besonderen sozialen Beziehungen zwischen den einzelnen Familienmitgliedern. Außerdem dürfen die Persönlichkeitseigenschaften der Eltern im Allgemeinen und ihr Erziehungsverhalten im besonderen nicht vernachlässigt werden. Die damit zusammenhängenden Probleme werden noch dadurch vermehrt, dass die verschiedenen familiären Sozialisationsbedingungen in komplizierter Weise miteinander zusammenhängen, dass die Auswirkung einer dieser Bedingungen nie isoliert betrachtet werden darf, sondern stets im Zusammenspiel mit den anderen vorausgegangenen, gleichzeitig wirkenden und nachfolgenden Sozialisationsfaktoren, dass das Kind selbst in vielfältiger Weise auf das Sozialisationsgeschehen zurückwirkt und dass man neben den Folgen langfristiger Erfahrungen nur schwer die Auswirkungen kurzzeitiger, traumatischer Erlebnisse abschätzen kann« (S. 364 f.).

Sozialisation: passiv oder aktiv?

Lange Zeit sah man den Sozialisationsprozess einseitig als einen *passiven* Vorgang der fortschreitenden Einengung und Festlegung des Verhaltens von außen an (vgl. das *Trichter-Modell* von Child, 1954). Das heranwachsende Individuum reproduziert aber nicht einfach vorgegebene Verhaltensnormen, sondern verarbeitet *aktiv* die Einflüsse der sozialen Umwelt nach seinen momentan gegebenen Möglichkeiten und seinen bisherigen Erfahrungen. Gleichzeitig mit der aktiven Verarbeitung der sozialen Erfahrungen beeinflusst der Heranwachsende auch wiederum seine soziale Umwelt (Klewes, 1983). Bereits ein Baby »sozialisiert« seine Mutter bezüglich ihrer Mutterrolle bzw. ihres Pflegeverhaltens. Die wechselseitige Beeinflussung von Mutter und Kind wird dann mit der wachsenden Selbständigkeit und der Erweiterung des Aktionsradius auf Seiten des Kindes zunehmend symmetrischer (Bell & Harper, 1977; Bell & Chapman, 1986).

Pauls und Johann (1984) beschreiben die verschiedenen Methoden, die Kinder zur Beeinflussung ihrer Eltern verwenden: »konstruktiv-aktive Steuerung (z. B. logisches Argumentieren, Kompromissaushandlung), Vorwürfe und oppositionelle Steuerung (z. B. Drohen, Trotzen, Fordern, Erpressen), Steuerung durch Bestrafung (Schreien, Nerven, für die Eltern unangenehmes Verhalten in der Öffentlichkeit), Steuerung durch Ignorieren elterlicher Normen, passiv-resignative Steuerung (z. B. demonstrative Hilf- und Machtlosigkeit), Steuerung durch Schmusen und Schmeicheln, Verlangen einer Begründung von Vorschriften und Verboten, von Einstellungen und Urteilen« (zit. nach Montada, 2002, S. 41).

In seinem sog. *Kontrollsystem-Modell* hat Richard Bell die Grundprinzipien der wechselseitigen Beeinflussung von Eltern und Kindern formalisiert (Bell & Harper, 1977; Bell & Chapman, 1986). Bell und Mitarbeiter gehen davon aus, dass Eltern keine ein für alle Mal festgelegten Erziehungstechniken haben, die sie unabhängig vom Verhalten des Kindes anwenden, sondern dass Eltern wie Kinder ein Repertoire von hierarchisch organisierten Verhaltensweisen besitzen, die sie in Abhängigkeit vom Verhalten des Interaktionspartners in vorhersagbarer Weise variieren. Dabei hat jede der beiden Parteien eine *obere* und eine *untere Toleranzgrenze* in Bezug auf die Intensität, die Häufigkeit oder die Situationsangemessenheit des Verhaltens des Partners. Wird die Obergrenze von dem einen überschritten, versucht der andere, das exzessive oder unangemessene Verhalten durch Kontrollreaktionen zu reduzieren. Wird die Untergrenze unterschritten, besteht die Reaktion darin, das unzureichende oder fehlende Verhalten zu stimulieren. Die Hauptfunktion des elterlichen Verhaltens ist somit, das Verhalten des Kindes innerhalb einer optimalen Bandbreite zu halten. Solange dies der Fall ist, befindet sich das System im Gleichgewicht, und es findet keine (direkte) Kontrolle des einen durch den anderen statt. Die Interaktionspartner reagieren außerdem nicht nur auf das tatsächliche Verhalten des anderen, sondern auf ihre *Interpretation* des beobachteten Verhaltens oder gar die *Antizipation* des von ihnen erwarteten Verhaltens (Bugental & Goodnow, 1998).

Die Beschäftigung mit dem Einfluss soziokultureller Faktoren auf die Entwicklung ist deshalb wichtig, weil jegliche Entwicklung in einem sozialen Kontext geschieht und ohne diesen Kontext nicht denkbar ist. Auch die in starkem Maße durch Gene und Reifung gesteuerten Entwicklungsprozesse, wie z. B. die frühe Wahrnehmungsentwicklung, die Anfänge der motorischen Entwicklung und des Spracherwerbs oder der Aufbau einer sozialen Bindung, müssen sozial angeregt und beantwortet werden, um für die weitere Entwicklung eine Bedeutung zu erhalten. Dabei betrachtet man Sozialisation heute nicht mehr als eine Einbahnstraße mit Wirkungen von der sozialen Umwelt auf das heranwachsende Individuum, sondern als einen *bidirektionalen Prozess der wechselseitigen Beeinflussung von Umwelt und Individuum.*

5.3 Die wechselseitige Abhängigkeit der Entwicklungsfaktoren

Im vorangegangenen Abschnitt 5.2 wurden die einzelnen Entwicklungsfaktoren und ihre Auswirkungen weitgehend unabhängig von ihrer Beziehung zu anderen Entwicklungsfaktoren und deren Auswirkungen betrachtet. Entwicklungsprozesse beim Menschen sind jedoch prinzipiell multifaktoriell determiniert, wobei die verschiedenen Entwicklungsfaktoren auf komplexe

Art und Weise zusammenwirken können. Die verschiedenen Entwicklungsfaktoren stehen in einem Verhältnis wechselseitiger Abhängigkeit. Ihre Wirkungen sind außerdem nicht unabhängig von den jeweils gegebenen Entwicklungsmerkmalen des Individuums zu betrachten.

Zumindest zwei Formen der wechselseitigen Abhängigkeit von Entwicklungsfaktoren sind zu unterscheiden: *Kovariation* und *Interaktion* (s. Plomin, DeFries & Loehlin, 1977; Trautner, 1992a).

5.3.1 Kovariation von Entwicklungsfaktoren

Von einer *Kovariation* zwischen zwei (oder mehreren) Entwicklungsfaktoren sprechen wir, wenn die *Ausprägung eines Faktors mit der Ausprägung eines anderen Faktors systematisch variiert*. So findet man beispielsweise einen unterschiedlichen Grad der elterlichen Tolerierung aggressiven Verhaltens bei Jungen und bei Mädchen, also eine Kovariation des biologischen Geschlechts eines Kindes mit den elterlichen Erziehungspraktiken. Oder man beobachtet, dass Kinder mit steigendem Einkommen der Eltern mehr intellektuelle Förderung erfahren, also eine Kovariation zwischen Einkommen der Eltern und Intelligenzförderung ihrer Kinder. Über mögliche Auswirkungen der kovariierenden Faktoren auf die Entwicklung wird damit noch keine Aussage getroffen.

Für die Anlage-Umwelt-Debatte von besonderem Interesse ist die Kovariation von Genotypen und Umweltbedingungen. Bestimmte Genotypen können sich in bestimmten Umwelten häufen, bzw. bestimmte Genotypen finden gehäuft bestimmte Umweltbedingungen vor. So kann es z. B. der Fall sein, dass musikalisch begabte Kinder auch eher musikalisch begabte Eltern und Geschwister haben, die für eine die musikalische Begabung der Kinder fördernde Umwelt sorgen. Nach Scarr und McCartney (1983) handelt es sich hier um eine *passive Genotyp-Umwelt-Kovariation*. Daneben unterscheiden diese Autoren noch zwei weitere Arten der Genotyp-Umwelt-Kovariation: die *reaktive* und die *aktive Genotyp-Umwelt-Kovariation*.

Reaktive Genotyp-Umwelt-Kovariation heißt, dass die Umwelt auf den Genotyp eines Individuums bzw. dadurch bedingte individuelle Merkmale in spezifischer Art und Weise reagiert. So würde in unserem Beispiel der musikalischen Begabung eines Kindes nicht bloß aufgrund der Tatsache, dass die anderen Familienmitglieder ebenfalls musikalisch sind, eine für die Musikalität des Kindes förderliche Umwelt resultieren, sondern die Umwelt reagiert darüber hinaus speziell auf dieses Kind bzw. seine musikalische Begabung. Z. B. kaufen die Eltern ein Musikinstrument, oder der Musiklehrer in der Schule erkennt und fördert gezielt das Talent des Kindes.

Eine *aktive Genotyp-Umwelt-Kovariation* liegt dann vor, wenn die auf das Kind einwirkenden Umwelteinflüsse (z. B. die Förderung seiner Musikalität) vom Kind selbst ausgehen bzw. direkt hervorgerufen werden, u. U. auch gegen den Widerstand seiner Umgebung. Z. B. wünscht sich das Kind ein Instrument, es hört viel Musik, sucht sich Freunde aus, die sein Interesse für Musik teilen usw. Scarr und McCartney (1983) nehmen an, dass Individuen insbesondere die Umwelten aufsuchen und sich von den Umwelten beeinflussen lassen, die zu ihrem Genotyp »passen«. Insofern ist das Individuum nicht nur ein Produkt endogener und exogener Einflüsse, sondern es *produziert selbst* seine Entwicklung (Lerner & Busch-Rossnagel, 1981).

Genotyp-Umwelt-Kovariation kann somit bedeuten, dass verschiedene Genotypen unterschiedlichen Umwelten ausgesetzt sind oder diese aktiv aufsuchen. Häufig werden Genotyp und Umwelt gleich gerichtet sein (z. B. eine spezielle Begabung wird gefördert, ein stilles Kind wird in Ruhe gelassen). Dies führt zu einer *Verstärkung* der Auswirkungen der beiden Faktoren. Es kann aber auch eine gegenläufige Beziehung zwischen Genotyp und Umwelt bestehen, was u. U. zu einer *Kompensation* oder Aufhebung der Ausgangsbedingungen führt. So könnte durch die Schule z. B. gerade den weniger begabten Kindern eine besondere Förderung zukommen, während die hoch begabten Kinder eher unterfordert werden.

Für die Entwicklungspsychologie von besonderem Interesse sind die Veränderungen des relativen Gewichts der drei Kovarianztypen über das Alter. Scarr und McCartney (1983) nehmen an, dass die *passive* Genotyp-Umwelt-Kovariation mit zunehmendem Alter an Bedeutung abnimmt. Gleichzeitig soll der Einfluss der *aktiven* Genotyp-Umwelt-Kovariation, d. h. die vom Genotyp bestimmte Auswahl und Gestaltung der eigenen Umwelt, mit steigendem Alter eher zunehmen. Unter der Prämisse, dass der Zuwachs an aktiver Genotyp-Umwelt-Kovariation größer ist als die Abnahme an passiver Genotyp-Umwelt-Kovariation, müsste –

bei etwa gleich bleibender reaktiver Genotyp-Umwelt-Kovariation – der genetische Einfluss auf die Verhaltensentwicklung über das Alter ansteigen. Treffen diese Annahmen zu, müssten sich z. B. getrennt aufgewachsene eineiige Zwillinge hinsichtlich ihrer Intelligenz oder Persönlichkeit und in ihren Umweltbedingungen im Jugend- und Erwachsenenalter ähnlicher sein als in der Kindheit. Ebenso müssten Adoptivkinder mit zunehmendem Alter ihrer biologischen Mutter ähnlicher werden und ihrer Adoptivmutter und den Stiefgeschwistern unähnlicher. Die Ergebnisse der hierzu vorliegenden Untersuchungen (z. B. Scarr & Weinberg, 1983; Scarr, Weinberg & Waldman, 1993; Weinberg, Scarr & Waldman, 1992) stimmen mit diesen Annahmen zwar weitgehend überein, sie lassen sich zum Teil aber auch mit einer mit dem Alter zunehmenden Vergleichbarkeit der gemessenen Merkmale erklären (Asendorpf, 1998). Danach wäre der über das Alter vermeintlich anwachsende genetische Einfluss Ausdruck einer zunehmenden Überlappung der gemessenen Merkmale mit dem Erwachsenenmerkmal.

5.3.2 Interaktion von Entwicklungsfaktoren

Die *Interaktion* von Entwicklungsfaktoren geht über die bloße Existenz eines systematischen Zusammenhangs zwischen der Ausprägung verschiedener Faktoren hinaus. *Interaktion* oder *Wechselwirkung* heißt, dass die *Auswirkung eines Faktors auf ein phänotypisches Merkmal mit der Ausprägung eines anderen Faktors variiert.* D. h., die Effekte der verschiedenen Faktoren addieren sich nicht einfach, sondern kombinieren sich nichtlinear.

Ein Beispiel: Meyer und Wacker (1970) fanden eine Wechselwirkung zwischen der Selbständigkeitserziehung und dem erlebten Familienklima hinsichtlich der erlebten Verantwortlichkeit für Misserfolg bei 9- bis 11-jährigen Jungen: Der Zeitpunkt der Selbständigkeitserziehung hatte nur dann einen Einfluss auf die Selbstverantwortlichkeit für Misserfolg, wenn das Familienklima gleichzeitig durch emotionale Zuwendung gekennzeichnet war. Bei den Jungen, die sich von ihren Eltern abgewiesen fühlten, wies die Selbständigkeitserziehung hingegen keine Beziehung zur Misserfolgsverantwortlichkeit auf.

Beim Vorliegen von Interaktionseffekten sind demnach Aussagen über den Einfluss einer Variablen (hier: Selbständigkeitserziehung) auf ein Verhaltensmerkmal (hier: Misserfolgsverantwortlichkeit) nicht generell zu treffen, sondern immer nur unter Be-

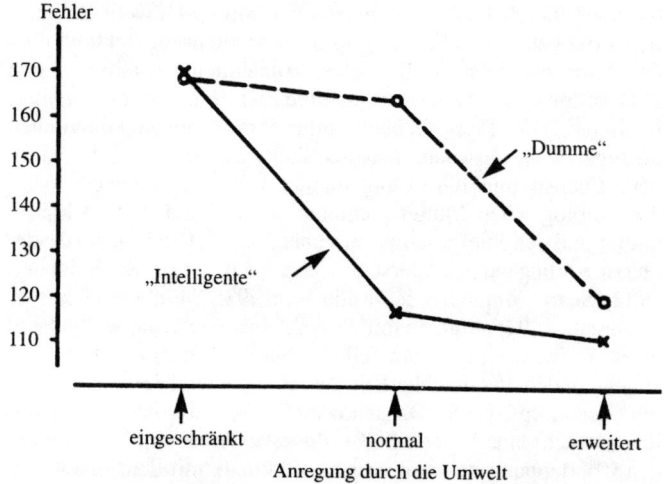

Abb. 5.4: Fehlerzahlen von zwei genetisch verschiedenen Rattenstämmen beim Erlernen eines Labyrinths, getrennt nach dem Anregungsgehalt der Aufzuchtbedingungen (nach Merz & Stelzl, 1977, S. 21)

achtung der Ausprägung weiterer Variablen (hier: zuwendend oder abweisend erlebtes Familienklima). Eine *Genotyp-Umwelt-Interaktion* wäre z. B. auch gegeben, wenn genetisch zu hoher Intelligenz disponierte Individuen im Vergleich zu genetisch zu niedriger Intelligenz disponierten Individuen von verschiedenen Graden der Umweltstimulation unterschiedlich stark in ihrer Lernleistung profitierten.

Einen derartigen Interaktionseffekt fanden z. B. Cooper und Zubek (1958) in einem Experiment, in dem sie reingezüchtete »intelligente« und »dumme« Rattenstämme auf drei verschiedene Umgebungen mit unterschiedlichem Anregungsgehalt verteilten. Wie die Abbildung 5.4 zeigt, wurden die Unterschiede zwischen den Stämmen nur dann deutlich, wenn die Tiere in »normaler« (Labor-)Umgebung aufwuchsen. Unter deprivierten Bedingungen waren die »intelligenten« Tiere so schlecht wie ihre »dummen« Artgenossen unter normalen Bedingungen. Gab es viele Erfahrungsmöglichkeiten, erreichten die »dummen« Tiere das Leistungsniveau, das die »intelligenten« auch ohne besondere Anregungen aufwiesen. Kurz gesagt: Deprivation machte »Intelligente« »dumm«, Anregung machte »Dumme« »intelligent«.

Die Beispiele zur Kovariation und Interaktion von Entwicklungsfaktoren zeigen, dass wechselseitige Abhängigkeiten nicht nur *zwischen verschiedenen Faktorengruppen* anzunehmen sind, sondern auch *innerhalb der einzelnen Faktorengruppen*. So kovariieren und interagieren innerhalb der genetischen Determinanten eine Vielzahl von Genen miteinander. Zwischen einzelnen Variablen der Lernumwelt (z. B. Wohnverhältnissen, elterlichem Erziehungsstil, Anregungsgehalt der Lernumwelt) bestehen ebenfalls wechselseitige Abhängigkeiten. Zusätzlich ist die zeitliche Dimension zu berücksichtigen. Gemäß dem Prinzip der Kumulierung von Entwicklungsbedingungen summieren sich zeitlich aufeinander folgende Einflüsse nicht einfach auf, sondern wirken jeweils in Abhängigkeit von den Auswirkungen der bis dahin wirksam gewordenen Bedingungen. Dies gilt auch für zeitlich aufeinander folgende Einflüsse ein- und desselben Faktors.

Aus Gründen der Übersichtlichkeit habe ich mich bei den verschiedenen Beispielen für eine Kovariation oder Interaktion von Faktoren auf die Beziehung zwischen jeweils *zwei* Faktoren beschränkt. Der tatsächliche Entwicklungsverlauf und die Entstehung interindividueller Unterschiede gehen aber wahrscheinlich auf weit komplexere Wechselwirkungen höherer Ordnung zurück.

5.3.3 Anlage versus Umwelt: eine sinnvolle Gegenüberstellung?

Am Anfang der wissenschaftlichen Entwicklungspsychologie wurde die Entwicklung beim Menschen als ein im Wesentlichen biologisch vorprogrammierter, *endogen gesteuerter Entfaltungsprozess* betrachtet, als biologisches *Wachstum* oder als eine reifungsabhängige *Ausdifferenzierung* (vgl. Kap. 2). Mit dem Behaviorismus und den in dieser Tradition entstandenen S-R-Theorien wurde Entwicklung dann später als vorrangig von *exogenen* Faktoren, insbesondere *soziokulturellen Faktoren* beeinflusst aufgefasst. Heute geht man davon aus, dass die Entwicklung beim Menschen von einer Vielzahl endogener *und* exogener Faktoren gesteuert wird, die, wie gerade erläutert, in vielfältiger Art und Weise miteinander kovariieren und interagieren können. Ein Genotyp kann nicht ohne Umwelt wirksam werden, und eine Umwelt kann ohne einen darin lebenden Genotyp auch keinen Einfluss ausüben.

Genetische Wirkungen auf die Entwicklung entfalten sich immer in Wechselwirkung mit der Umwelt des Genoms. »Jede Eigenschaft eines Organismus ist trivialerweise zugleich sowohl genetisch als auch umweltbedingt. Genetisch bedingt, insofern sich andere Organismen (mit anderen Genotypen) denken lassen, die in dieser Umwelt die Merkmale nicht zeigen – umweltbedingt, insofern sich denken lässt, dass der gleiche Organismus in einer andersartigen Umwelt das Merkmal nicht zeigen würde.« (Merz & Stelzl, 1977, S. 22.) Umwelteinflüsse wirken auf der neuronalen Ebene. Sie können zwar nicht das Genom verändern, aber sie können Wirkungen der Genaktivität verändern (vgl. das Beispiel PKU auf S. 80). Gottlieb (1992) hat die dynamischen Wechselwirkungen zwischen dem Genom und der Umwelt in folgendem Modell zusammengefasst (s. Abbildung 5.5):

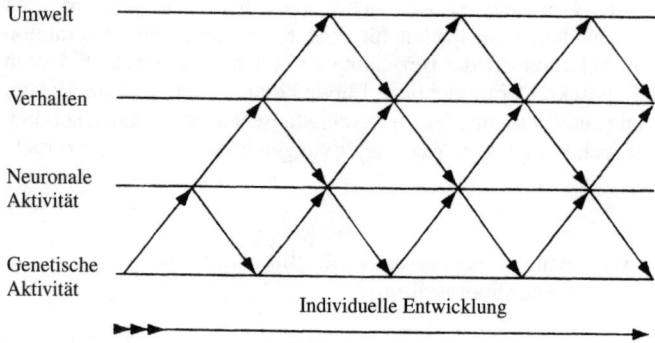

Abb. 5.5: Wechselwirkungen zwischen Genen, Neuronen, Verhalten und Umwelt (nach Gottlieb, 1992; aus Asendorpf, 1999)

Bedeutet die Tatsache, dass Anlagen und Umweltfaktoren auf vielfältige Art und Weise kovariieren und interagieren, dass ihre Wirkungen auf den Entwicklungsverlauf nicht voneinander getrennt werden können? Ja und nein. Es ist richtig, dass Anlagen und Umwelt im *individuellen Entwicklungsverlauf* in ihren Wirkungen untrennbar miteinander verbunden sind. Die Frage, ob und wie stark ein bestimmtes Verhaltensmerkmal bei einem *einzelnen Menschen* durch genetische Faktoren oder durch Umweltfaktoren beeinflusst wird, ist, von wenigen Ausnahmen eng umschriebener Gendefekte oder Umweltnoxen abgesehen, prinzipiell nicht beantwortbar (ganz abgesehen von den methodischen Problemen der

Erfassung relevanter Gene und Umweltfaktoren und ihren Auswirkungen). Die Aussage, die Intelligenz eines Menschen sei zu 60% durch Gene und zu 40% durch die Umwelt bestimmt, ist daher unsinnig. Es gibt jedoch Möglichkeiten und Wege, den *relativen Anteil* von Anlagen und Umweltfaktoren zur Erklärung der in einer Population existierenden *interindividuellen Unterschiede* abzuschätzen. Man muss die individuelle und die differentielle Sichtweise der Entwicklung auseinander halten (Asendorpf, 1991; s. auch 5.1).

Asendorpf (1998) vergleicht das Zusammenwirken von Genom und Umwelt mit dem Zusammenspiel von Pferd und Jockey beim Pferderennen. So wie beim Pferderennen Ross und Reiter eine untrennbare Einheit bilden, die zusammen gewinnt oder verliert, bilden Genom und Umwelt eine untrennbare Einheit. Wer das Rennen gewinnt, hängt von der Qualität von Jockey *und* Pferd ab. Aus Statistiken über Pferderennen (den Ergebnissen verschiedener Jockeys auf verschiedenen Pferden) lässt sich jedoch das relative Gewicht von beiden Faktoren bestimmen. Die Unterschiede zwischen Jockeys scheinen demnach nicht so bedeutsam für den Sieg zu sein wie die Unterschiede zwischen den Pferden. In der Humangenetik besteht aber das Problem, dass sich derzeit nur die Umwelt quantifizieren lässt, (noch) nicht das Genom. Deshalb begnügt man sich mit indirekten Schätzungen des relativen Einflusses von Genom- und Umweltunterschieden auf Merkmalsunterschiede.

Da beim Menschen aus ethischen und methodischen Gründen keine direkte Messung von Genotypen und Umwelten mit systematischer, d. h. experimentell kontrollierter Variation von Genotyp-Umwelt-Kombinationen möglich ist, lässt sich der Einfluss von Anlage und Umwelt sowie ihrer Kovariation und Interaktion nicht direkt untersuchen. Stattdessen greift man in der Humanforschung auf die *vorgefundene Variation* von Faktoren zurück und stellt deren Zusammenhang mit interindividuellen Unterschieden der Entwicklung fest. Auf diese Art untersucht man z. B. die Bedeutung des Geschlechts, der Erbverwandtschaft, der Schichtzugehörigkeit oder der Ernährung der Mutter während der Schwangerschaft.

Um die relative Bedeutung der einzelnen Faktoren für das Zustandekommen interindividueller Unterschiede im Entwicklungsverlauf feststellen zu können, müsste man Längsschnittuntersuchungen durchführen, in denen nicht nur die sich verändernden Verhaltensmerkmale selbst, sondern auch die für ihre Veränderung verantwortlichen Einflussgrößen fortlaufend erfasst und hinsichtlich ihrer Beziehung zu den jeweils eintretenden Veränderungen bzw. deren interindividueller Variation analysiert werden. In der Regel stützt man sich aber auf Querschnittuntersuchungen. Hier versucht man dann über den Umweg der Varianzaufklärung interindividueller Merkmalsunterschiede Aufschluss über die Bedeutung endogener und exogener Faktoren zu gewinnen. Die vorgefundenen Unterschiede werden dabei mithilfe statistischer Verfahren der Zerlegung der Merkmalsvarianz in Varianzanteile von Erbe und Umwelt zerlegt. (Zur Methodik und den statistischen Verfahren der Varianzzerlegung im Einzelnen s. Asendorpf, 1994, 1998; Trautner, 1992a.)

Die im Humanbereich am häufigsten verwendeten Untersuchungsansätze zur globalen Rückführung interindividueller Unterschiede auf Erbfaktoren und Umweltfaktoren sind die *Zwillingsuntersuchung* und die *Adoptionsstudie*. Hierbei werden Paare mit unterschiedlichen Graden der Erbverwandtschaft, die entweder in der gleichen Umwelt oder in verschiedenen Umwelten aufgewachsen sind, systematisch hinsichtlich ihrer Merkmalsähnlichkeit miteinander verglichen. Dabei lässt sich im Regelfall allerdings nicht angeben, a) um welche Erb- und Umwelteinflüsse es sich im Einzelnen handelt, b) wie diese ihre Wirkung ausüben und c) wie der zeitliche Verlauf der Entwicklung beeinflusst wird.

Das typische Vorgehen in einer Zwillingsuntersuchung ist Folgendes: Man untersucht Paare von eineiigen Zwillingen (EZ) und von zweieiigen Zwillingen (ZZ) sowie evtl. weitere Paare (z. B. Geschwister) und teilt sie danach auf, ob sie (überwiegend) zusammen oder getrennt aufgewachsen sind. Die mittlere genetische Ähnlichkeit der Paare von Verwandten unterschiedlichen Grades lässt sich aus den bekannten Prinzipien des Erbgangs genau bestimmen. Eineiige Zwillinge teilen miteinander 100% ihrer Allele (der von Person zu Person variierenden Formen der Gene). Zweieiige Zwillinge und leibliche Geschwister (wie leibliche Eltern-Kind-Paare) haben 50% ihrer Allele gemeinsam, während nicht miteinander verwandte Personen 0% ihrer Allele teilen (d. h. nur zufällige Übereinstimmungen aufweisen). Analog geht die Zwillingsmethode bei der Schätzung der Umweltähnlichkeiten und -verschiedenheiten vor. Bei zusammen aufgewachsenen Paaren geht man von einer gemeinsam geteilten Umwelt (100% Ähnlichkeit) aus, bei getrennt aufgewachsenen Paaren nimmt man nur zufällige Übereinstimmungen an (0% Ähnlichkeit). Für die verschiedenen Stichproben zusammen und getrennt aufgewachsener Paare von EZ, ZZ, Geschwistern etc. werden dann Intraklassenkorrelationen berechnet, aus denen sich der

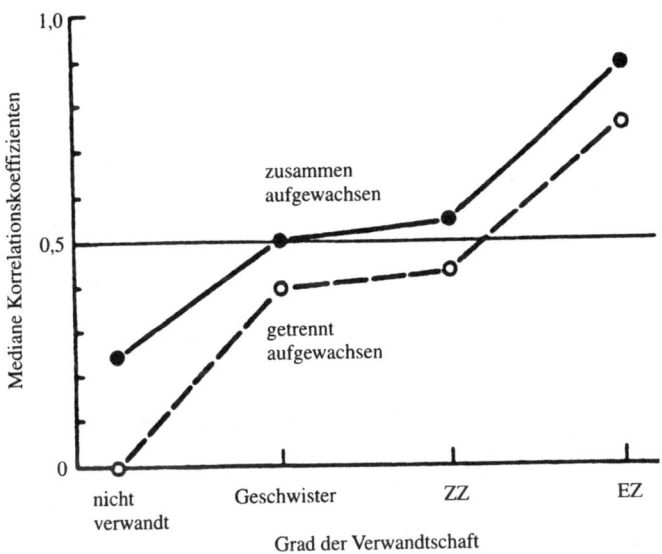

Abb. 5.6: IQ-Ähnlichkeit als Funktion des Verwandtschaftsgrades und der Umweltähnlichkeit (nach Oerter & Montada, 1998, S. 41)

Grad der Ähnlichkeit innerhalb der betreffenden Stichproben ablesen lässt. Ergebnisse liegen vor allem zur Erblichkeit von Intelligenzunterschieden und Persönlichkeitsmerkmalen vor (s. dazu Asendorpf, 1988, 1996, 1998; McCartney, Harris & Bernieri, 1990; Trautner, 1992a).

Das Hauptergebnis der Zwillingsuntersuchungen zur Erblichkeit von Intelligenzunterschieden ist in der Abbildung 5.6 in vereinfachter Form grafisch dargestellt.

Wie bei der Zwillingsmethode kann man auch in einer Adoptionsstudie Paare von unterschiedlichem Verwandtschaftsgrad zusammenstellen und diese nach dem Zusammen- oder Getrenntaufwachsen gruppieren. Verglichen werden hier in erster Linie die relativen Ähnlichkeiten der Adoptivkinder und deren leiblicher Eltern einerseits (50% genetische Ähnlichkeit) sowie der Adoptivkinder und deren Adoptiveltern andererseits (0% genetische Ähnlichkeit). Da Adoptivkinder und Adoptiveltern nicht miteinander verwandt sind, liefert die Ähnlichkeit eines Merkmals zwischen beiden eine direkte Schätzung des Umwelteinflusses.

Leben in der Adoptivfamilie außerdem noch leibliche Kinder der Adoptiveltern, kann zusätzlich die Ähnlichkeit der genetisch nicht miteinander verwandten, jedoch gemeinsam aufgewachsenen Adoptivgeschwister und die Ähnlichkeit der Adoptiveltern mit ihren leiblichen Kindern analysiert werden.

Auch hier liegen die meisten Ergebnisse zu Intelligenzunterschieden vor (s. das Sonderheft der Zeitschrift *Child Development* aus 1983). Hauptergebnis der Studien ist, dass sich leibliche Eltern und Kinder, auch wenn sie getrennt leben, stärker ähneln als die – nicht miteinander verwandten – Adoptiveltern und Kinder sowie Adoptivgeschwister. Betrachtet man allerdings die *Durchschnittswerte* der IQs in den verschiedenen Gruppen, so sind die IQ-Werte der adoptierten Kinder meist den IQ-Werten ihrer Adoptiveltern ähnlicher als denen ihrer leiblichen Eltern (s. Scarr, Weinberg & Waldman 1993; Schiff, Duyme, Dumaret & Tomkiewicz, 1982; Turkheimer, 1991). Dies ist allerdings kein Widerspruch, da die Höhe der Mittelwerte zweier Messreihen und die Höhe der Korrelation dieser Messreihen bekanntlich voneinander unabhängig sind. Außerdem liegt bei einem geschätzten genetischen Varianzanteil von ca. 50% und einem Irrtumsrisiko von 5% das Konfidenzintervall (die mögliche Schwankungsbreite der IQ-Werte) bei fast +/-20 Punkten (s. hierzu auch das Kap. 6.1).

Vom Ansatz und der Durchführung her weisen Zwillingsuntersuchungen und Adoptionsstudien eine Reihe von Mängeln auf, die eine eher vorsichtige Interpretation der Ergebnisse dieser Studien nahe legen (s. Gottlieb, Wahlsten & Lickliter, 1998; Trautner, 1992a; Wahlsten, 1990). Als die wichtigsten Kritikpunkte sind zu nennen:
- die fehlende Repräsentativität von Zwillingen und Adoptivpersonen sowie deren Familien für die Gesamtpopulation;
- die Vernachlässigung der Varianz zwischen den Paaren bzw. Familien;
- die Vernachlässigung der Kovariation und Interaktion von Anlage und Umwelt;
- die unklare bzw. unangemessene Definition der Gleichheit und Verschiedenheit von Umwelten;
- speziell bei getrennt aufgewachsenen Zwillingen und in Adoptionsstudien: die nicht-zufällige Aufteilung der Paarlinge bzw. Adoptivkinder auf ihre Familien.

Neuerdings wird für Individuen, die in der gleichen (Familien-)Umwelt aufwachsen, zwischen Umwelteinflüssen, die diese Individuen gemeinsam haben, und nicht miteinander geteilten Umwelteinflüssen (sog. *nonshared environmental influences*) unterschieden. Die nicht geteilten Umwelteinflüsse scheinen für die Entstehung interindividueller Unterschiede wichtiger zu sein als die Umweltunterschiede zwischen verschiedenen Familien (s. Plomin & Daniels, 1987, sowie die in der Zeitschrift *Behavioral and Brain Sciences, Vol. 10* hierzu abgedruckten Diskussionsbeiträge zu diesem Thema). Dies könnte sowohl erklären, warum Geschwister, trotz ähnlicher Sozialisationsbedingungen in einer Familie, häufig so verschieden sind, als auch dass die in der Sozialisationsforschung beim Vergleich verschiedener Familien aufgefundenen Eltern-Kind-Korrelationen meist nur niedrig sind. Diese Befunde konvergieren auch mit dem Konzept einer aktiven Genotyp-Umwelt-Kovariation, das die auf das Individuum einwirkenden Umwelteinflüsse (auch) als abhängig von der genetischen Ausstattung des Individuums ansieht.

Die auf der Grundlage von Zwillings- und Adoptionsstudien berechneten Schätzungen der *Erblichkeit* von Merkmalsunterschieden sind überdies für die Entwicklungspsychologie aus folgenden Gründen nur von begrenzter Bedeutung:
- Erblichkeitsschätzungen erlauben weder genaue Schlüsse bezüglich der Entstehungsbedingungen eines Merkmals noch hinsichtlich seiner Beeinflussbarkeit;
- als Populationsstatistiken sagen Erblichkeitsmaße nichts aus über das Ausmaß möglicher Änderungen der Erblichkeit unter veränderten endogenen oder exogenen Bedingungen. Mit wachsender Homogenität der Genotypen sinkt das Erblichkeitsmaß, mit wachsender Homogenität der Umweltbedingungen steigt es an;
- aufgrund der beiden vorgenannten Einschränkungen lassen sich auch keine Vorhersagen machen über die möglichen Änderungen von Populationsmittelwerten, z. B. die in einer Population erreichbaren Fähigkeitsniveaus. So bewegt sich der durchschnittliche IQ von Adoptivkindern meist in einem Wertebereich, der den Werten ihrer Adoptiveltern und -geschwister entspricht und auffällig von dem Durchschnittswert der leiblichen Eltern abweicht (Scarr et al., 1993; Weinberg et al., 1992).

Zur Erklärung ontogenetischer Veränderungen und interindividueller Unterschiede sind die Bedingungen und Mechanismen, die sie im Einzelnen hervorbringen, genauer aufzudecken. Hierzu tragen die globalen Schätzungen des Anlage- und Umwelteinflusses auf der Grundlage von Zwillings- und Adoptionsstudien aber nur wenig bei. Solche Untersuchungen führen weder zur Benennung der spezifischen Entwicklungsbedingungen noch zu Handlungsanweisungen für die (optimale) Gestaltung der Entwicklung. Es erscheint daher vorteilhafter, anstelle der globalen

Schätzung der Erblichkeit von Verhaltens- und Persönlichkeitsunterschieden die Auswirkungen spezifischer Umweltbedingungen auf diese Entwicklungsunterschiede genauer zu untersuchen. Für die Entwicklungspsychologie ergibt sich daraus nicht zuletzt die Forderung, über die Beschreibung und Erklärung des Verlaufs und der interindividuellen Unterschiede der Entwicklung *unter den gerade gegebenen soziokulturellen Bedingungen* hinauszugehen und aufzuzeigen, wie Entwicklungsprozesse *unter anderen Bedingungen verlaufen könnten* (s. dazu Kap. 7).

5.4 Metamodelle und Theorien der Entwicklung

Die *Erklärung* von Entwicklung, also die Frage, wodurch und unter welchen Bedingungen es zu Entwicklungsveränderungen kommt, steht im Zentrum jeder *Entwicklungstheorie*. Neben der jeweiligen Position hinsichtlich der Faktoren, die für die beobachteten intraindividuellen Veränderungen und ihre interindividuelle Variation verantwortlich sind, zeichnen sich die einzelnen Entwicklungstheorien u. a. durch unterschiedliche Auffassungen darüber aus,

– was unter dem Begriff *Entwicklung* zu verstehen ist,
– was *inhaltlich* zum *Gegenstand* einer Entwicklungsanalyse gemacht werden soll,
– ob eher *generelle Entwicklungsveränderungen* oder *interindividuelle Unterschiede* der Entwicklung beschrieben und erklärt werden sollen.

In diesem einführenden Text fehlt der Platz, die verschiedenen Theorien, die man in der heutigen Entwicklungspsychologie vorfindet, im Einzelnen vorzustellen. Hierzu liegen im Übrigen bereits zahlreiche Bücher vor (z. B. Flammer, 1999; Lerner, 1998a; Miller, 2000; Trautner, 1997a). Es soll hier genügen, auf dem Hintergrund der Kapitel 3 und 4 sowie der vorangegangenen Abschnitte 5.1 bis 5.3 einige Leitlinien der unterschiedlichen theoretischen Ansätze in der Entwicklungspsychologie zu skizzieren. Dabei ist zu beachten, dass es keine umfassende formalisierte Theorie der Entwicklung gibt. Es gibt nur eine Reihe von *Teiltheorien* zu ausgewählten Aspekten der Entwicklung. Wenn hier von Entwicklungstheorien gesprochen wird, sind daher eher *unvollständige Modellvorstellungen oder Konzepte über Teilaspekte der Entwicklung* gemeint.

Das »Bild« einer Entwicklungstheorie ist eng verknüpft mit dem der Theorie implizit zugrunde liegenden Weltbild und Menschenbild (s. dazu Keller & Eckensberger, 1998; Overton, 1998). Unterschiedliche Annahmen über das Wesen der Welt und die Natur des Menschen führen nicht nur zu unterschiedlichen Entwicklungstheorien, sondern wirken sich auch darauf aus, welche Fragen gestellt werden, welche Methoden zu ihrer Beantwortung verwendet werden und wie Untersuchungsdaten interpretiert werden.

Auf diese Zusammenhänge haben Reese & Overton (1979) und Overton (1984) eindrücklich hingewiesen. Sie sehen hinter den verschiedenen entwicklungspsychologischen Theorien zwei verschiedene Menschenbilder oder Metamodelle als Orientierung: ein *mechanistisches* Modell oder ein *organismisches* Modell. Als weiteres Modell findet sich in der Literatur noch ein *dialektisches* Modell (Riegel, 1975) oder, wie es neuerdings genannt wird, ein *kontextualistisches* Modell (Lerner, 1996, 1998b; Rogoff, 1990).

Entwicklungstheorien, die auf diesen verschiedenen Metamodellen basieren, werden als logisch unabhängig voneinander und nicht ineinander überführbar betrachtet. Sie können deshalb auch nicht integriert oder mithilfe von Entscheidungsexperimenten hinsichtlich ihrer Gültigkeit direkt miteinander verglichen werden (s. allerdings Horowitz, 1987).

Als exemplarisch für ein mechanistisches Modell können S-R-Theorien der Entwicklung angesehen werden. Die wesentlichen Elemente eines organismischen Modells finden sich vor allem in kognitiv-konstruktivistischen Entwicklungstheorien wie der von Piaget. Ein dialektisches oder kontextuelles Modell liegt den Theorien von Wygotsky (1974, 1978) oder von Rogoff (1990) zugrunde. Die drei Metamodelle und die dazugehörigen exemplarischen Theorien werden in den Abschnitten 5.4.1 bis 5.4.3 erläutert.

5.4.1 Mechanistisches Modell und S-R-Theorien der Entwicklung

Das mechanistische Modell, für das S-R-Theorien der Entwicklung als exemplarisch angesehen werden können, orientiert sich nach Reese und Overton (1979) an der *Newton'schen Maschine,* die aus isolierbaren einzelnen Teilen zusammengesetzt ist und deren Aktivität (Bewegung) allein aufgrund von außen wirkender, peripherer Kräfte zustande kommt. Zwischen den im Modell der Newton'schen Maschine abbildbaren physikalischen und chemischen Vorgängen und der Natur des Menschen (psychischen Vorgängen) werden keine grundsätzlichen qualitativen Unterschiede gesehen. Komplexe Phänomene, wie z. B. Problemlösungsprozesse oder Emotionen, gelten als prinzipiell auf elementarere Vorgänge, z. B. neurale Schaltungen oder Veränderungen elektrischer Aktivität, reduzierbar (s. neuerdings auch Dörner, 1999).

Das mechanistische Modell steht in der philosophischen Tradition des englischen Empirismus. Von dort stammen das *tabularasa-Konzept* (wesentliche Erfahrungsgrundlage ist die von der Umwelt gelieferte Stimulation), das Prinzip der *assoziativen Verknüpfung* (Ereignisse, die in raum-zeitlicher Nähe auftreten, werden miteinander verknüpft) und die *elementaristische* Auffassung der Verarbeitung von Umwelteinflüssen (prinzipiell lassen sich alle Elemente miteinander verknüpfen).

Es wird in diesem Modell keine Unterscheidung getroffen zwischen Verhaltens*inhalten* und dem Verhalten zugrunde liegenden *Strukturen*. Entwicklung wird gleichgesetzt mit der Veränderung des beobachtbaren Verhaltens über die Zeit (das Alter), d. h. der *quantitativen* Anhäufung und Verknüpfung von Verhaltenselementen (der Schaffung und Festigung von assoziativen Verknüpfungen zwischen Reizen und Reaktionen). Angestrebt wird eine *kausale* Erklärung des Verhaltens nach dem Muster der Wirkursache bzw. die Aufdeckung von *Antezedenz-Konsequenz-Beziehungen*. Verhalten und Verhaltensänderungen werden zurückgeführt auf die gegenwärtig gegebene Stimulation und/ oder die vergangene individuelle Lerngeschichte.

Hinsichtlich des Zustandekommens von Entwicklung wird eine *Widerspiegelungshypothese* vertreten: Der Mensch wird durch die Umwelt zu dem, was er ist. D. h., er antwortet vornehmlich *reaktiv* auf die Umwelt und wird durch die Umwelt zu dem, der er ist. Wächst ein Kind z. B. in einer Deutsch mit bayerischem Akzent sprechenden Umgebung auf, so wird es selbst Deutsch mit bayerischem Akzent sprechen lernen. Bekräftigt die Umwelt z. B. »männliches« Rollenverhalten bei einem Jungen, so übernimmt der Junge die männliche Geschlechtsrolle. Bis zum empirischen Beweis des Gegenteils wird die Individualentwicklung unter der Prämisse betrachtet, dass das heranwachsende Individuum offen für jegliche Umwelteinflüsse ist und in seiner Entwicklung in jeder Richtung beeinflusst werden kann. So lässt sich eine quasi unendliche Veränderbarkeit des Verhaltens annehmen, die allein durch die Art und den Grad der Umweltvariation bestimmt wird. Während das erste Beispiel (Erwerb der Muttersprache) diese Sichtweise auch empirisch stützt, sind für das zweite Beispiel (eine simple Bekräftigungstheorie der Übernahme geschlechtstypischen Verhaltens) berechtigte Zweifel angebracht (s. Trautner, 1997b).

Entsprechend diesen Modellvorstellungen interessieren sich S-R-Theorien vor allem für die gesetzmäßigen (funktionalen) Beziehungen zwischen Ereignissen in der Umwelt *(Stimuli)* und dem Verhalten *(Reaktionen)* eines Organismus (vgl. Bijou & Baer, 1978; ausführlich in Trautner, 1997c). Je nach dem Zeitpunkt der Stimuluskontrolle unterscheidet man seit Skinner (1938) *respondentes* Verhalten (= ausgelöst durch vorausgehende Stimuli) und *operantes* Verhalten (= aufrechterhalten durch nachfolgende Stimuli). Verhalten und Stimuli sind dabei wechselseitig aufeinander bezogen: Verhalten wird nicht nur durch Stimuli ausgelöst oder verstärkt, sondern Verhalten ruft auch selbst wiederum Stimuli hervor. Die aufgefundenen funktionalen Beziehungen zwischen der Umwelt (Stimuli) und dem Verhalten (Reaktionen) werden auf hypothetisch angenommene und mithilfe experimenteller Versuchsanordnungen überprüfbare Lernprinzipien zurückgeführt (vgl. Abschnitt 5.2.5.1).

Gegenstand einer lerntheoretischen Betrachtung von Entwicklung sind also immer Verhaltensänderungen eines Organismus in ihrer gesetzmäßigen Beziehung zu Ereignissen in der Umwelt bzw. aufgrund früheren Lernens. Beispiele sind: Veränderungen der Häufigkeit oder Art sprachlicher Äußerungen von Kleinkindern im Zusammenhang mit sozialer Zuwendung (Rheingold et al., 1959), die klassisch konditionierte Ausbildung von Angst- und Vermeidungsreaktionen gegenüber Arztkitteln (Steiner, 1988) oder die Übernahme geschlechtstypischer Verhaltensmerkmale aufgrund der Beobachtung gleichgeschlechtlicher Verhaltensmodelle (Perry & Bussey, 1979).

Die Beschreibung der langfristigen Entwicklungsveränderungen wird dabei nach dem Muster der kurzfristigen Schaffung und Festigung assoziativer Verknüpfungen zwischen Reizen und Reaktionen vorgenommen. Verhalten bzw. Verhaltensänderungen im Laufe der Entwicklung werden außerdem immer in ihrer *situationsspezifischen* Eigenheit betrachtet. Es werden situationsspezifische Verhaltensmuster und nicht generelle Persönlichkeitseigenschaften gelernt (Mischel, 1968). Z. B. lernt ein Kind andere zu schlagen, wenn sie ihm sein Spielzeug wegnehmen, es lernt nicht »Aggressivität«. Außerdem sind die Verhaltensäußerungen einer Person und ihre Veränderungen nicht nur Merkmale dieser Person, sondern sie spiegeln gleichzeitig bestimmte Umweltmerkmale bzw. deren Veränderungen wider. So wird z. B. die ansteigende Selbständigkeit des Kleinkinds auf dem Hintergrund der veränderten Beantwortung seines Abhängigkeitsverhaltens betrachtet.

Eine weitere Annahme der S-R-Theorien ist, dass praktisch jede Kombination und jede Sequenz von Verhaltensweisen gelernt werden kann, vorausgesetzt dass keine physikalische Unvereinbarkeit zwischen ihnen besteht. Die Dauer von Lernprozessen wird dabei nicht als abhängig vom Alter, sondern als abhängig von den individuellen Lernvoraussetzungen und der gegebenen Umweltstimulation betrachtet. Daher wird auch kein Versuch gemacht, Verhaltensklassen in ihrer Entstehung und hinsichtlich ihrer Veränderungen über die Zeit in einer festen Sequenz anzuordnen oder an bestimmte Altersbereiche zu binden. Schließlich gilt alles erlernte Verhalten als prinzipiell wieder verlernbar, d. h., als *reversibel*.

Genetisch verankerte, reifungsabhängige Rezeptor- und Effektorkapazitäten (Organismusvariablen) schaffen »nur« die Voraussetzungen dafür, was und wie gelernt werden kann, determinieren aber nicht den Entwicklungsverlauf. Die bei der Verhaltensanalyse absichtlich gewählte Beschränkung auf den Lernaspekt (exogene Faktoren) bedeutet somit keine Leugnung des Einflusses von Anlagebedingungen und Reifungsvorgängen (endogene Faktoren) auf die Entwicklung. Sie werden aber nur indirekt, nämlich in ihrem Einfluss auf den Ablauf und das Ergebnis von Lernvorgängen berücksichtigt.

Die für das mechanistische Modell paradigmatischen S-R-Theorien der Entwicklung haben eine Reihe von *Schwächen*:
- Durch die methodisch begründete Beschränkung auf beobachtbare und registrierbare Verhaltensweisen bzw. auf S-R-Lernen zurückführbare Verhaltensänderungen unter spezifischen experimentellen Bedingungen sind die Gegenstände der Entwicklungsbetrachtung sehr begrenzt (z. B. reduziert sich die Analyse moralischen Verhaltens auf das Einhalten bzw. Übertreten von Verhaltensregeln in einer Versuchungssituation oder das Aufschieben von Bedürfnissen zur Erlangung einer späteren Belohnung (vgl. Aronfreed & Reber, 1965; Mischel, 1974)).

- Mit den herangezogenen Lernprinzipien lässt sich das Auftreten *neuen* Verhaltens nur schwer erklären.
- Die Annahme der beliebigen Verknüpfbarkeit von Reizen und Reaktionen und der prinzipiell gleichen Leichtigkeit des Erlernens jeglichen Verhaltens ist nicht aufrechtzuerhalten. Sowohl artspezifisch als auch innerhalb einer Art scheinen verschiedene Reaktionen mit unterschiedlicher Leichtigkeit erlernbar zu sein. Ebenso eignen sich einzelne Stimuli unterschiedlich gut zur Verknüpfung mit bestimmten Reaktionen (Cook & Mineka, 1989; Garcia et al., 1972). So wird auch verständlich, dass die Zahl der im Laufe der Entwicklung erworbenen Motive und Verstärker begrenzt ist, obwohl praktisch jeder der vielen in raum-zeitlicher Nähe mit triebreduzierenden Bedingungen auftretenden Reize nach einiger Zeit als sekundärer Verstärker wirken müsste bzw. zum Ziel eines erworbenen Motivs geworden sein sollte.
- Die typische Untersuchungsstrategie, ein aktuelles Verhalten unter bestimmten Reizbedingungen im Konditionierungsexperiment gezielt zu verändern, erlaubt nur bedingt, auf Gesetzmäßigkeiten der Entwicklung zurückzuschließen. Damit wird weder nachgewiesen, dass derartige Veränderungen nur so zustande kommen können, noch dass die langfristigen Entwicklungsveränderungen tatsächlich so entstehen (vgl. die Unterscheidung von hinreichenden und notwendigen Entwicklungsbedingungen in Kap. 5.1)

Die wesentlichen *Stärken* der S-R-Theorien sind darin zu sehen,
- dass Entwicklung nicht nur als eine Eigenheit des sich entwickelnden Organismus betrachtet wird, sondern auch als ein Merkmal der sich verändernden Umwelt; und
- dass die Verhaltensunterschiede zwischen Personen und über verschiedene Situationen erklärt werden können.

Sollen Annahmen der S-R-Theorien weiterhin auf die Beschreibung und Erklärung der Entwicklung von Individuen in ihrer natürlichen Lebensumwelt angewendet werden, so werden zunehmend auch die biologischen Grundlagen des Lernens und die vom Lernenden mitgebrachten Lernbereitschaften zu berücksichtigen sein.

5.4.2 Organismisches Modell und kognitiv-konstruktivistische Entwicklungstheorien

Das organismische Modell orientiert sich nach Reese und Overton (1979) am Modell des *lebenden Systems,* das als organisiertes Ganzes aus sich selbst heraus Neues hervorbringt. Auf jeder neuen Stufe psychischer Organisation kommen neue Systemeigenschaften zum Vorschein, die sich nicht auf frühere Entwicklungsstufen reduzieren lassen, wenngleich sie aus früheren Organisationsformen hervorgehen (Nagel, 1957). Beispiele hierfür sind die Abfolge von sensumotorischer Intelligenz, symbolisch-anschaulichem Denken, konkreten Operationen und abstrakten Operationen in der Denkentwicklung (Piaget, 1948) oder die Abfolge präkonventioneller, konventioneller und postkonventioneller Argumentationsstrukturen in der moralischen Entwicklung (Colby & Kohlberg, 1978). Der Organismus ist demnach selbst Ursache aller Aktivität und nicht nur – wie die Newton'sche Maschine – der Ort des Zusammenspiels von Tätigkeiten, die von externen Kräften ausgelöst werden. Das Ganze ist mehr als die Summe seiner Teile. Eine Reduktion von komplexen Phänomenen auf ihre elementaren Bestandteile ist nicht möglich. Als exemplarisch für dieses Modell können die kognitiv-konstruktivistischen Entwicklungstheorien z. B. von Piaget und Kohlberg gelten (s. Miller, 2000; Trautner, 1997d).

Entwicklung stellt sich im organismischen Modell dar als die auf einen Endzustand gerichtete Veränderung der Strukturen des lebenden Systems. Der verwendete Entwicklungsbegriff ist mit allen Attributen des traditionellen Begriffs (Gerichtetheit, Universalität, Irreversibilität, strukturell-qualitative Transformation) ausgestattet (vgl. Abschnitt 3.1.1). Angestrebt wird keine kausale, sondern eine *formale* Erklärung von Entwicklung, d. h. eine Erklärung aufgrund der wesensmäßigen Beschaffenheit der im Organismus (sachimmanent) angelegten Entwicklungsabfolgen. Wirkursachen (z. B. Reifungsfaktoren oder Verstärkungsbedingungen) können derartige sachlogisch notwendige Entwicklungsabfolgen nur fördern oder hemmen, nicht jedoch determinieren. Die Strukturen selbst werden aufgebaut durch die selbstregulierte und intrinsisch motivierte Auseinandersetzung zwischen Individuum und Umwelt. So führt z. B. die Erkenntnis der Existenz der beiden Klassen »männlich« und »weiblich« sowie die Selbstkategorisierung in eine der beiden Klassen zur aktiven Suche nach Informationen über geschlechtsangemessenes Verhalten und zur

Anpassung an das individuelle Geschlechtsschema (Kohlberg, 1966; Martin & Halverson, 1981).

Hinsichtlich des Zustandekommens der geistigen Entwicklung (die in diesem Modell im Vordergrund steht) wird eine *konstruktivistische Hypothese* vertreten: Der Mensch wird durch seine eigene Aktivität zu dem, was er ist. (Eine ähnliche Vorstellung findet sich in der Konzeption des Individuums als Gestalter seiner eigenen Entwicklung; vgl. Lerner & Busch-Rossnagel, 1981; Silbereisen, 1996). Die aktive Auseinandersetzung mit der Umwelt führt zum Aufbau von Erkenntnis, mittels derer wiederum die Realität erfahren und handelnd auf sie eingewirkt wird. Insofern ist die erkannte Realität ein Produkt der Interaktion zwischen dem Erkennenden und den Dingen an sich. Das organismische Modell steht damit in der philosophischen Tradition von Leibniz und Kant.

Ein Beispiel: Ein kleines Kind betrachtet z. B. einen Ball, fasst ihn an, nimmt ihn in den Mund, wirft ihn weg usw. Es lernt dabei sowohl etwas über die Beschaffenheit des Balls als auch über die Auswirkungen seines Verhaltens auf den Ball. Erfahrung beinhaltet somit immer eine organisierende und konstruktive Aktivität eines denkenden und handelnden Subjekts. Erfahrung kann immer nur das bestätigen oder widerlegen, was vom Subjekt als Erwartung in die Situation eingebracht wird.

Umweltstimuli steuern also das Verhalten nicht direkt, wie im mechanistischen Modell, sondern erst über ihre Erfassung und Verarbeitung mithilfe der jeweils gegebenen Erkenntnisstrukturen. Grundsätzlich wird zwischen der von außen beobachtbaren Reaktion (Verhaltensinhalt) und der inneren Struktur des Verhaltens (Operation) unterschieden. Unter der Struktur eines Verhaltens wird dabei die interne und organisierte allgemeine Form einer spezifischen Erkenntnistätigkeit verstanden, d. h. der generalisierbare Aspekt einer Klasse von gleichartigen Handlungssequenzen, die auf analoge Situationen angewendet werden können (Piaget, 1970). Mit der Veränderung der Strukturen verändert sich die Art, wie die Welt wahrgenommen wird.

Die geistige Entwicklung – als Hauptgegenstand der Entwicklungsanalyse – beinhaltet nicht nur eine Ansammlung von Wissen und Fertigkeiten, sondern eine zunehmend bessere Anpassung an die Umwelt. Dabei ändert sich entweder das eigene Verhalten (die eigene Struktur) und passt sich der Umwelt an (*Akkommodation),* oder die Umwelt wird so gestaltet und verändert, dass sie mit den eigenen Bedürfnissen und Möglichkeiten (mit der eigenen Struktur) übereinstimmt (*Assimilation).* In allen Fällen einer notwendigen Akkommodation bestehender kognitiver Strukturen erlebt das Individuum ein *Ungleichgewicht*. Dieses Ungleichgewicht ruft Anpassungsaktivitäten des Organismus zur Wiederherstellung eines Gleichgewichts (*Äquilibration*) hervor (Piaget, 1976). Eine Störung des Gleichgewichts wird zwar durch Umweltereignisse angeregt, der Zustand des Ungleichgewichts umfasst aber innere Widersprüche und Konflikte, d. h., das Ungleichgewicht besteht *im* Individuum. Entsprechend ist für die Aufhebung des Ungleichgewichts die selbstregulatorische Aktivität des Individuums entscheidend und nicht eine externe Veränderung. Die kognitive Aktivität des Individuums besitzt also ihre motivationale, energetische Grundlage in sich selbst. Sie ist selbstverstärkend. Wesentliche Grundlage für diese *intrinsische Motivation* ist die mittlere Abweichung vom Vertrauten (Assimilierbaren).

Schwächen des organismischen Modells der Entwicklung, speziell der paradigmatisch hierfür stehenden kognitiv-konstruktivistischen Theorien von Piaget u. a. bestehen vor allem in Folgendem:

- Die Theorie liefert eher eine Beschreibung der »spontanen« Entwicklung kognitiver Strukturen als eine Erklärung, wie diese Strukturen erworben werden.
- Entwicklungsprozesse werden zu stark übertypisiert.
- Die Konzepte Assimilation, Akkommodation und Äquilibration »erklären« Entwicklung nur in einem sehr allgemeinen Sinne. Es fehlen genauere Angaben darüber, unter welchen Bedingungen und durch welche Mechanismen im Einzelnen spezifische Entwicklungsveränderungen eintreten.
- Gegenüber der Beschäftigung mit als universell angenommenen Entwicklungssequenzen wird die Analyse interindividueller Unterschiede vernachlässigt.
- Piagets erkennendes Subjekt hat keinen kulturellen Hintergrund, keine soziale Schichtzugehörigkeit, keine Persönlichkeit (Miller, 2000). Piaget untersucht die Entwicklung der Kognition und nicht die kognitive Entwicklung von Individuen (Maier, 1983).

Die *Stärken* des Modells sind vor allem darin zu sehen,
- dass sie ein Begriffsinventar liefert, mit dem das, was zwischen Umweltstimulation (Input) und Verhalten (Output) geschieht, beschrieben werden kann, und
- dass sie qualitative (strukturelle) Veränderungen in ihrem zeitlichen Zusammenhang verständlich machen kann.

5.4.3 Dialektisches Modell und Kontexttheorien der Entwicklung

Als weiteres Metamodell wird in der Literatur das dialektische Modell des *sich verändernden Organismus in einer sich verändernden Welt* genannt (Riegel, 1975, 1976; Riegel & Meacham, 1976). In diesem Modell werden außer den *innerbiologischen* und *innerpsychischen* Faktoren des organismischen Modells und den unmittelbar auf das Individuum einwirkenden Umweltstimuli des mechanistischen Modells außerdem der *kulturelle* und *historische Kontext* einbezogen, in dem sich Entwicklungsprozesse abspielen und in den die Entwicklungsfaktoren auf den unteren Ebenen eingebettet sind. Ohne Einbeziehung dieses Kontextes lässt sich menschliches Verhalten nach Auffassung der Vertreter dieses Modells nicht erklären (s. Bronfenbrenner, 1981; Rogoff, 1990; Valsiner, 1989; Wygotsky, 1974, 1978). Lerner (1998b) hat diese Ideen aufgegriffen und systematisiert.

Die verschiedenen, aufeinander aufbauenden Organisationsstufen (Dimensionen) der Realität *(inner-biologisch, individuell-psychologisch, kulturell-soziologisch, historisch-physikalisch)* werden hinsichtlich ihrer Auswirkungen auf den Entwicklungsprozess als in ständiger wechselseitiger Interaktion gesehen. Jede Organisationsstufe hat dabei ihre eigene Bedeutung und ändert sich ständig. Außerdem liefert jede Organisationsstufe die Basis für die nächst höhere Stufe und ist gleichzeitig ein Teil der höheren Stufen, mit denen sie interagiert. Innerhalb jeder Dimension und durch Interaktion zwischen den Dimensionen kann es zu einer Krise oder zu einer erfolgreichen Bewältigung anstehender Entwicklungsaufgaben kommen. So fördert z. B. das Zusammenspiel von Zuneigung zum Partner (individuell-psychologischer Faktor) und partnerschaftsfreundlicher Organisation von Familie und Beruf (kulturell-soziologischer Faktor) befriedigende Partnerbeziehungen. Ein historisches Ereignis, wie z. B. Krieg mit folgender Trennung der Partner (historisch-physikalischer Faktor), kann hingegen zu einem Zerbrechen der Partnerbeziehung führen.

Die einem dialektischen Modell nahe stehenden Kontexttheorien gehen vor allem auf die Entwicklungstheorien der russischen Psychologen Wygotsky, Luria und Leontiev zurück (s. Miller, 2000). Im Vordergrund steht immer das mit anderen Personen interagierende, in einen sozialen Kontext eingebundene aktive Individuum. Dabei beeinflussen sich die in sozialer Interaktion stehenden Personen nicht nur gegenseitig, sondern sind selbst wiederum vom sozialen Kontext und den dort zum Ausdruck kommenden kulturellen Werten, Überzeugungen, Kenntnissen, Fertigkeiten etc. beeinflusst. Von letzteren hängt es wesentlich ab, »wann Kinder ermutigt werden, in bestimmte Kontexte einzutreten, was sie in diesen Kontexten lernen, wie sie Fertigkeiten erwerben und wer in spezifische Kontexte eintreten kann«. (Miller, 1993, S. 383). So gibt es z. B. kulturelle Regeln, in welchem Alter Kinder in homogenen oder heterogenen Altersgruppen, in formellen oder informellen Gruppen zusammenkommen, um zu spielen oder kulturell vermittelte Fertigkeiten zu erwerben. Weiter ist geregelt, ob hierbei die soziale Herkunft, das Geschlecht oder die Begabung des Kindes für die Auswahl der sozialen Kontexte und Aktivitäten eine Rolle spielen.

Kommunikation und Kooperation als zentrale Merkmale des sozialen und geistigen Austausches in einem sozialen Kontext sind daher etwas Intersubjektives, gesellschaftlich Vermitteltes. Denken, Sprechen etc. ist nicht primär individuell, sondern zunächst etwas, was zwischen Menschen geschieht und erst anschließend verinnerlicht wird. Auch die höheren geistigen Fähigkeiten sind sozialer Natur.

Eine weitere, auf Wygotsky (1978) zurückgehende Annahme ist, dass Kinder sich in einer *Zone proximaler Entwicklung* – das ist der Schritt von dem, was sie ohne Hilfe leisten können, zu dem, was sie mit Unterstützung erreichen können – entwickeln. Um die Kinder in ihrer Entwicklung voran zu bringen, leitet eine kompetentere Person diese an und kooperiert mit ihnen. Der aktive Beitrag der Kinder zu ihrem Fortschreiten zur nächst höheren Zone ihrer Entwicklung besteht darin, Kontexte auszuwählen, den Handlungsablauf zu beeinflussen und persönliche Eigenschaften und Fertigkeiten in die Interaktion einzubringen (Miller, 2000). Entsprechend bemisst sich die Intelligenz einer Person nicht daran, was jemand weiß, sondern was er/sie mit Unterstützung anderer leisten kann.

Lerner (1998b) hat einige dieser Ideen aufgegriffen, ergänzt und unter einer Systemperspektive systematisiert. Auch er betrachtet die Person gleichzeitig als biologisches, psychologisches und soziologisches Wesen. Die verschiedenen Betrachtungsebenen seines sog. *developmental contextual view* stellen unterschiedliche Niveaus der Analyse dar, die eine dynamische Synthese bilden. Vier miteinander verbundene Grundannahmen über Entwicklung zeichnen diese Sichtweise aus:

1. *Veränderung und Plastizität*. Mit steigender phylogenetischer Entwicklungshöhe dauert der Entwicklungsprozess (das Errei-

chen des Reifezustands) länger. Die zwischen den Arten, aber auch innerhalb einer Art existierenden Unterschiede in der Plastizität der Entwicklungsprozesse sind jedoch nicht rein organismisch bedingt, sondern auch beeinflusst durch die Umwelten, in denen die Organismen aufwachsen. Während sich Charakteristika herausbilden, beeinflussen sie und werden gleichzeitig beeinflusst durch die jeweiligen Umweltbedingungen. D. h., die am Entwicklungsprozess beteiligten Organisationsstufen stehen in einem bidirektionalen Wirkungsverhältnis zueinander (Gottlieb, 1992).

Ein Beispiel: Das mittlere Menarchealter von Mädchen afroamerikanischer Herkunft, die in Kuba aufgewachsen waren, betrug 12.4 Jahre, während das mittlere Menarchealter von Mädchen gleicher Herkunft, die in Uganda, Südafrika oder Neuguinea lebten, bei 13.4 Jahren, 15.0 Jahren und 18.8 Jahren lag (Katchadourian, 1977). Ähnliche Unterschiede finden sich innerhalb von Ländern zwischen verschiedenen sozialen Schichten. Die Gründe sind Unterschiede in den Ernährungsbedingungen und der medizinischen Versorgung in den verschiedenen Ländern bzw. Schichten, die systematisch in die zeitliche Steuerung der Geneffekte eingreifen.

2. *Wechselseitiger Zusammenhang und Integration der Organisationsstufen.* Ähnlich wie im dialektischen Modell wird davon ausgegangen, dass die hierarchisch aufeinander aufbauenden Analyseebenen (innerbiologisch, individuell-psychologisch, sozial-relational und soziokulturell) strukturell und funktional eng miteinander verwoben sind, und zwar über eine unidirektionale, lineare varianzanalytische Interaktion hinausgehend. Dabei wird außerdem angenommen, dass die Art der Beziehung der verschiedenen Analyseebenen sich über die Ontogenese verändern kann. Interindividuelle Unterschiede in den Genen, den Kontexten des Aufwachsens und dem Timing des Zusammenspiels von Genen und Kontexten werden so zur Basis der Variabilität der menschlichen Entwicklung.

3. *Historische Einbettung und Zeitgebundenheit von Entwicklung.* Alle Organisationsstufen der menschlichen Entwicklung sind eingebettet in ihren historischen und gesellschaftlichen Zusammenhang. Was es bedeutet, ein bestimmtes Alter zu haben, kann von Gesellschaft zu Gesellschaft, von Zeit zu Zeit variieren. Der historische Wandel wirkt dabei modifizierend auf das soziale System ein, und das soziale System wiederum generiert zeittypische Altersnormen, die den individuellen Lebenslauf prägen.

4. *Grenzen der Generalisierbarkeit, Vielfalt und individuelle Unterschiede der Entwicklung*. Die Ergebnisse jeder einzelnen entwicklungspsychologischen Untersuchung bilden immer nur ausgewählte Möglichkeiten ab, was ist oder sein könnte. Weder über die Zeit (die Ontogenese) noch über verschiedene Individuen gibt es eine feste Beziehung zwischen Entwicklungsbedingungen und Entwicklungsergebnissen. Abgesehen von den ontogenetischen Veränderungen der Bedeutsamkeit der einzelnen Entwicklungsbedingungen unterscheiden sich Individuen darin, wie sie auf bestimmte Entwicklungsbedingungen ansprechen, d. h. in der Passung zwischen ihren Dispositionen und bisherigen Entwicklungsverläufen und den sozialen Kontexten, in denen sie leben.

Die *Schwächen* des dialektischen Modells und der kontextuellen Theorien sind nach Miller (2000):
- die Vagheit und entsprechend schwierige Operationalisierung einzelner Begriffe (wie z. B. der Zone proximaler Entwicklung) und
- die methodischen Schwierigkeiten der Untersuchung kultureller und historischer Einflüsse auf die Entwicklung.

Die *Stärken* des Modells – vor allem im Vergleich zu den mechanistischen und organismischen Ansätzen – sind:
- die explizite Einbeziehung des sozialen und kulturellen Kontexts in die Entwicklungsanalyse,
- die Integration von Entwicklung und Interaktions- und Lernprozessen in der natürlichen Lebensumwelt sowie
- die Berücksichtigung der vielfältigen Möglichkeiten von Entwicklungsverläufen.

5.5 Grenzen der Erklärung von Entwicklung

Hinsichtlich der Erklärung von Entwicklung gibt es gegenwärtig noch weit mehr Fragen als Antworten. Zwar sind Erkenntnisfortschritte möglich und in einzelnen Punkten wahrscheinlich. Es gibt aber auch prinzipielle Grenzen der Erklärung von Entwicklung, die sich kaum überwinden lassen werden. Diese prinzipiellen Grenzen sind nach Asendorpf (1988) vor allem begründet in:
- der *Nichttrennbarkeit* oder *Konfundierung* der verschiedenen Entwicklungsfaktoren,
- dem Auftreten *nichtlinearer Wechselwirkungen* und
- der *Kontextabhängigkeit* der Auswirkungen eines Faktors.

Dass die verschiedenen Entwicklungsfaktoren im Sinne der unter 5.3.1 und 5.3.2 geschilderten Arten der Kovariation und Interaktion wechselseitig miteinander zusammenwirken, bedeutet, dass eine klare Trennung der einzelnen Faktoren häufig nicht möglich ist und dass sich die Wirkungen der einzelnen Faktoren in vielen Fällen nichtlinear kombinieren. Die Auswirkungen der einzelnen Faktoren sowie ihre Kovariation und Interaktion mit anderen Faktoren sind überdies abhängig von allen möglichen Randbedingungen: der Art, wie das interessierende Merkmal gemessen wird, dem Untersuchungskontext (z. B. Labor oder natürliche Lebensumwelt), in welchem Kontext die untersuchte Stichprobe aufgewachsen ist, welche altersspezifischen Bedingungen gegeben sind usw. Diese Randbedingungen sind nur selten bekannt, und wenn ja, können sie kaum kontrolliert werden.

Außerdem wird es auch nach den in nächster Zukunft zu erwartenden weiteren Fortschritten in der Erfassung des menschlichen Genoms und im Verständnis für die Prozesse der Genregulation Grenzen der Erklärung von Entwicklung durch Gene und gengesteuerte Reifungsprozesse geben. Sie hängen zum einen mit den zuvor genannten drei Problemen zusammen (der Nichttrennbarkeit, den nichtlinearen Wechselwirkungen und der Kontextabhängigkeit von Entwicklungsfaktoren). Zum anderen haben sie mit den speziellen Problemen der Erklärung *individueller* Entwicklungsverläufe zu tun. Die bei der Erklärung individueller Entwicklungsverläufe auftretenden Probleme lassen sich im Wesentlichen auf zwei Probleme reduzieren: das *Komplexitätsproblem* und das *Wahrscheinlichkeitsproblem*.

Das *Komplexitätsproblem* besteht darin, dass psychologische Variablen, wie z. B. Intelligenz, Ängstlichkeit und Selbständigkeit, nicht nur selbst komplex sind, sondern auch in ihren Manifestierungen und Ausprägungen von zahlreichen Faktoren abhängen. Diese Faktoren können überdies bei jedem Individuum in unterschiedlicher Art und Weise miteinander kovariieren oder interagieren.

Die in Gruppenuntersuchungen aufgefundenen Zusammenhänge zwischen Entwicklungsfaktoren und Entwicklungsverläufen bzw. deren interindividueller Variation treffen nicht in allen Fällen zu. D. h., Erklärungszusammenhänge sind meist *probabilistischer* Natur: Ein bestimmter Zusammenhang ist mit erhöhter Wahrscheinlichkeit gegeben, nicht aber in allen Fällen. Warum ein Zusammenhang besteht, bei wem er gegeben ist und bei wem nicht, ist häufig nicht bekannt.

Fortschritte in der Erklärung von Entwicklung wird es vor allem dann geben, wenn die entwicklungspsychologische Forschung die folgenden Punkte beachtet (nach Trautner, 1992a, S. 221):
- Untersuchungen müssten sich stärker als bisher auf den wesentlichen Gegenstand der Entwicklungspsychologie, die *Beschreibung und Erklärung intraindividueller Veränderungen über die Ontogenese,* beziehen. Dabei sollte die sorgfältige Beschreibung der intraindividuellen Veränderungen, einschließlich der auftretenden interindividuellen Unterschiede, der Erklärung der Entwicklung vorausgehen (s. auch McCall, 1977; Wohlwill, 1977).
- Wegen der engen Verzahnung intraindividueller Veränderungen und Veränderungen in der Umwelt eines Individuums sind nicht nur die individuellen Verhaltensmerkmale und ihre Veränderungen genau zu erfassen, sondern auch die *entwicklungsrelevanten Umweltmerkmale und deren Veränderungen.*
- Da die Entwicklung einzelner Verhaltensmerkmale in der Regel nicht unabhängig von der Entwicklung anderer Verhaltensmerkmale ist und auch auf der Seite der Entwicklungsfaktoren und ihrer Auswirkungen wechselseitige Abhängigkeiten bestehen, ist eine verstärkte Anwendung *multivariater Ansätze* zu fordern.
- Da für die Abschätzung der Auswirkungen aktueller Entwicklungseinflüsse der jeweils gegebene individuelle Entwicklungsstand bekannt sein muss, sollte der Entwicklungsstand eines Individuums grundsätzlich als eine *wesentliche Entwicklungsbedingung* mitberücksichtigt werden.

Aus einer systemtheoretischen Perspektive der Entwicklung ergeben sich für die Forschung einige weitere konkrete Handlungsanweisungen (Lerner, 1998):
- Die Beschreibung und Erklärung von Entwicklungsprozessen hat sich möglichst auf die tatsächliche Umgebung der Personen zu richten.
- Die Grenzen der Variabilität der Entwicklung (die Entwicklungsmöglichkeiten) sind in Interventionsstudien gezielt zu testen (Lerner & Hood, 1986).
- Zur Erhöhung der ökologischen Validität sind außerdem gruppenspezifische oder gar individualisierte Interventionsansätze vonnöten.

6 Die Vorhersage der Entwicklung

Neben der Beschreibung und der Erklärung bereits vergangener Entwicklung ist die *Vorhersage der zukünftigen Entwicklung* (Entwicklungsprognose) eine weitere Aufgabe der Entwicklungspsychologie. Die praktische Bedeutung frühzeitiger Vorhersagen späterer Entwicklung ist offensichtlich (Montada, 1998). Entscheidungen über die schulische oder berufliche Laufbahn, Versetzung oder Sitzenbleiben, die Einleitung präventiver Maßnahmen bei drohender Fehlentwicklung, Entscheidungen über Bewährungsstrafen oder das Sorgerecht nach Scheidung der Eltern, all dies beruht auf Prognosen.

Wie die Beschreibung und die Erklärung kann sich die Vorhersage der Entwicklung auf intraindividuelle Veränderungen oder auf interindividuelle Unterschiede richten. Wie jede Vorhersage (z. B. die Wettervorhersage oder Wirtschaftsprognosen) stützt sich auch eine Entwicklungsprognose auf bekannte Zusammenhänge zwischen Variablen. Und auch für die Entwicklungspsychologie gilt das Sprichwort: Vorhersagen sind schwierig, besonders für die Zukunft.

In der Entwicklungspsychologie lassen sich im Wesentlichen zwei Typen von Zusammenhängen und darauf basierenden Vorhersagen unterscheiden (vgl. Kap. 1):
– Zusammenhänge zwischen der *Ausprägung einer Variablen zu einem früheren und zu einem späteren Zeitpunkt der Entwicklung,*
– Zusammenhänge zwischen (früheren) *Entwicklungsbedingungen* und dadurch zustande gekommenen (späteren) *intraindividuellen Veränderungen* bzw. *interindividuellen Unterschieden in einer Variablen.*

Der erste Prognosetyp stützt sich allein auf die Kenntnis des korrelativen Zusammenhangs zwischen früheren und späteren Ausprägungen in einem Merkmal, ohne Kenntnis der dafür relevanten Entwicklungsbedingungen. Solche auf deskriptiven Längsschnitt-Studien basierenden Vorhersagen sind sogar der häufigere Fall in der Entwicklungspsychologie. Aus dem IQ oder den Schulleistungen von Kindern am Ende des Grundschulalters werden z. B. Vorhersagen über den späteren IQ, die Schullaufbahn oder den Berufserfolg im Erwachsenenalter getroffen (s. dazu Abschnitt 6.1.1). Oder man sagt voraus, dass ein schüchternes Kind auch später als Erwachsener eher schüchtern sein wird (Asendorpf, 1989).

Beim zweiten Prognosetyp wird die weitere Entwicklung in dem interessierenden Merkmal X in Abhängigkeit von der Beschaffenheit der Bedingung Y vorhergesagt. Die Wahrscheinlichkeit des Eintretens von X bzw. seiner von Y abhängigen Variation bestimmt sich dabei nach der Enge des Zusammenhangs zwischen X und Y im Beobachtungszeitraum. In der Längsschnittstudie von Kagan und Moss (1962) ergab sich z. B., dass die mütterliche Zuwendung, Hilfe und Unterstützung während der ersten drei Lebensjahre ihrer Söhne eng mit dem intellektuellen Leistungsstreben der Söhne im Alter von zehn bis vierzehn Jahren zusammenhing. Das Verhalten im Alter von zehn bis vierzehn Jahren ließ sich somit teilweise mit Erfahrungen in den ersten drei Lebensjahren erklären. Unter der Prämisse, dass dieser Zusammenhang verallgemeinert werden kann, lässt sich aus den mütterlichen Verhaltensweisen gegenüber ihren Söhnen in den ersten drei Lebensjahren die ungefähre Ausprägung des intellektuellen Leistungsstrebens der gleichen Jungen im Alter von zehn bis vierzehn Jahren vorhersagen. Ein anderes Beispiel für diesen Prognosetyp wäre die Vorhersage, dass Kinder, die in den ersten Lebensjahren von ihrer Mutter getrennt worden sind, später mit erhöhter Wahrscheinlichkeit zu bindungsunsicheren Erwachsenen werden (Bowlby, 1979).

Auf welchem Weg man zu Prognosen der geschilderten beiden Typen gelangt, wie die Ergebnisse hierzu aussehen und welche Schlussfolgerungen aus diesen Ergebnissen zu ziehen sind, wird in den folgenden Abschnitten 6.1 und 6.2 näher erläutert. Wir werden im Verlauf dieses Kapitels feststellen, dass es unrealistisch ist, eine hohe Treffsicherheit derartiger Prognosen zu erwarten. Selten sind mehr als 25% bis 35% der Verhaltensvarianz aufgeklärt (vgl. Brim & Kagan, 1980). Im Einzelfall beinhalten solche Entwicklungsprognosen ein hohes Irrtumsrisiko. Dies ist in Anbetracht der im Kap. 5 dargestellten Komplexität des Bedingungsgefüges von Entwicklungsprozessen und der ständigen Interaktion zwischen dem sich entwickelnden Individuum und einer sich – teilweise nicht vorhersehbar – ändernden Umwelt auch nicht verwunderlich. Man geht daher heute eher von einer Plastizität der Entwicklung über die Lebensspanne aus. Beachtet man die Randbedingungen und Grenzen von Entwicklungsprognosen, so haben diese jedoch durchaus ihre Bedeutung.

6.1 Stabilität und Veränderung von Entwicklungsmerkmalen

Vorhersagbarkeit der Entwicklung setzt Konstanz oder Stabilität voraus, eine irgendwie geartete stabile Beziehung zwischen dem früheren und dem späteren Entwicklungsstatus. Bei Veränderung oder Instabilität wäre demnach keine Vorhersage möglich. Wie passt das damit zusammen, dass intraindividuelle Veränderungen und interindividuelle Unterschiede in Veränderungen der zentrale Gegenstand der Entwicklungspsychologie sind? Von daher könnte man meinen, Stabilität oder Konstanz von Verhaltensmerkmalen sei unvereinbar mit Veränderungen und gehöre somit nicht zum Gegenstandsbereich der Entwicklungspsychologie. Unter bestimmten Aspekten interessiert den Entwicklungspsychologen aber auch die Stabilität eines Merkmals. Dass Stabilität und Veränderung sich für den Entwicklungspsychologen nicht ausschließen müssen, liegt an der besonderen Art, wie in der Entwicklungspsychologie die Stabilität eines Merkmals definiert wird. Mindestens drei verschiedene Bedeutungen von Stabilität können unterschieden werden (vgl. Wohlwill, 1977):
- *absolute Konstanz der Ausprägung eines Merkmals*
- *universelle Regelhaftigkeit der Veränderung eines Merkmals*
- *Konstanz* oder *Stabilität interindividueller Merkmalsunterschiede.*

Die *absolute Konstanz* eines Entwicklungsmerkmals, sofern diese von Dauer und nicht nur vorübergehender Natur ist, interessiert den Entwicklungspsychologen tatsächlich wenig. Stabilität im Sinne einer absoluten Konstanz zeigen ausschließlich einige körperliche Merkmale: z. B. die Gene eines Individuums (wenn man von der Variation der Genaktivierungen und -desaktivierungen absieht), die Blutgruppenzugehörigkeit, (ab einem frühen Zeitpunkt) Augenfarbe und Haarfarbe oder andere sog. unveränderliche Kennzeichen einer Person, wie z. B. das biologische Geschlecht. Verhaltensmerkmale, die in diesem Sinne absolut unveränderlich sind, gibt es hingegen kaum. Am ehesten ist dies noch, ab einem bestimmten Zeitpunkt, bei erworbenen motorischen Fertigkeiten wie Laufen, Schwimmen, Radfahren oder bei Wahrnehmungsleistungen der Fall. Bei genauerem Hinsehen erkennt man aber auch hier Veränderungen, z. B. hinsichtlich der Leistungsgrenzen oder der erforderlichen Übung, um das einmal erreichte Leistungsniveau aufrechtzuerhalten.

Die *universelle Regelhaftigkeit von Veränderungen* über die Ontogenese kommt in prototypischen Wachstumskurven oder Entwicklungsfunktionen sowie in gesetzmäßigen Entwicklungssequenzen und Entwicklungsstufen zum Ausdruck, wie sie im Kap. 4 beschrieben worden sind. Hohe Stabilität wird hier verstanden als Universalität des zeitlichen Verlaufs von Veränderungen. Ein gutes Beispiel ist der Verlauf des Wachstumsschubs in der Pubertät (vgl. Abbildung 4.3). Die so verstandene Stabilität ist also durchaus mit dramatischen Veränderungen über die Zeit vereinbar, sofern alle Individuen die gleiche Art der Verlaufsform der Entwicklung zeigen. Wie bei der absoluten Konstanz dürften es eher (wenige) körperliche Merkmale sein als Verhaltensmerkmale, die derartige Regelhaftigkeiten des Entwicklungsverlaufs zeigen. Davon abgesehen wird die Regelhaftigkeit von Entwicklungsverläufen in der zuvor skizzierten Form von der großen Mehrheit der Entwicklungspsychologen, abweichend von Wohlwill (1977), nicht unter das Stabilitätskonzept subsumiert.

Der Stabilitätsbegriff wird in der Entwicklungspsychologie meistens in der an dritter Stelle genannten Bedeutung gebraucht: *Stabilität interindividueller Merkmalsunterschiede.* Als stabil gilt ein Merkmal, wenn die verschiedenen Individuen ihre *relative Position* oder *Rangfolge* in der Merkmalsverteilung über das Lebensalter (den Beobachtungszeitraum) beibehalten (*Positionsstabilität*). Die Größten bleiben z. B. die Größten, die Kleinsten bleiben die Kleinsten. Neben dem Gruppenmittel kommt als Bezugsnorm auch der mittlere Wert eines Individuums über verschiedene Messzeitpunkte in Frage. Stabilität ist hier durch ein geringes Ausmaß der intraindividuellen Schwankungen um dieses Mittel definiert.

Ersteres ist das geläufigere Maß. Man prüft, inwieweit die interindividuellen Differenzen in einer Gruppe über die Zeit gleich bleiben. Dazu berechnet man jeweils für zwei Messzeitpunkte die Interkorrelation der individuellen Messwerte zum früheren und späteren Zeitpunkt. Die Korrelation der beiden Messreihen ergibt dann den *Stabilitätskoeffizienten* für die Merkmalsunterschiede der Gruppe für den in Betracht gezogenen Zeitraum. Je höher ein Stabilitätskoeffizient ist, desto genauer kann man aus der Kenntnis der früheren interindividuellen Merkmalsunterschiede die späteren Merkmalsunterschiede in einer Gruppe vorhersagen.

Streng genommen sollte der Begriff »Stabilität« nur für den zeitlichen Zusammenhang der latenten (*wahren*) Werte und nicht der beobachteten Werte verwendet werden (Petermann & Rudinger, 2002). Die Stabilität von

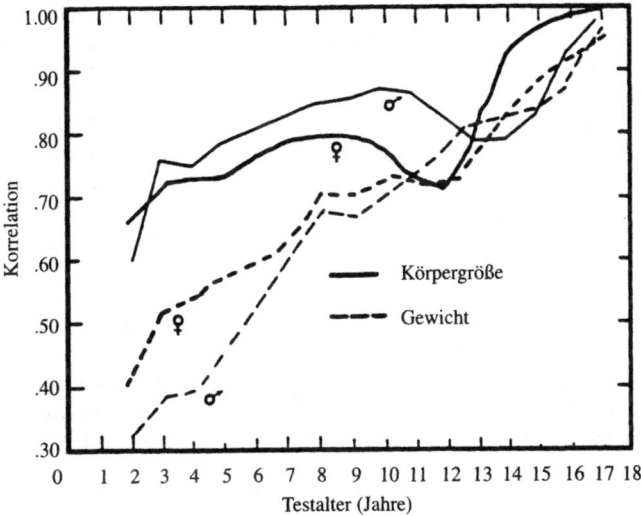

Abb. 6.1: Stabilität der interindividuellen Unterschiede in Körpergröße und -gewicht zwischen 2 und 18 Jahren, getrennt für Jungen und Mädchen (nach Asendorpf, 1988, S. 92)

interindividuellen Unterschieden wäre somit als Korrelation zwischen den latenten Variablen zu definieren, die den beobachteten (gemessenen) Variablen zugrunde liegen. Die Unterscheidung zwischen latenten und beobachteten Variablen und die damit einhergehende Trennung der Stabilität und der Reliabilität von Messungen wird explizit in den sog. *Strukturgleichungsmodellen* berücksichtigt (s. Rudinger, 1998).

6.1.1 Zur Stabilität von Körpergröße und Körpergewicht

Bevor auf die Stabilität und Vorhersagbarkeit des in der Entwicklungspsychologie daraufhin am häufigsten untersuchten Merkmals ›Intelligenz‹ eingegangen wird, sollen zunächst die Methode und die Ergebnisse der Berechnung von Stabilitätskoeffizienten am Beispiel zweier physischer Merkmale, Körpergröße und Körpergewicht, veranschaulicht werden. Die Körpergröße und das Körpergewicht eines Menschen sind besonders stabile Merkmale. Sie lassen sich überdies sehr leicht, objektiv und zuverlässig messen. Die Abbildung 6.1 zeigt die Stabilitätskoeffizienten der

Unterschiede in der Körpergröße und im Körpergewicht von Jungen und Mädchen zwischen zwei und achtzehn Jahren. Die Daten beruhen auf einer Längsschnittstudie von Tuddenham und Snyder (1954), in der u. a. die Körpergröße und das Körpergewicht der Jungen und Mädchen ab dem Alter von zwei Jahren bis zum Alter von achtzehn Jahren einmal jährlich gemessen wurden. Für jede Altersstufe ist die Korrelation zwischen den Merkmalsunterschieden in dem betreffenden Ausgangsalter und den Unterschieden im Alter von achtzehn Jahren (Kriteriumsalter) angegeben.

Die Ergebnisse zur Stabilität von Größe und Gewicht sind insofern typisch, als die Stabilitätskoeffizienten mit steigendem Ausgangsalter (mit wachsender Nähe zum Kriteriumsalter) auffällig zunehmen. Uneingeschränkt gilt dies allerdings nur für die Unterschiede im Körpergewicht. Bei den Unterschieden in der Körpergröße zeigt sich hingegen bei beiden Geschlechtern über einen Zeitraum von ca. vier Jahren sogar eine vorübergehende *Abnahme* der Stabilitätskoeffizienten. Bei den Mädchen beginnt diese Abnahme mit neun Jahren, bei den Jungen mit zehn Jahren (s. Abb. 6.1).

Die vorübergehende Destabilisierung der Größenunterschiede lässt sich leicht erklären: Sie kommt durch den individuell unterschiedlichen zeitlichen Beginn des pubertären Wachstumsschubs und dessen relative Unabhängigkeit von der endgültigen Größe der einzelnen Kinder zustande. Ob ein Kind vor Beginn des Wachstumsschubs zu den (altersgemäß) eher Großen oder Kleinen zählt, variiert nicht systematisch mit dem Zeitpunkt des Wachstumsschubs. Die zeitlichen Verschiebungen des Wachstumsschubs bringen daher vorübergehend die Rangfolge der Personen bezüglich ihrer Körpergröße durcheinander. Das führt dazu, dass die im Alter von achtzehn Jahren erreichte Körpergröße durch die Größe mit sechs Jahren besser vorhergesagt werden kann als durch die Größe mit zwölf Jahren (bei Mädchen) bzw. mit dreizehn Jahren (bei Jungen). Später werden die vorpubertären Größenunterschiede in den Gruppen wieder hergestellt bzw. weiter stabilisiert.

Die Daten zur Stabilität von Größenunterschieden zeigen auch, dass die Höhe eines Stabilitätskoeffizienten durch eine neu auftretende Quelle interindividueller Variation erheblich verringert werden kann, auch wenn es sich – wie im Fall der Körpergröße – um ein schon im frühen Alter sehr stabiles Merkmal handelt. Die Rangfolge von Merkmalsunterschieden kann sich auch dadurch verschieben, dass sich die Lebensbedingungen bei einem Teil der Population verändern. Wenn z. B. speziell übergewichtige und zum Dickwerden neigende Personen sich über längere Zeit einer Diät unterziehen, nehmen nicht nur (im günstigen Fall) diese Personen ab, sondern auch die Korrelationskoeffizienten der Gewichtsunterschiede zwischen früher und dem aktuellen Zeitpunkt.

6.1.2 Zur Stabilität der Intelligenz

Das in der Entwicklungspsychologie am häufigsten hinsichtlich seiner Stabilität analysierte psychische Merkmal ist die *Intelligenz* (vgl. Bloom, 1971; Wohlwill, 1977). Meist beschränkt sich die Analyse auf den Gesamtwert der Intelligenz *(IQ),* wie er aus der Zusammenfassung der verschiedenen Intelligenzleistungen in einem standardisierten Intelligenztest resultiert. Die folgende Darstellung beschränkt sich entsprechend auf den Gesamt-IQ.

Die Stabilität von Intelligenzunterschieden lässt sich in vergleichbarer Weise untersuchen, wie die Stabilität von Unterschieden in Größe und Gewicht. Gestützt auf Längsschnittdaten werden für die einzelnen Altersstufen Angaben über die Korrelation der jeweiligen Merkmalsunterschiede mit den Unterschieden zu einem Kriteriumsalter gemacht.

Die umfangreichste und bekannteste Zusammenstellung der Forschungsergebnisse zur Stabilität des IQ stammt von Bloom (1971). In der Abbildung 6.2 sind die wichtigsten Ergebnisse zur Stabilität von Intelligenzunterschieden zusammengefasst. Sie zeigt die Veränderungen der Stabilitätskoeffizienten über den Altersbereich von 2 Jahren bis zum Kriteriumsalter von 18 Jahren (Bayley,1949; Hilden, 1949) bzw. 16 Jahren (Honzik et al., 1948).

Wie bei den Größen- und Gewichtsunterschieden nehmen die Stabilitätskoeffizienten für den IQ mit wachsendem Alter zu. Die stärkste Zunahme der Koeffizienten ist zwischen 3 und 8 Jahren zu beobachten. Ab diesem Alter ist kaum noch eine wesentliche Zunahme der Stabilität festzustellen. Die bis zum Alter von 18 Jahren erreichte Stabilität des IQ bleibt außerdem über das gesamte Erwachsenenalter erhalten (Asendorpf, 1988).

Beim Vergleich der Zahlenwerte für die IQ-Stabilität und die Stabilität von Größe und Gewicht ist zu berücksichtigen, dass Größe und Gewicht über die gesamte Lebensspanne in gleicher Art und praktisch ohne Messfehler erfasst werden können. Was auf den einzelnen Altersstufen durch einen Intelligenztest gemessen wird und wie zuverlässig diese Messungen sind, dürfte sich jedoch über das Alter verändern. Die Übereinstimmung des Gemessenen mit der Intelligenz im Kriteriumsalter von 18 Jahren und die Zuverlässigkeit der Messungen dürften insbesondere in den ersten Lebensjahren (etwa bis zum Schuleintritt) noch geringer sein als später. In Anbetracht dieser Verhältnisse erscheinen die gefundenen Stabilitätskoeffizienten für den IQ recht hoch.

Trotz eines Stabilitätskoeffizienten in der Größenordnung von 0,70 oder höher, wie er für den IQ etwa ab dem achten Lebensjahr

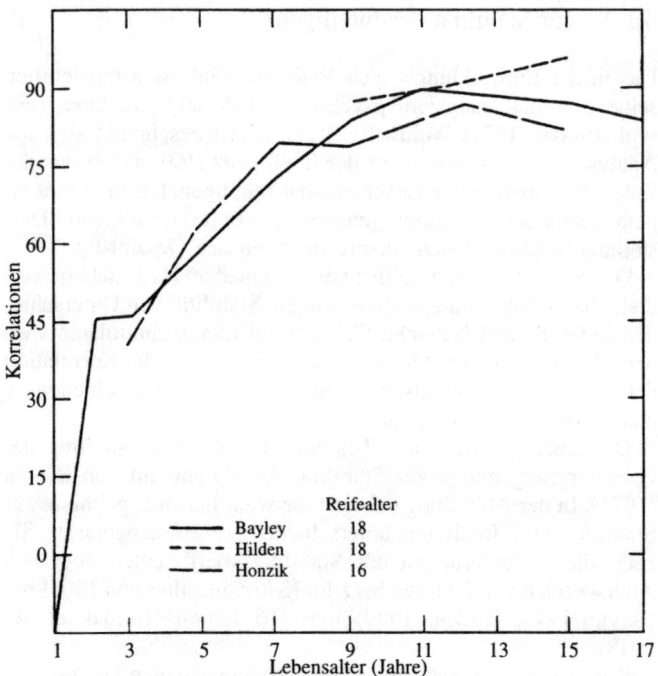

Abb. 6.2: Stabilität der interindividuellen Unterschiede des IQ zwischen 2 und 18 Jahren (nach Bloom, 1971, S. 65)

gefunden wurde, ist die Bedeutung eines derartigen Stabilitätswerts für individuelle Prognosen, z. B. für Schullaufbahnentscheidungen oder andere Ausleseentscheidungen, sehr begrenzt. Das zeigt das folgende Zahlenbeispiel. Nehmen wir an, dass die früheren und die späteren Intelligenzunterschiede für die Gesamtgruppe mit r = 0,76 korrelieren. Betrachten wir nun nur die Personen, die bei der ersten Messung einen IQ von 100 Punkten hatten, und legen die per Zufall zu erwartende Irrtumswahrscheinlichkeit mit 5% fest, so lässt sich nur vorhersagen, dass 95% der Personen mit einem Ausgangs-IQ von 100 bei der späteren Messung einen IQ zwischen 80 und 120 Punkten aufweisen werden. Zwar wird der Vorhersagefehler im Mittel über alle Personen geringer sein. D. h., viele Personen werden nicht wesentlich über oder unter ihrem früheren IQ von 100 liegen. Bei einer Reihe von Personen werden wir uns aber gründlich irren. Das Problem ist nun, dass wir aus einem deskriptiven Stabilitätskoeffizienten für eine Gruppe keine Information darüber bekommen, welche Personen in ihren Werten über die Zeit eher stabil bleiben werden und welche eher instabil sind, d. h., wir wissen nicht, bei wem wir mit unserer Prognose richtig liegen und bei wem wir uns irren.

Fortschritte lassen sich hier erzielen, wenn man keinen Stabilitätskoeffizienten für die Gesamtgruppe berechnet, sondern, ausgehend von den individuellen Entwicklungsverläufen, verschiedene Verlaufstypen voneinander abzugrenzen versucht. Weiß man, welche Individuen welchem Verlaufstyp zuzuordnen sind, kann man die weitere Entwicklung dieser Individuen besser vorhersagen. Genau diesen Weg sind z. B. McCall, Appelbaum & Hogarty (1973) gegangen. Sie konnten mithilfe einer Clusteranalyse fünf Verlaufstypen der Intelligenzentwicklung unterscheiden (s. Abb. 6.3). Der Anteil von Personen mit nur geringen IQ-Schwankungen über die Zeit, wie sie ein hoher Stabilitätskoeffi-

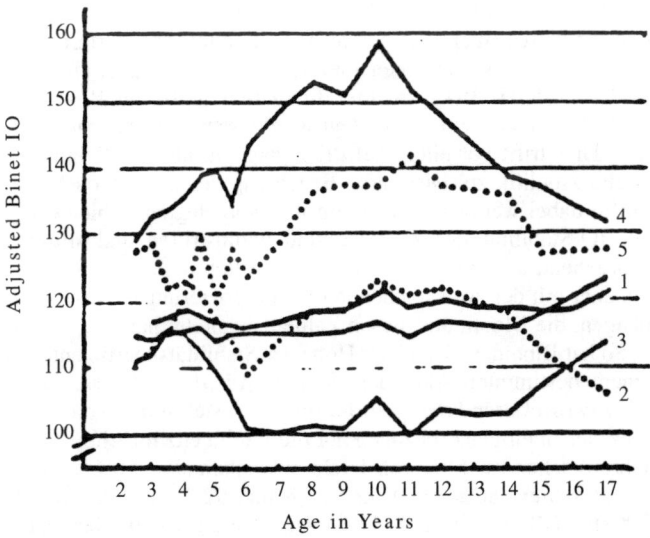

Abb. 6.3: Gruppenspezifische Verlaufstypen. IQ-Veränderungen zwischen 2 und 17 Jahren (nach McCall et al., 1973)

zient suggeriert, betrug nur ca. 45%. Bis auf wenige Personen (ca. 16% der Stichprobe) zeigten auch die Personen mit größeren IQ-Veränderungen über die Zeit durchaus eine Systematik in ihren Veränderungen. Wie Abb. 6.3 zeigt, war aber der Verlauf von Zunahmen oder Abnahmen der IQ-Werte von sehr unterschiedlicher Form.

Um zu einer Verbesserung der IQ-Prognose zu gelangen, gingen McCall et al. (1973) noch einen Schritt weiter. Und zwar versuchten sie, für jeden Verlaufstyp der Intelligenzentwicklung charakteristische Entwicklungsbedingungen zu identifizieren. Besteht ein gesetzmäßiger Zusammenhang zwischen spezifischen Entwicklungsbedingungen und dem Verlauf der Intelligenzentwicklung, so kann man aus der Kenntnis der gegebenen Entwicklungsbedingungen auf die Zugehörigkeit zum entsprechenden IQ-Verlaufstyp schließen. Dies wäre allerdings ein Vorgehen nach dem Muster des zweiten Vorhersagetyps in der Entwicklungspsychologie, der im Abschnitt 6.2 behandelt wird.

Hinter den zuletzt geschilderten differenzierten Analysen der IQ-Stabilität, die sowohl differentielle Entwicklungsverläufe als auch differentielle Entwicklungsbedingungen berücksichtigen, bleibt die Analyse von Benjamin Bloom in seinem Buch ›*Stabilität und Veränderlichkeit menschlicher Merkmale*‹ weit zurück. Trotzdem ist dieses Buch, das bereits 1964 in englischer Originalausgabe in den USA erschien und 1971 »überflüssigerweise« (so Merz & Stelzl, 1973, in ihrer fundierten Kritik an Bloom) in deutscher Übersetzung vorgelegt wurde, sehr stark beachtet worden. Dies trifft vor allem auf die Pädagogik und die Schul- und Bildungspolitik zu. Die starke Beachtung des Buchs von Bloom dürfte dabei weniger an den von ihm vorgelegten Zahlenwerten zur IQ-Stabilität liegen; diese sind unumstritten und stimmen weitgehend mit den Angaben anderer Autoren überein. Sie dürften eher mit den weit reichenden Schlussfolgerungen zusammenhängen, die Bloom aus diesen Zahlen abgeleitet hat.

So hat Bloom z. B. aus der Höhe des Stabilitätskoeffizienten zu einem bestimmten Alter den *direkten Anteil der bis zu diesem Alter entwickelten Intelligenz* bestimmt. Er stellte fest, »dass etwa 20% der Intelligenz (bezogen auf die Intelligenz im Alter von 17 Jahren) schon im Alter von 1 Jahr entwickelt sind, 50% im Alter von 4 Jahren, 80% im Alter von 8 und 92% im Alter von 13 Jahren«. (Bloom, 1971, S. 78 f.). Unabhängig von der berechtigten Kritik an dem methodischen Weg, auf dem Bloom zu diesen Aussagen gelangt ist (s. dazu Krapp & Schiefele, 1976; Merz & Stelzl, 1973), kann man folgendes feststellen: Anteile entwickelter Intelligenz (vergleichbar dem Anteil der in einem Alter erreichten Körperhöhe, bezogen auf die Endgröße) könnten nur angegeben werden, wenn die IQ-Skala (wie die Körpergröße) eine Verhältnisskala mit einem absoluten Nullpunkt wäre. Das heißt z. B., wenn ein Kind mit acht Jahren – nach den Zahlen von Bloom – viermal so intelligent genannt werden könnte, wie ein Kind mit einem Jahr. Das ist natürlich weder für Einzelpersonen noch für die Gesamtgruppe möglich. Es ist außerdem nicht als Information in einem Stabilitätskoeffizienten enthalten.

Bloom hat weiter aus der Höhe eines Stabilitätskoeffizienten und – wie er meinte – der damit bereits entwickelten »Menge« an Intelligenz auf das *Ausmaß der Modifizierbarkeit* des IQ in dem betreffenden Alter zurückgeschlossen. Er nahm an, dass mit wachsender Intelligenz bzw. mit zunehmender Stabilität der IQ-Differenzen die Modifizierbarkeit des individuellen IQ und damit der interindividuellen IQ-Differenzen abnimmt. Die Höhe eines Stabilitätskoeffizienten steht aber (genau wie die Höhe eines Erblichkeitskoeffizienten) in keiner festen Beziehung zur Modifizierbarkeit der Merkmalsunterschiede. Die deskriptiven Längsschnittstudien, auf die Bloom seine Analyse stützt, liefern keine Informationen darüber, wie die über das Alter zunehmende IQ-Stabilität zustande kommt. Aus den Studien geht nicht hervor, inwieweit die IQ-Stabilität mit Anlagebedingungen oder mit gleich bleibenden (prinzipiell aber modifizierbaren) Umweltbedingungen zusammenhängt. Wohlwill (1980) hat ein Modell vorgelegt, mit dem er schlüssig nachweist, dass die allgemein beobachtete Zunahme der Stabilitätskoeffizienten über das Alter durchaus auch mit einem wachsenden Umwelteinfluss bezüglich der Entwicklung von Intelligenzunterschieden vereinbar ist.

Die (unzutreffenden) Schlussfolgerungen von Bloom waren u. a. ein wichtiger Auslöser für die – durchaus begrüßenswerte – Verstärkung der Vorschulförderung von Kindern in den USA und in Deutschland. Nach seiner Argumentation sollte ja eine Förderung der Intelligenz nur oder besonders erfolgreich möglich sein, solange die IQ-Differenzen noch nicht sehr stabil sind, also in den ersten Lebensjahren. Dabei wurde Bloom von einigen Politikern und der Öffentlichkeit teilweise noch überinterpretiert. So behauptete der ehemalige bayerische Kultusminister Ludwig Huber 1969, gestützt auf Bloom, dass bei etwa 80% der Kinder die Entscheidung über die Intelligenzentwicklung bis zur Vollendung des 8. Lebensjahres und nur bei den restlichen 20% danach fällt. Demnach sei die Verlagerung der Entscheidung über den Bildungsweg eines Kindes in das Jugendalter wissenschaftlich überholt (nach Hopf, 1971).

6.1.3 Schlussfolgerungen hinsichtlich der Stabilität und Vorhersagbarkeit der Entwicklung

Stabilitätskoeffizienten nach dem Muster der Korrelation interindividueller Merkmalsunterschiede über die Zeit sagen nur etwas über die *mittleren Verhältnisse in einer Population* aus. Sie beinhalten damit im Einzelfall ein relativ großes Irrtumsrisiko. Für den Einzelfall lassen sich nur die Grenzen angeben, innerhalb derer mit einer definierten Irrtumswahrscheinlichkeit der spätere Wert liegen wird. Aus dem globalen Wert für die Stabilität von Merkmalsunterschieden in einer Population lässt sich außerdem nicht erkennen, inwieweit die Gesamtpopulation aus Teilpopulationen zusammengesetzt ist, die eine unterschiedliche Merkmalsstabilität oder Verlaufsform der Entwicklung aufweisen (vgl. die Untersuchung von McCall et al., 1973).

Wie die Erklärung der Entwicklung ist die Vorhersage der Entwicklung auf der Basis von Stabilitätskoeffizienten immer nur in *Relation* zu dem jeweils gemessenen *Merkmal*, der Population, aus der die *Untersuchungsstichprobe* stammt, und dem abgedeckten *Altersbereich* zu sehen. D. h., jeder Stabilitätskoeffizient gilt nur unter den bei der untersuchten Stichprobe über den Prognosezeitraum gegebenen Entwicklungsbedingungen und der daraus resultierenden Merkmalsvariation.

Sollen Stabilitätswerte für die Vorhersage der Entwicklung brauchbar sein, müssen sie ergänzt werden durch eine Vorhersage des Auftretens und der Variation der Stabilitätsbedingungen im Prognosezeitraum (Montada, 1979, S. 16). Ein erster Schritt in diese Richtung ist die Trennung von Gruppen mit unterschiedlicher Stabilität der Entwicklung und die Feststellung der spezifischen Faktoren, die zu Stabilität oder Instabilität führen.

Aus der Stabilität von Merkmalsunterschieden zu einem bestimmten Zeitpunkt der Entwicklung können keine quantifizierten Aussagen über das zu diesem Zeitpunkt erreichte Entwicklungsniveau oder das Ausmaß der Modifizierbarkeit des Merkmals abgeleitet werden. Wachsende Stabilität von Merkmalsunterschieden muss nicht zwangsläufig eine anlageabhängige zunehmende Festlegung der Entwicklung bedeuten. Stabilität oder Veränderung einer Person dürften zu einem großen Teil durch das Gleichbleiben oder den Wechsel der Lebensbedingungen in der Umwelt der Person bedingt sein (Wohlwill, 1980). Aus all dem geht hervor, dass es ratsam ist, »Veränderlichkeit des Individuums anzunehmen, ohne allerdings auszuschließen, dass auch Stabilität vorkommen kann« (Dollase, 1985, S. 134).

6.2 Langfristige Effekte früher Entwicklungsbedingungen

Dass in der frühen Kindheit die entscheidenden Weichen für die gesamte weitere Entwicklung eines Menschen gestellt werden, gehört zu den kaum angezweifelten Überzeugungen der Alltagspsychologie. Demgegenüber wird späteren Einflüssen eine vergleichsweise geringe Bedeutung beigemessen. Was Hänschen nicht lernt, lernt Hans nimmermehr! Entsprechend groß ist, z. B. in Elternzeitschriften, das Interesse für Fragen der Entwicklung und Erziehung von Kindern gerade in den ersten Lebensjahren.

Nicht nur was die Erfahrungen des Kleinkindes betrifft, sondern auch auf Seiten der biologischen Faktoren wird den Anfängen der Entwicklung eine hohe Priorität in der Determination der weiteren Entwicklung eingeräumt (vgl. Gottlieb, 1983). So wird die aus der vergleichenden Verhaltensforschung stammende Konzeption einer *irreversiblen Prägung* während *kritischer* oder *sensibler Entwicklungsperioden* – in Analogie zur Tierforschung – auf die Anfänge der Humanentwicklung übertragen (Bornstein, 1989).

Die Auffassung, dass die ersten Lebensjahre für die Entwicklung eines Menschen entscheidend sind, stammt aus der Psychoanalyse und gelangte von dort in die Psychologie (vgl. Clarke & Clarke, 1976; Hemminger, 1982). Die in den psychoanalytischen Therapiesitzungen von erwachsenen Neurotikern produzierten Assoziationen, Erinnerungen und Träume lenkten Freuds Aufmerksamkeit auf die frühen Kindheitserfahrungen seiner Patienten (Freud, 1940, 1942). Aus den in den Äußerungen der Patienten immer wiederkehrenden Kindheitskonstellationen zog Freud den Schluss, dass die Grundstruktur der Persönlichkeit eines Menschen und die »Wahl« der späteren Neurose bei einer Konfrontation mit (unbewussten) Konflikten bis zum Ende des Vorschulalters (der sog. *Phallischen Phase)* festgelegt ist.

Allerdings hielt Freud eine (prospektive) Vorhersage der Erwachsenenpersönlichkeit aus der Kenntnis der Kindheitsentwicklung für kaum möglich.

Was er für machbar hielt, war eine *Rekonstruktion* der frühen Kindheit aus der Rückschau (Retrospektion) der erwachsenen Persönlichkeit (Freud, 1940).

Ein Großteil der Sozialisationsforschung bis in die 60er Jahre hinein hat sich, beeinflusst durch die Psychoanalyse, mit den als entscheidend angenommenen Kindheitserfahrungen im Zusammenhang mit der Fütterungssituation, der Sauberkeitserziehung und dem Umgang mit der Sexualität und deren Auswirkungen auf die Entwicklung beschäftigt (Child, 1954; Zigler & Child, 1969). Unter dem Aspekt möglicher langfristiger Folgen für die Entwicklung besonders beachtet wurden die Untersuchungen von Spitz (1945, 1946), Goldfarb (1947) und Bowlby (1946, 1951) über die Auswirkungen einer zeitweisen oder andauernden Trennung kleiner Kinder von ihrer Mutter. Die Autoren glaubten nachgewiesen zu haben, dass eine länger andauernde Trennung von der Mutter zwangsläufig zu bleibenden Retardierungen bzw. Schädigungen der körperlichen, geistigen und sozialen Entwicklung führt. (Übersichten finden sich in Rutter, 1978, Schmalohr, 1980.)

Abgesehen davon, dass die Datengrundlage der vorgenannten Untersuchungen solche weitreichenden Schlussfolgerungen nicht zulässt (s. Clarke & Clarke, 1976; Hemminger, 1982; Schaffer, 2000), geht die Auffassung von den bleibenden Effekten frühkindlicher Erfahrungen von viel zu einfachen, teilweise auch falschen Annahmen aus. Man hat z. B. übersehen, dass *einzelne* Faktoren, wenn überhaupt, nur dann bleibende Wirkungen auf die spätere Entwicklung eines Menschen haben, wenn auch im weiteren Verlauf der Entwicklung gleich gerichtete Entwicklungsbedingungen gegeben sind. Ändern sich später die Entwicklungsbedingungen, kann auch die Entwicklung einen anderen Verlauf nehmen. Die menschliche Entwicklung folgt nicht dem »Kuckucksuhr-Prinzip«, d. h., »es genügt nicht, einmal gründlich ›aufzuziehen‹, damit die Entwicklung über die gesamte Lebensspanne hinweg einen guten Verlauf nimmt« (Ewert, 1978, S. 76). Genauso gilt, dass beim Wegfall ungünstiger Entwicklungsbedingungen in vielen Fällen auch später noch Entwicklungsrückstände aufgeholt und Entwicklungsschäden kompensiert werden können (Clarke & Clarke, 1976; Dennis, 1973).

Nicht nur, ob frühere Entwicklungsbedingungen andauern oder nicht und ob sie (falls sie andauern) in ihren Auswirkungen von späteren Entwicklungsbedingungen kompensiert werden können, spielt eine Rolle bei der Vorhersage langfristiger Effekte früher Entwicklungsbedingungen. Die Auswirkungen von Entwicklungsbedingungen hängen auch davon ab, mit welchen anderen Faktoren zusammen sie ursprünglich aufgetreten sind (Rollett, 2002). So unterschieden sich z. B. die psychologischen Effekte einer Eltern-Kind-Trennung signifikant in Abhängigkeit davon, ob die Trennungserfahrung im Kontext einer stabilen, durch gegenseitige liebevolle Zuwendung gekennzeichneten Familiensituation oder aufgrund einer physischen Erkrankung eines Elternteils gemacht wurde oder ob die Trennung auf Eheprobleme, Familienstreitigkeiten oder eine psychiatrische Erkrankung eines Elternteils zurückging. Nur unter den zuletzt genannten Bedingungen zeigten Jungen später mit signifikant höherer Wahrscheinlichkeit antisoziales Verhalten (Rutter, 1977).

Ein weiterer Irrtum der Verfechter einer Früherfahrungshypothese war die Annahme, dass *alle* Kinder auf dieselbe Art und mit gleicher Intensität auf bestimmte Erfahrungen reagieren. Vor allem die Arbeiten von Norman Garmezy und Emmy Werner über sog. »unverwundbare« Kinder haben gezeigt, dass eine Reihe von Kindern auch unter den ungünstigsten Entwicklungsvoraussetzungen wachsen und gedeihen können (Garmezy, 1976; Werner & Smith, 1982, 1992). Das Klischee vom neurotischen Erwachsenen, der ein Leben lang gekennzeichnet ist durch ein frühkindliches Trauma, können wir wohl aufgeben. Es gibt keine empirischen Befunde, die diese Auffassung im Sinne eines zwangsläufig eintretenden Regelfalls stützen könnten.

Als Faktoren, die bei der Abschätzung der Auswirkungen früher Erfahrungen auf die Entwicklung zu berücksichtigen sind, nennt King (1958):
– das Alter bzw. den Entwicklungsstand des Kindes, in dem die Erfahrung gemacht wird bzw. einsetzt;
– das Alter bzw. den Entwicklungsstand zum Zeitpunkt der Überprüfung der eingetretenen Effekte;
– die Dauer oder Intensität der Erfahrung;
– die Art oder Qualität der Erfahrung;
– die Art des später auf Effekte untersuchten Verhaltens;
– die Methode der Testung der Effekte;
– die Beziehung der Erfahrung zur genetischen Ausstattung des Individuums.

Der wesentliche Grund für die Hartnäckigkeit der Überzeugung von den langfristigen und irreversiblen Folgen frühkindlicher Entwicklungsbedingungen liegt in einem *methodischen Fehler* der Untersuchungen, die zur Unterstützung dieser Überzeugung herangezogen werden: In diesen Untersuchungen wurde nicht die Entwicklung von Menschen mit bestimmten frühkindlichen Entwicklungsbedingungen über einen längeren Zeitraum *prospektiv* (im Längsschnitt) verfolgt. Stattdessen ging man von Auffälligkeiten im Erwachsenenalter aus und versuchte *retrospektiv*, mögliche Ursachen dafür in der frühen Kindheit aufzufinden. Der Schluss von Wirkungen auf Ursachen ist aber wissenschaftlich unzulässig. Wie die Ergebnisse von retrospektiven und prospektiven Studien zur Beziehung zwischen früheren Entwicklungsbedingungen und der späteren Entwicklung aussehen und warum retrospektive Studien eher zu einer Überschätzung langfristiger Effekte führen, wird in den nächsten Abschnitten 6.2.1 und 6.2.2 erläutert.

6.2.1 Die Ergebnisse retrospektiver und prospektiver Studien

Retrospektive Studien gehen von Verhaltens- oder Persönlichkeitsunterschieden im späteren Alter aus und suchen nach Faktoren in der frühen Kindheit, die mit diesen Unterschieden korrelieren. So hat man die früheren Entwicklungsbedingungen von seelisch kranken und seelisch gesunden Menschen miteinander verglichen und nach Unterschieden der Entwicklungsbedingungen beider Gruppen gesucht. Dabei fand man z. B., dass seelisch kranke Erwachsene in ihrer Kindheit häufig eine Scheidung der Eltern oder zerrüttete familiäre Verhältnisse erfahren hatten, unter einer dominierenden, besitzergreifenden oder abweisenden Mutter zu leiden hatten, einen gewalttätigen oder abweisenden Vater hatten u. a. Beim Vergleich der Kindheitserlebnisse jugendlicher Diebe mit der Kindheit von nicht delinquent gewordenen Jugendlichen fand sich z. B. ein erhöhter Prozentsatz von Mutter-Trennungen in der ersten Gruppe (Bowlby, 1946).

Prospektive Studien setzen nicht an den späteren Persönlichkeitsunterschieden an und suchen in der Rückschau nach differenzierenden Entwicklungsbedingungen, sondern sie setzen an den verschiedenen Entwicklungsbedingungen in der frühen Kindheit an. Für Gruppen mit unterschiedlichen früheren Entwicklungsbedingungen prüfen sie, ob diese sich später auffällig in irgendwelchen Verhaltens- oder Persönlichkeitsmerkmalen unterscheiden. Untersuchungen, die so vorgegangen sind, fanden, dass die meisten Kinder, die in ihrer frühen Kindheit ungünstigen Entwicklungseinflüssen ausgesetzt waren, wie man sie retrospektiv bei seelisch Kranken gefunden hatte, zu ganz normalen, klinisch unauffälligen Erwachsenen herangewachsen waren (Rutter, 1988).

Eine solche Untersuchung führte z. B. Jean Macfarlane (1964) durch. Über einen Zeitraum von rund 30 Jahren beobachtete sie rund 200 Kinder im Längsschnitt bis ins Erwachsenenalter. Sie nahm ursprünglich an, dass Kinder aus zerrütteten Familienverhältnissen als Erwachsene eher Problemfälle werden und dass Kinder, die eine glückliche Kindheit hatten, glückliche Erwachsene sein würden. In zwei Drittel der Fälle war dem aber nicht so. Die traumatischen Auswirkungen von Stressbedingungen im Kindesalter waren überschätzt worden. Andererseits waren auch viele der glücklichen Kinder als Erwachsene nicht zu gesunden und reifen Persönlichkeiten herangewachsen. Letzteres traf besonders auf die früheren Sportstars bei den Jungen und die Gruppe der auffallend hübschen Schülerinnen bei den Mädchen zu.

In einer sehr sorgfältigen Längsschnittstudie verglichen Cecile Ernst und Nikolaus von Luckner (1985) die Entwicklung von im Heim aufgewachsenen Kindern mit der Entwicklung von Familienkindern. Von allen 354 zwischen 1958 und 1961 in Heimen des Kantons Zürich (Schweiz) untergebrachten körperlich gesunden Kindern im Alter von 30 bis 33 Monaten, die vor dem siebten Lebensmonat ins Heim gekommen waren und deren Heimaufenthalt nicht länger als drei Monate unterbrochen war, konnten zehn Jahre später 137 Kinder, die inzwischen in Adoptiv- oder Pflegefamilien untergekommen waren, nachuntersucht werden. Die Tabelle 6.1 vergleicht die bei der Nachuntersuchung festgestellten Daten der Heimkinder mit vergleichbaren Daten einer repräsentativen Stichprobe von Schweizer Familienkindern in ähnlichem Alter. Insgesamt unterschieden sich die Heimkinder kaum von den Familienkindern, obwohl sie von der sozialen Herkunft ihrer leiblichen Eltern gegenüber den Familienkindern eher benachteiligt waren.

Die Untersuchungsergebnisse von Ernst und von Luckner (1985) zeigen außerdem, dass
− die Auswirkungen des Heimaufenthaltes auf die Entwicklung der Heimkinder individuell sehr unterschiedlich sind,
− negative Folgen nur bei einer Summierung vieler ungünstiger Faktoren zu erwarten sind,
− Art und Ausmaß der Effekte vor allem von den *nach* dem frühkindlichen Heimaufenthalt gegebenen Bedingungen abhängen und
− die vorgefundenen Pflegebedingungen nach dem Heimaufenthalt teilweise mit vorherigen Merkmalen des aufgenommenen Kindes korrelieren.

Tab. 6.1: Vergleich der Entwicklung von Heimkindern und Familienkindem (nach Ernst & v. Luckner, 1985; aus Asendorpf, 1988, S. 136)

Vergleich mit repräsentativer Stichprobe von 14-jährigen

Keine überzufälligen Unterschiede:
IQ*, Essstörungen, Kopfschmerzen, Einnässen, Einkoten, motorische Verlangsamung, Nägelbeißen, Zerstören von Gegenständen, Schuleschwänzen, Lügen, Stehlen, Beliebtheit bei Mitschülern*

Heimkinder, überzufällig mehr:
sozial zurückgezogen, überempfindlich

Vergleich zwischen Heimkindern mit wenigen und vielen Symptomen

Keine überzufälligen Unterschiede:
Einstellung der Mutter zum Kind, Stilldauer, Alter bei der Trennung von der Mutter, IQ bei Erstuntersuchung, IQ bei Nachuntersuchung, Kinderzahl pro Pflegerin im Heim

Heimkinder mit 8–19 Symptomen überzufällig mehr:
Zahl unterschiedlicher Heime, Zahl Milieuwechsel, häufiger Scheidung erlebt, häufiger Lebensgemeinschaft mit Stiefgeschwister abgebrochen, langandauernde Eltern-Kind-Konflikte, beliebter bei Mitschülern

* im Vergleich zu anderen repräsentativen Stichproben

6.2.2 Vergleich der Ergebnisse retrospektiver und prospektiver Studien

Warum lässt sich die Früherfahrungshypothese eher durch Befunde aus retrospektiven Studien stützen? Und wieso sollen die Ergebnisse prospektiver Studien verlässlicher sein? Zunächst haben retrospektive Studien den Mangel, dass Daten über einen Zeitraum erfasst werden, der zum Zeitpunkt der Datenerhebung schon mehr oder weniger lange zurückliegt. Dies kann zu Erinnerungsfehlem und -lücken führen. Zu einer Überschätzung der Bedeutung frühkindlicher Entwicklungsbedingungen kann es dadurch allerdings nur kommen, wenn die Erinnerungsfehler systematisch mit den späteren Unterschieden variieren.

Entscheidender ist, dass retrospektive Studien die *Grundraten* der früheren Entwicklungsbedingungen und der vorherzusagenden späteren Ereignisse nicht, oder nicht adäquat, berücksichtigen. Dadurch kommt es zu einer Verzerrung der tatsächlich gegebenen Wenn-Dann-Beziehungen, und zwar umso stärker in Richtung einer Überschätzung des Zusammenhangs, je seltener die vorherzusagenden Ereignisse sind. Die Verzerrung der Zusammenhänge durch die retrospektive Methode wächst zusätzlich noch dadurch, dass – zur vermeintlichen Erhöhung der methodischen Exaktheit – die Gruppengrößen von Experimental- und Kontrollgruppe gleich groß gewählt werden.

Die angesprochenen Probleme des Vergleichs retrospektiver und prospektiver Studien lassen sich am besten an einem konkreten Beispiel verdeutlichen. Eine *retrospektive* Studie zur Beziehung zwischen der Schlafposition von Säuglingen und dem Auftreten des sog. plötzlichen *Kindstods* in Nordrhein-Westfalen stellte für das Jahr 1989 465 derartige Fälle fest (Findeisen-Hüls & Jorch, 1991). 386 (83%) der verstorbenen Säuglinge wurden in Bauchlage gefunden, 79 (17%) in Rückenlage (s. die obere Hälfte der Tabelle 6.2). Aus anderen Untersuchungen war bekannt, dass zur damaligen Zeit Bauchlage und Rückenlage als vorherrschende Schlafposition bei Säuglingen in Nordrhein-Westfalen in etwa im Verhältnis von 42% zu 58% verteilt waren. Geht man von den gleichen Verhältnissen in einer repräsentativen Stichprobe von 465 gesunden Kindern aus, so müssten sich die beiden Schlafpositionen in dieser Gruppe mit 195 (42%) Bauchlage zu 270 (58%) Rückenlage verteilen. Die Unterschiede in der Verteilung der beiden Schlafpositionen zwischen verstorbenen und gesunden Säuglingen sind hoch signifikant: 83% der verstorbenen Säuglinge schliefen in Bauchlage gegenüber nur 42% der gesunden Kinder. Daraus lässt sich schließen, dass mit der Bauchlage von Säuglingen ein stark erhöhtes Risiko verbunden ist. Vergleicht man in der oberen Hälfte der Tabelle 6.2 die Häufigkeiten des vorherzusagenden Ereignisses (plötzlicher Kindstod *ja* oder *nein*) innerhalb der beiden Schlafpositionen, bestätigt sich der Befund. Von den 581 Kindern in Bauchlage waren 386 (66%) von dem Ereignis betroffen, von den 349 Kindern in Rückenlage nur 79 (23%).

Ein völlig anderes Bild ergibt sich, wenn man die Grundraten des Prädiktors (Schlafposition) und des vorherzusagenden Ereignisses (Kindstod) berücksichtigt und *prospektiv* anhand der Schlafposition die Wahrscheinlichkeit des Eintritts des Ereignisses Kindstod anzugeben versucht (s. dazu die untere Hälfte der Tabelle 6.2). Im Jahr 1989 wurden in Nordrhein-Westfalen 180 000 Kinder geboren. 465 Kinder erlitten im gleichen Jahr den plötzlichen Kindstod. Das ist eine Grundrate von 0.26%. Die

Tab. 6.2: Retrospektiver Vergleich der Säuglingssterblichkeit (Gruppe mit plötzlichem Kindstod vs. Kontrollgruppe gesunder Kinder) und prospektive Daten zum Eintreten des plötzlichen Kindstods in Abhängigkeit von der Schlafposition

Schlafposition	Plötzlicher Kindstod ja		Plötzlicher Kindstod nein		Gesamt
Bauchlage	↕ (83 %)	(66 %) 386	↔ (42 %)	(34 %) 195	581
Rückenlage	↕ (17 %)	(23 %) 79	↔ (58 %)	(77 %) 270	349
Gesamt		465		465	930

Schlafposition	Plötzlicher Kindstod ja		Plötzlicher Kindstod nein		Gesamt
Bauchlage	↕ (83 %)	(0,51 %) 386	↔ (42 %)	(99,49 %) 75 405	75 791
Rückenlage	↕ (17 %)	(0,08 %) 79	↔ (58 %)	(99,92 %) 104 130	104 209
Gesamt		465 (0,26 %)		179 535	180 000

Grundraten der beiden vorherrschenden Schlafpositionen seien, wie im obigen Beispiel, 42% für Bauchlage und 58% für Rückenlage. Auch an dem zahlenmäßigen Verhältnis von Bauchlage zu Rückenlage in der Gruppe der verstorbenen Kinder ändert sich nichts. Sie bleibt für die 465 Fälle bei 83% zu 17%. D. h., innerhalb der »Experimentalgruppe« und der »Kontrollgruppe« bleiben die Relationen des Prädiktors gleich. Was sich aber drastisch verändert und das Risiko des plötzlichen Kindstods als Folge der Bauchlage verlässlicher einschätzen lässt, sind die Wahrscheinlichkeiten für das Eintreten des kritischen Ereignisses innerhalb der beiden Bedingungen Bauchlage und Rückenlage. Zwar ist die Wahrscheinlichkeit des plötzlichen Kindstods bei Kindern in Bauchlage mit 0,51% doppelt so hoch wie die Grundrate

(0,26%) und über sechsmal so hoch wie bei Kindern in Rückenlage (0,08%). Insofern bestätigt sich die allgemeine Aussage aus der retrospektiven Studie, dass die Bauchlage als Schlafposition ein Risikofaktor für das Erleiden des plötzlichen Kindstods ist. Die Erhöhung des Risikos ist nach den prospektiven Daten sogar größer. In *beiden* Gruppen (Schlafen in Bauchlage und in Rückenlage) ist aber das Risiko des plötzlichen Kindstods in absoluten Zahlen verschwindend *gering*. D. h., nur ein sehr kleiner Bruchteil der Kinder mit dem Risikofaktor *Bauchlage* wird später von dem kritischen Ereignis betroffen sein. Und ein – wenn auch noch kleinerer – Teil der Kinder ohne den Risikofaktor wird ebenfalls betroffen sein. Geht man von den Zahlenverhältnissen der gesunden Kinder aus, so erhöht sich die Wahrscheinlichkeit, den plötzlichen Kindstod nicht zu erleiden, durch Vermeidung des Risikofaktors Bauchlage nur äußerst geringfügig von 99,49% auf 99,92%.

Unser Beispiel zeigt: Im Unterschied zu prospektiven Daten können retrospektive Daten zu einer erheblichen Überschätzung der absoluten Gefährdung durch einen Risikofaktor führen. Sie liefern keine genaue Information über die mit den einzelnen Faktoren verbundenen Risikowahrscheinlichkeiten bzw. über die Erhöhung oder Verringerung des Risikos je nach Bedingung. Sie liefern nur Informationen über die Häufigkeit eines vermuteten Prädiktors in der ausgewählten Stichprobe. »Wir brauchen (aber) für Prognosen nicht die Wahrscheinlichkeit des Prädiktors unter der Bedingung des Kriteriums, sondern die Wahrscheinlichkeit des Kriteriums unter der Bedingung des Prädiktors. Diese Information ist nur durch eine prospektive Studie an einer repräsentativen Stichprobe zu gewinnen.« (Montada, 1998, S. 911.)

Tab. 6.3: Weitere, beim Vergleich von Bauchlage und Rückenlage nicht berücksichtigte Risikofaktoren des plötzlichen Kindstods

	Gesunde Kinder	Verstorbene Kinder
Gestillt	76%	43%
Hyperthennie	?	82%
Eltern rauchen	24%	61%
Hypotonie der Mutter	2%	30%

Bei unserer Darstellung der Bedeutung des Risikofaktors *Bauchlage* für das Phänomen des plötzlichen Kindstods sind außerdem die in der Literatur (z. B. Trowitzsch, Jorch, Schlüter & Andler, 1992) aus retrospektiven Studien berichteten und in den letzten Jahren immer wieder in der Presse veröffentlichten weiteren potenziellen Risikofaktoren unberücksichtigt geblieben. Die in diesen Studien beobachteten weiteren Unterschiede zwischen Umweltbedingungen von verstorbenen und gesunden Säuglingen sind in der Tabelle 6.3 zusammengefasst.

Abgesehen von der Konfundierung (Korrelation) der verschiedenen Faktoren untereinander, wären auch hier wieder die Grundraten der angenommenen (vorausgehenden) Risikofaktoren und die Grundraten des späteren Ereignisses je nach Vorliegen oder Nichtvorliegen der Risikofaktoren zu berücksichtigen, um zu einer genaueren Abschätzung der Risiken zu kommen.

6.2.3 Schlussfolgerungen zur Vorhersage langfristiger Effekte früher Entwicklungsbedingungen

Zieht man die Ergebnisse prospektiver Studien heran, so sind die Zusammenhänge zwischen frühen Entwicklungsbedingungen und der späteren Entwicklung meist nicht sehr hoch. Entgegen der alltagspsychologischen Überzeugung wird die erwachsene Persönlichkeit nicht durch einzelne Kindheitserfahrungen determiniert. Die Folgen ungünstiger Bedingungen sind, eine spätere positive Veränderung der Entwicklungsbedingungen vorausgesetzt, zum großen Teil reversibel. Ebenso garantieren günstige Entwicklungsvoraussetzungen in der frühen Kindheit allein noch keinen guten Verlauf der Entwicklung über die gesamte Lebensspanne. Frühkindliche Erfahrung ist »keine einmalige Impfung mit ›Depoteffekt‹ und ersetzt nicht die erziehende Anregung und Begleitung bei den Entwicklungsaufgaben von Kindheit und Jugend« (Ewert, 1978, S. 76).

Zwei Gründe für die geringe Determination der späteren Entwicklung durch frühe Entwicklungsbedingungen wurden bereits genannt: 1. hat jeder *einzelne* Faktor für sich nur dann bleibende Wirkungen, wenn er über die frühe Kindheit hinaus weiter andauert und mit anderen, gleich gerichteten Entwicklungsbedingungen verbunden ist; 2. gibt es eine große *interindividuelle Variation* der Auswirkungen eines Faktors. Eine größere Rolle als einzelne, isolierte Faktoren scheinen die systematische Verknüpfung mehrerer Faktoren und die letztlich nicht vorhersagbare Verkettung von Umständen zu spielen. »Persönlichkeit wird durch Zufall und sehr komplexe Notwendigkeiten bestimmt.« (Asendorpf, 1988, S. 23.)

Da intraindividuelle Veränderungen und interindividuelle Unterschiede durch eine große Zahl von Faktoren beeinflusst werden, die sich in ihren Auswirkungen nicht einfach addieren, sondern – interindividuell verschieden – in ständigen und komplexen Wechselwirkungen miteinander zusammenwirken (vgl. Kap. 5), wird die Begrenztheit der Vorhersage langfristiger Effekte früherer Entwicklungsbedingungen verständlich. Stellt man die interindividuelle Variation der Auswirkungen in Rechnung, so lautet die sinnvolle Forschungsfrage nicht mehr, welche Entwicklungsbedingungen welche langfristigen Effekte haben, sondern welche Personen unter welchen Bedingungen wie reagieren.

Ein weiteres Problem langfristiger Vorhersagen ist die *mangelnde Kontrolle* der zwischen den Prädiktoren und den vorherzusagenden Ereignissen wirksamen Faktoren. Sie scheinen für die weitere Entwicklung genauso wichtig – manchmal sogar wichtiger – zu sein, wie die früheren Entwicklungsbedingungen (vgl. Ernst & von Luckner, 1985). Will man die Auswirkungen der frühen Entwicklungsbedingungen unabhängig von den Auswirkungen späterer Faktoren untersuchen, so müsste man idealerweise die später wirksamen Faktoren ausschalten oder zumindest systematisch variieren. Dies ist im Humanbereich aus ethischen Gründen ausgeschlossen. Man kann höchstens eine Gruppierung der Personen nach den vorgefundenen späteren Entwicklungsbedingungen vornehmen.

Die Grenzen langfristiger Vorhersagen aufgrund früher Entwicklungsbedingungen sind auch darin begründet, dass Individuen mit steigendem Alter ihre Entwicklung zunehmend selbst *aktiv* gestalten. Das abgelehnte und misshandelte Kind begibt sich später in Therapie und versucht sich so von seiner Vergangenheit zu lösen und Schädigungen zu verarbeiten. Das in den ersten Lebensjahren überbehütete und mit geistigen Anregungen überfütterte Kind distanziert sich später von seiner Familie und orientiert sich an einer Jugendkultur mit völlig anderen Wertvorstellungen und Freizeitaktivitäten.

Abschließend ist festzustellen, dass gegenüber der Auffassung einer lebenslangen Wirksamkeit frühkindlicher Einflüsse begründete Zweifel möglich sind. Gerade was die Vermeidung ungünstiger Entwicklungsverläufe aufgrund frühkindlicher Risikofaktoren betrifft, zwingt die Forschungslage »zu Überlegungen, wie den bisweilen schicksalhaft unvermeidlichen Risikofaktoren entgegengewirkt werden kann, wobei die Befunde über mögliche Reversibilität zwingend nahe legen, pädagogisch-psychologische Hilfeleistung nicht ausschließlich auf die frühe Kindheit zu konzentrieren« (Ewert, 1978, S. 73).

7 Die Beeinflussung der Entwicklung

Die Entwicklungspsychologie ist zwar in erster Linie eine Grundlagenwissenschaft, also nicht unmittelbar anwendungsbezogen. Das schließt aber nicht aus, dass entwicklungspsychologische Erkenntnisse in Interventionen umgesetzt und so für die Lösung praktischer Probleme genutzt werden können (s. Montada, 1998; Sigel & Renninger, 1998; Trautner & Wieneke, 2001). Entwicklungspsychologisches Wissen kann z. B. helfen,
– die Erziehung auf die Bedürfnisse und Möglichkeiten der Erzogenen abzustimmen,
– schulische Lernanforderungen angemessen zu gestalten,
– Begabungen und Fähigkeiten adäquat zu fördern,
– Risiken für die Entwicklung zu erkennen,
– Verhaltensauffälligkeiten zu beheben oder deren Entstehung zu verhindern.

Zu den Aufgaben der Entwicklungspsychologie gehört somit nicht nur die Beschreibung, Erklärung und Vorhersage *vorgefundener* Entwicklungsverläufe und individueller Unterschiede unter den gegebenen Entwicklungsbedingungen, sondern auch die Beeinflussung und Veränderung von Entwicklungsprozessen durch die *Veränderung von Entwicklungsbedingungen*. Entwicklung wird *gezielt herbeigeführt*. Dabei kann auf das bei der Beschreibung, Erklärung und Vorhersage angesammelte *Verlaufs-, Bedingungs-* und *Prognosewissen* zurückgegriffen werden.

Derartige Eingriffe *(Interventionen)* in den Entwicklungsprozess sind dann angezeigt, wenn drohende Fehlentwicklungen oder Entwicklungsschäden im Vorfeld verhindert *(Prävention)* oder wenn bereits eingetretene Fehlentwicklungen und Schäden korrigiert oder behoben werden sollen *(Korrektur* oder *Modifikation)*. Aber auch wenn keine Beeinträchtigungen der »normalen« Entwicklung drohen oder vorliegen, können Interventionen sinnvoll sein, nämlich dann, wenn sie zu einer Förderung oder Verbesserung *(Optimierung)* der Entwicklung führen.

In allen drei Fällen, der Prävention, Korrektur und Optimierung, müssen die *Entwicklungsziele,* die durch die Intervention erreicht werden sollen, bzw. die Entwicklungen, die vermieden oder korrigiert werden sollen, benannt und begründet werden.

Vor einer Intervention muss man sich also mit den Kriterien für eine normale, erwünschte und eine abweichende, unerwünschte Entwicklung auseinander setzen (s. dazu Brandtstädter, 1986).

Eine anwendungsorientierte Entwicklungspsychologie richtet ihre Forschungsbemühungen an den Fragen, Problemen und Erfordernissen der praktischen Arbeit in pädagogischen, therapeutischen oder sozialen Kontexten aus. Das Wissen bzw. die Theorien über Entwicklungsprozesse beeinflussen aber nicht nur das Handeln von Eltern, Erziehern oder Therapeuten, auch bildungs- oder sozialpolitischen und gesetzgeberischen Maßnahmen in Politik und Justiz liegen entwicklungspsychologische (Vor-)Annahmen zugrunde. Zwei Beispiele: Die in Kap. 6.1 dargestellten (fehlinterpretierten) Befunde über die bereits während des Vorschulalters stark anwachsende IQ-Stabilität bewirkten eine Intensivierung der vorschulischen Förderung (z. B. *Head-Start*-Programme, *Sesamstraße*). Erkenntnisse über die Rolle des Vaters für die Kindesentwicklung (s. Fthenakis, 1985) fanden zunehmend Berücksichtigung bei Sorgerechtsentscheidungen. Auch sind eine Vielzahl von Regelungen an das Erreichen eines bestimmten Alters oder Entwicklungsstandes gebunden (z. B. Einschulung, Strafmündigkeit, Schuldfähigkeit, Heiratserlaubnis, Geschäftsfähigkeit usw.).

Die Orientierung an praktischen Belangen lässt sich durch eine *konvergente Strategie* oder eine *divergente Strategie* verwirklichen (Montada, 1980, S. 32). Eine *konvergente Strategie* macht ein an den Forscher herangetragenes praktisches Problem (z. B. die Prävention von Gewaltkriminalität oder sexuellem Missbrauch, die Optimierung der Sorgerechtspraxis nach der Scheidung der Eltern) zum Ausgangspunkt der Suche nach vorhandenen Erkenntnissen und Methoden für die Lösung des Problems bzw. für die Formulierung offener Fragen. Bei einer *divergenten Strategie* wird das vorhandene entwicklungspsychologische Wissen systematisch auf denkbare Anwendungsbereiche hin analysiert. So kann man z. B. prüfen, inwieweit die von Piaget (1948) beschriebenen Entwicklungsstufen des Denkens bei der Gestaltung von Lehrplänen berücksichtigt werden können (Aebli, 1983), sich auf das Krankheitserleben und die Bewältigung eigener Krankheiten bei Kindern und Jugendlichen auswirken (Lohaus, 1990) oder in der Arbeit mit verhaltensauffälligen Kindern und Jugendlichen eine Rolle spielen (Borg-Laufs & Trautner, 1999).

7.1 Sechs Aufgaben einer Angewandten Entwicklungspsychologie

Die Aufgaben, die sich einer Angewandten Entwicklungspsychologie stellen, hat Montada (1980, 1983, 1987b) systematisch dargestellt. Er nennt sechs Aufgaben: 1. Orientierung über den Lebenslauf, 2. Ermittlung von Entwicklungs- und Veränderungsbedingungen, 3. Prognose der Stabilität und Veränderung von Personmerkmalen, 4. Begründung von Entwicklungs- und Interventionszielen, 5. Planung und Durchführung von Interventionsmaßnahmen und 6. Evaluation von Entwicklungsinterventionen.

(1) Was ist? – Orientierung über den Lebenslauf

Hier geht es um die Feststellung von Alters- bzw. Entwicklungsnormen, die als Bezugspunkte für die Diagnostik und Therapie von Entwicklungsabweichungen sowie für die Beurteilung der Entwicklungsangemessenheit von Interventionsmaßnahmen herangezogen werden können.
Wenn man z. B. weiß, welche Aufgaben ein 7-jähriges Kind normalerweise selbständig ausführen kann, lässt sich die Selbständigkeit eines einzelnen 7-jährigen Kindes als für sein Alter normal, unter- oder überdurchschnittlich beurteilen. Gleichzeitig liefert das Wissen über altersangemessene Anforderungen an die Selbständigkeit sowie alterstypische Lernangebote und Übungsmöglichkeiten Hinweise zur Förderung der Selbständigkeit eines wenig selbständigen Kindes. Auch die Bestimmung der angemessenen Altersgrenzen für die Strafmündigkeit, die Heirats- oder Geschäftsfähigkeit orientiert sich am Wissen über Altersnormen. Dabei stellt sich für den Praktiker die Frage, wie Abweichungen vom Durchschnitt zu bewerten sind, bis zu welchem Grad sie als unproblematisch, »normal« und ab wann sie als behandlungsbedürftig zu gelten haben. Da Entwicklung als Veränderung von Individuen in sich wandelnden Umwelten zu sehen ist, unterliegen Alters- und Entwicklungsnormen einem kulturellen und historischen Wandel.

(2) Wie ist etwas entstanden? – Ermittlung von Entwicklungs- und Veränderungsbedingungen

Bedingungswissen liefert die Grundlage für Entscheidungen darüber, *wo* und *wann* durch geeignete Interventionsmaßnahmen in den Entwicklungsverlauf einzugreifen ist. Dabei erscheint die *Passung* zwischen den Entwicklungsbedingungen, den gewählten Interventionsmaßnahmen und dem Entwicklungsstand des Individuums eine wichtige Voraussetzung für eine erfolgreiche Intervention zu sein. Hierauf beruhen Warnungen vor Verfrühungen oder Überforderungen (z. B. hinsichtlich der Selbständigkeit eines Kindes), aber auch vor Unterforderungen (z. B. bei hoch begabten Kindern). Außerdem muss zwischen den Bedingungen, die (in der Vergangenheit) zur *Entstehung* eines Entwicklungsproblems geführt haben, und den Bedingungen, die (gegenwärtig) zur *Stabilisierung* und *Aufrechterhaltung* des Problems beitragen, unterschieden werden. So mögen ungünstige familiäre Verhältnisse die Entstehung von delinquentem Verhalten begünstigt haben, dessen Persistenz kann aber im Wesentlichen durch den aktuellen Kontakt zu devianten Peers oder gesellschaftliche Stigmatisierung bedingt sein.

(3) Was wird? – Prognose der Stabilität und Veränderung von Personmerkmalen

Entwicklungsprognosen sind von besonderer Bedeutung für eine Angewandte Entwicklungspsychologie, da auf ihrer Grundlage Entscheidungen hinsichtlich der Zuordnung von Personen und Umwelten getroffen werden (z. B. der für eine Person geeignete Schultyp oder Beruf ausgewählt wird) oder die Wahrscheinlichkeit für das Auftreten von Entwicklungsstörungen eingeschätzt wird. Die meisten Interventionsmaßnahmen beinhalten – implizit oder explizit – eine Prognose der weiteren Entwicklung. Die Erteilung des Sorgerechts für die Mutter nach der Scheidung der Eltern erfolgt aufgrund der Erwartung, dass dies für die weitere Entwicklung des Kindes am günstigsten sei. Die Sicherungsverwahrung eines Straftäters wird damit begründet, dass dieser auch in Zukunft eine erhebliche Gefahr für andere darstellen wird. Um solche Vorhersagen zu treffen, braucht man Erkenntnisse über die Stabilität oder Instabilität von Merkmalen und über personen- oder gruppenspezifische Entwicklungsverläufe und ihre Bedingungen. Warum auf Stabilitätskoeffizienten oder retrospektive Studien basierende Entwicklungsprognosen nur begrenzt möglich sind und, vor allem im Einzelfall, ein hohes Irrtumsrisiko beinhalten, wurde in Kap. 6 bereits ausführlich erläutert.

(4) Was soll werden? – Begründung von Entwicklungs- und Interventionszielen

Als Erfahrungswissenschaft ist die Entwicklungspsychologie wertneutral. Aus der Beschreibung, Erklärung und Vorhersage der Entwicklung können daher nicht direkt Entwicklungs- und Interventionsziele abgeleitet werden. Verlaufs-, Bedingungs- und Prognosewissen liefern aber wichtige Informationen und Orientierungshilfen zur Beantwortung der Fragen, was wünschenswert, was machbar und was nicht machbar ist, welche (erwünschten und unerwünschten) Folgen bei dem Versuch, ein bestimmtes Ziel zu erreichen, zu erwarten sind. Entwicklungspsychologisches Wissen kann somit als Korrektiv für Ziele und Wertentscheidungen in der Praxis dienen.

Wenn sich z. B. herausstellt, dass (viele) Kinder nicht erst im Einschulungsalter von sechs Jahren, sondern bereits ein bis zwei Jahre früher lesen lernen können, wird das Frühlesenlernen u. U. zu einem neuen Entwicklungsziel. Dabei sind, wiederum unter entwicklungspsychologischer Perspektive, die Folgen und evtl. unerwünschten Nebenwirkungen der Maßnahmen zur Erreichung des neuen Ziels in Rechnung zu stellen.

Brandstädter (1986) diskutiert ausführlich die Bedeutung von entwicklungsbezogenen Ziel- und Wertvorstellungen und schlägt vor, Entwicklungsziele auf den Dimensionen der Möglichkeiten und Folgen der Verwirklichung sowie der möglichen Zielkonflikte zu bewerten. Nicht selten werden die jeweils gegebenen Altersnormen zum nicht in Frage gestellten Entwicklungsziel.

(5) Wie können Ziele erreicht werden? – Planung und Durchführung von Interventionsmaßnahmen

Bei einer Entwicklungsintervention wird planmäßig auf Entwicklungsprozesse von Individuen eingewirkt.

Vorrangiges Ziel einer geplanten Intervention kann die Verhinderung von Fehlentwicklungen (Prävention), die Korrektur einer fehlgelaufenen Entwicklung (Modifikation) oder die Förderung der Entwicklung (Optimierung) sein (s. Kap. 7.2). In jedem Fall müssen Entscheidungen darüber getroffen werden, *wann* (in welchem Alter) ein Eingreifen Erfolg verspricht, *wo* angesetzt werden soll (beim Betroffenen, seiner Familie, dem weiteren Umfeld) und *welches Verfahren* gewählt werden soll (z. B. Aufklärung oder Beratung, Vermittlung von Fertigkeiten, Änderung von Einstellungen oder Verhaltensweisen, Veränderung von Umweltbedingungen). Sind die Entstehungsbedingungen eines Entwicklungsproblems bekannt und kontrollierbar, ist die (vorbeugende) Prävention oder die Förderung der (späteren) Korrektur vorzuziehen.

(6) Was ist geworden? – Evaluation von Entwicklungsinterventionen

Die Ergebnisse von Interventionsmaßnahmen sind im Hinblick auf die Erreichung der angestrebten Interventionsziele zu evaluieren. Dabei sind neben den kurzfristigen Folgen insbesondere auch die längerfristigen Folgen (Spätfolgen), die möglichen Nebeneffekte sowie die differentiellen (entwicklungsstandabhängigen und kontextspezifischen) Effekte bei verschiedenen Klassen von Personen und Umwelten zu beachten (s. dazu Abschnitt 7.2.4).

Im Zentrum der Thematik *Beeinflussung der Entwicklung* stehen die unter 5. und 6. geschilderten Aufgaben einer Angewandten Entwicklungspsychologie, die Planung und Evaluation von Entwicklungsinterventionen. Sie werden daher im nächsten Abschnitt 7.2 ausführlicher behandelt. Soweit die unter 1. – 4. genannten Aufgaben für die Planung und Evaluation von Entwicklungsinterventionen von Bedeutung sind, werden sie im Abschnitt 7.2 ebenfalls angesprochen.

7.2 Planung und Evaluation von Entwicklungsinterventionen

Von einer *Entwicklungsintervention* spricht man im Allgemeinen, wenn *planmäßig auf Entwicklungsprozesse von Individuen einge-*

wirkt wird. Eine Entwicklungsintervention ist angezeigt, wenn angestrebte Entwicklungsziele nicht erreicht werden, Entwicklungsaufgaben nicht bewältigt werden oder die gegebenen Entwicklungsbedingungen einen ungünstigen Entwicklungsverlauf erwarten lassen.

Die Interventionsmaßnahmen können nach Brandtstädter (1984) gerichtet sein auf:
- die *Entwicklungsziele des Individuums* selbst,
- die *Entwicklungspotenziale des Individuums,*
- die *Entwicklungsanforderungen im sozialen Umfeld,*
- die *Entwicklungsangebote* (Lern- und Hilfsangebote, Ressourcen) *der Umwelt.*

Entsprechend kann sich die Intervention auf die Ziele, die Potenziale, die Anforderungen oder die Angebote richten. Im Einzelfall werden ganz bestimmte Diskrepanzen oder Konflikte zwischen den verschiedenen Gegenständen der Intervention bestehen. So können die Anforderungen der Umwelt oder die Ziele des Individuums das vorhandene Entwicklungspotenzial übersteigen, was zu einer Überforderung führt. Ein Beispiel wäre ein Ausbildungs- oder Berufsziel, das die Fähigkeiten des Individuums übersteigt. Oder die Entwicklungsangebote reichen nicht aus, um das Entwicklungspotenzial des Individuums auszuschöpfen und es zur Wahl angemessener Entwicklungsziele zu veranlassen. Dieser Fall wäre bei einer Unterforderung eines Schülers gegeben, der seine Ziele niedriger ansetzt, als es seiner tatsächlichen Leistungsfähigkeit entspricht. Die verschiedenen Typen von Konfliktkonstellationen lassen sich als *Passungsprobleme* ansehen. Bei der Planung einer Intervention müssen die Interventionsziele somit auf dem Hintergrund der diagnostizierten Ziele, Potenziale, Anforderungen und Angebote festgelegt und begründet werden. Dabei ist die entwicklungsangemessene, optimale Passung der verschiedenen Interventionsgegenstände anzustreben und auf ihre Realisierbarkeit zu prüfen.

In Interventionsstudien können einerseits Erklärungshypothesen überprüft werden, andererseits stellen sie eine Methode zur Austestung der Modifizierbarkeit von Entwicklungsverläufen dar.

Wie bereits ausgeführt, kann vorrangiges Ziel einer Intervention die Verhinderung von Fehlentwicklungen (*Prävention*), die Korrektur einer Fehlentwicklung (*Modifikation*) oder die Optimierung der Entwicklung *(Förderung)* sein.

Alle drei Arten der Entwicklungsintervention lassen sich nach Baltes und Danish (1979) systematisieren nach den:

- *Adressaten* (z. B. das einzelne Kind, die ganze Familie, Lehrer);
- *Kontexten* (z. B. Beratungsstelle, Schule, Wohnumwelt);
- *theoretischen Grundlagen* (z. B. medizinischer Krankheitsbegriff, Lerntheorie, Kontexttheorie, Soziobiologie);
- *Interventionstechniken* (z. B. Information und Beratung, Verhaltensmodifikation oder -training, Umgestaltung von Lernangeboten).

7.2.1 Prävention

Präventive Maßnahmen dienen der frühzeitigen Verhinderung des (späteren) Auftretens von Entwicklungsverzögerungen, -abweichungen oder -schäden. Der Ansatzpunkt der Prävention kann *personenbezogen* oder *situations-* bzw. *umweltbezogen* gewählt werden. *Personenbezogene Ansätze* sind darauf gerichtet, die Vulnerabilität des Individuums zu verringern bzw. dessen ›coping‹-Fähigkeiten zu erhöhen. So wurden kürzlich in Deutschland z. B. Präventionsprogramme entwickelt, die Kindern helfen sollen, sexuelle Annäherungsversuche von Erwachsenen besser zu erkennen und abzuwehren (Eck, 1993; Lohaus & Trautner, 1997; Willutzki, Judtka & Schmidt, 1998). Oder man versucht, Jugendliche, die in Situationen geraten könnten, die sie zu Drogengebrauch verleiten, durch ein Training zur Selbstkontrolle und den Aufbau bisher fehlender sozial-kognitiver Kompetenzen vom Drogenkonsum abzuhalten (Hesse, 1993). *Umweltbezogene Ansätze* zielen darauf ab, Risikofaktoren in der Umwelt des Individuums (z. B. ungünstige häusliche Verhältnisse oder schulische Lernumwelten) durch günstigere Umweltbedingungen (z. B. eine Pflegefamilie, einen Schulwechsel, besser ausgebildete Lehrer) zu ersetzen. Personenbezogene und umweltbezogene Ansätze lassen sich auch miteinander verbinden, wie z. B. in Programmen zur Differenzierung und Individualisierung von Lernumwelten (vgl. Leutner, 1992).

Mit Caplan (1964) kann man noch feiner zwischen *primärer, sekundärer* und *tertiärer* Prävention unterscheiden.
- *Primäre Prävention:* die Verhinderung des Auftretens von schädlichen Bedingungen, durch die eine Fehlentwicklung entstehen könnte;
- *Sekundäre Prävention:* die Früherkennung und frühe Intervention bei Personen, die als gefährdet gelten oder schon erste

Probleme zeigen, zur Verhinderung weiterer negativer Konsequenzen;
- *Tertiäre Prävention:* die Nachsorge (Rehabilitation) im Anschluss an eine Intervention, die das Wiederauftreten des früheren Problems oder unerwünschte Folgen der Intervention verhindern soll.

Als Beispiel für einen personenbezogenen Ansatz wird ein von Eck & Lohaus (1993) entwickeltes Präventionsprogramm zur Verhinderung des sexuellen Missbrauchs vorgestellt, das sich an Kinder im Alter von 4 bis 6 Jahren richtet. Ziel des Programms ist es, soziale Kompetenzen der Kinder zu stärken, die sie möglichst vor einem sexuellen Missbrauch schützen können. Das hier vorgestellte Programm berücksichtigt insbesondere die spezifischen Verständnisfähigkeiten von Kindergartenkindern. Außerdem werden als Ansatzpunkte für die Kinder bereits bekannte Gefühle und Situationen gewählt.

An dem Programm nahmen 40 Kindergartenkinder eines städtischen Kindergartens im Alter zwischen 4 und 6 Jahren teil. Die Durchführung des gesamten Programms wurde auf fünf aufeinander folgende Vormittage verteilt, wobei an jedem Vormittag in einer jeweils 30minütigen Sitzung einer von fünf Themenbereichen (*Gefühle, Berührungen, Nein sagen, Geheimnisse, Hilfe holen*) behandelt wurde. Vermittelt wurden die Inhalte des Programms durch verschiedene, dem Alter angemessene Methoden, wie Lieder, Spiele, Geschichten oder Gespräche, die weder das Thema Missbrauch noch das Thema Sexualität direkt ansprechen.

In der Einheit »Gefühle« sollen die Kinder z. B. auf Bildkarten dargestellte Gefühle vorspielen bzw. die von anderen Kindern vorgespielten Gefühle erraten. Anschließend haben sie die Bildkärtchen nach angenehmen und unangenehmen Gefühlen zu sortieren.

Im Themenbereich »Berührungen« werden die Kinder animiert, im Rahmen eines Spiels selbst einander auf unterschiedlichste Weise zu berühren (z. B. zu kitzeln, zu schubsen etc.). Dabei kann nun jedes Kind, je nachdem wie es sich dabei fühlt, entscheiden, ob es die Berührung als angenehm oder unangenehm empfindet und sich entsprechend verhalten.

Zum Thema »Nein sagen« wird den Kindern zunächst eine Geschichte vorgelesen. Anschließend überlegen sich die Kinder Situationen, wo sie selbst gerne nein gesagt hätten, sich aber nicht getraut haben oder wo sie nein gesagt haben und auf sie gehört wurde. Diese Situationen spielen sie nun vor. Die verschiedenen Lösungsmöglichkeiten werden gemeinsam besprochen.

Im Themenbereich »Geheimnisse« geht es darum, den Kindern anhand einer Geschichte klar zu machen, dass es gute und schlechte Geheimnisse gibt. Außerdem wird zusammen überlegt und besprochen, wem man schlechte Geheimnisse erzählen soll.

Das Thema »Hilfe holen« wird durch das bekannte Lied »Die Rübe« und durch die Aufgabe, einen Erwachsenen mit einem Seil über eine markierte Linie zu ziehen, veranschaulicht und eingeübt. Dabei wird den Kindern deutlich gemacht, dass man Probleme und schwierige Aufgaben, die man alleine nicht bewältigt, mit der Hilfe anderer lösen kann.

Zur Überprüfung der Effekte des Programms wurden bei den 40 Kindern der Interventionsgruppe und bei 40 vergleichbaren Kindern einer Kontrollgruppe, die an dem Programm nicht teilgenommen hatten, im Prä- und Posttest der Kenntnisstand in den fünf Themenbereichen erhoben. In allen fünf Themenbereichen ergaben sich in der Interventionsgruppe signifikante Verbesserungen der Antworten, die auch noch zwei Monate später nachweisbar waren. Die Autoren weisen abschließend darauf hin, dass ein derartiges Präventionsprogramm zum sexuellen Missbrauch durch eine Reihe von flankierenden Maßnahmen (wie z. B. konkrete Hilfsangebote, spätere Wiederholung oder Ergänzung des Programms, parallele Durchführung umwelt- und täterbezogener Maßnahmen) ergänzt werden muss (s. auch Lohaus & Trautner, 2000).

7.2.2 Korrektur

Der große Vorteil präventiver Maßnahmen ist, dass man nicht erst abwarten muss, bis die Entwicklungsprobleme eingetreten sind, sondern deren Entstehung schon im Vorfeld verhindern kann. Dies setzt allerdings voraus, dass die Entstehungsbedingungen der Entwicklungsprobleme bekannt und kontrollierbar sind und die Anzeichen einer Fehlentwicklung auch schon früh erkennbar werden. Fehlt das notwendige Bedingungs- und Prognosewissen, sodass keine zweifelsfreie Erkennung von Risikogruppen und -umwelten möglich ist, müssten sich sehr viele Personen auf Verdacht und mit unsicheren Erfolgsaussichten präventiven Maßnahmen unterziehen. Unter Umständen sind die Kosten dieser Maßnahmen (der Geldaufwand, der hohe Anteil an Fehlklassifizierungen, die Abstempelung als abweichend oder behandlungsbedürftig) zu hoch im Verhältnis zum erwarteten Nutzen. Unter diesen Voraussetzungen bietet sich an, erst dann einzugreifen, wenn die Entwicklungsprobleme bereits manifest geworden sind, und zu versuchen, die bestehenden Entwicklungsprobleme durch *korrektive* Maßnahmen zu beseitigen oder zu verringern. Hinsichtlich der Definition von Entwicklungszielen, der Wahl des Ansatzpunktes der Intervention (z. B. personenbezogen oder umweltbezogen) und den anzuwendenden Interventionsmethoden stellen sich bei korrektiven Maßnahmen die gleichen Probleme wie bei präventiven Maßnahmen.

Korrektive Entwicklungsinterventionen bewegen sich nach Brandtstädter (1983) im Grenzbereich zwischen (Angewandter) Entwicklungspsychologie einerseits und Klinischer Psychologie, Heilpädagogik und Medizin andererseits. Sämtliche verhaltenstherapeutische Maßnahmen, soweit sie auf die Modifikation von Abweichungen oder Störungen der Entwicklung gerichtet sind, gehören z. B. hierher (vgl. z. B. Borg-Laufs, 1999, 2001; Steinhausen & von Aster, 1999). Dabei sehen Verhaltenstheoretiker das Verhältnis von Entwicklungspsychologie und Verhaltensmodifikation so, dass die Entwicklung in der natürlichen Lebensumwelt ein Ergebnis der natürlicherweise vorkommenden, ungeplanten »Verhaltensmodifikation« ist, während Forschung und Praxis der Verhaltensmodifikation zeigen, wo und wie man auf die Entwicklung systematisch Einfluss nehmen kann (Baer, 1973).

Problembereiche, in denen korrektive Maßnahmen angezeigt sind und in der Vergangenheit auch angewendet wurden, sind u. a.:
– Beratungs- und Behandlungsmaßnahmen bei verschiedenen Entwicklungsstörungen oder Erziehungsproblemen;
– Kompensatorische Sprachförderung bzw. Förderung der Intelligenz und schulischer Leistungen bei sozial benachteiligten Kindern;
– Moralerziehung und Aufbau sozialer Kompetenzen bei jugendlichen Delinquenten;
– Training intellektueller Fähigkeiten bei älteren Menschen zur Kompensation des Intelligenzabbaus.

Übersichten über einzelne Programme und die verschiedenen Interventionsansätze liefern u. a. Cowan, Powell & Cowan, 1998; Noam, 1998; Oerter & Montada, 2002; Weissberg & Greenberg, 1998).

Als Beispiel für eine korrektive Entwicklungsintervention wird ein Programm von Kraska (1993) zur Förderung der Selbstregulation bei übermäßig handlungs- oder lageorientierten Grundschülern vorgestellt. Das von Kraska entwickelte Interventionsprogramm (Kraska, 1993) ging von der Annahme aus, dass die bei Grundschülern häufig zu beobachtende mangelnde Konzentration eine Folge unzureichender Selbstregulation ist. Unter Rückgriff auf die Theorie der Selbstregulation von Kuhl (1981, 1983) fokussierte die Verfasserin ihr Interesse auf Situationen, in denen ein echter volitionaler Konflikt vorliegt. Das sind Situationen, in denen a) die Person an einem bestimmten Verhalten festhalten möchte, um ein gesetztes Ziel zu erreichen, b) eine Versuchung eintritt, die in Konkurrenz zur ursprünglichen Absicht gerät, und c) ein bestimmtes Ausmaß der Wahlfreiheit zwischen den Alternativen, an der ursprünglichen Absicht festzuhalten oder »schwach zu werden«, gegeben ist.

Dieser volitionale Konflikt lässt sich als Konflikt zwischen den drei Subsystemen *kognitiver Präferenz* (langfristige Kosten-Nutzen-Kalkulation), *emotionaler Präferenz* (Gefühle bezüglich der Alternativen) und *exekutionaler Präferenz* (Handlungsroutinen) betrachten. Bei einer impulsiven Person wird die resultierende Handlung durch die emotionale Präferenz determiniert. Verfügt eine Person hingegen über Selbstregulationsstrategien, so sorgen diese durch Einschalten von Kontrollmechanismen und Selbstreflexion für eine Abschirmung der kognitiven Präferenz gegenüber konkurrierenden Präferenzen. Erweist sich eine ursprünglich intendierte Handlung als undurchführbar, kann sie aufgegeben werden.

Diese allgemeinen Überlegungen zur Selbstregulation wurden nun mit Kuhls Theorie der persönlichen *Handlungs- vs. Lageorientierung* (Kuhl, 1981) verbunden. *Handlungsorientierte* Personen zeichnen sich nach Kuhl (1981) dadurch aus, dass sie ihre Intentionen relativ unbeirrt von störenden Gedanken in Handlungen umsetzen können. Damit ist allerdings häufig eine unzureichende Fähigkeit zur reflexiven Selbstregulation verbunden. *Lageorientierte* Personen sind hingegen dadurch charakterisiert, dass sie gedanklich übermäßig auf vergangene, gegenwärtige oder zukünftige Zustände fokussieren sowie perseverierend an unerledigten Absichten festhalten, was mit einer Passivität im Verhalten, Überkontrolle und mangelnder Flexibilität bei neu auftauchenden Problemen einhergehen kann. Auch hier ist die Selbstregulation, durch Blockierung oder andauernde Nichtbenutzung, beeinträchtigt.

Insgesamt 56 Kinder zwischen 7.5 und 11.5 Jahren aus vier Osnabrücker Grundschulen, die von ihren Lehrer/innen als auffällig defizitär in ihrer Selbstregulation eingestuft worden waren und nach ihren Ergebnissen im HAKEMP-K (Kuhl, 1989) als lageorientiert oder handlungsorientiert klassifiziert werden konnten, wurden nach Zufall auf drei Interventionsgruppen und eine unbehandelte Kontrollgruppe verteilt. Im Mittelpunkt der drei Interventionsprogramme, die insgesamt 91 entwicklungslogisch aufeinander aufbauende Übungselemente enthielten, standen 1. Planungsprozesse, 2. Strategieerwerb und 3. Autonomieförderung. Die Intervention erstreckte sich auf jeweils vier mal zwei Sitzungen à 45 Minuten pro Woche. In jeder der drei Gruppen standen jeweils bestimmte Inhalte im Vordergrund.

1. *Planungsgruppe.* Erlernen spezifischer Problemlösefähigkeiten; schrittweise, systematische Einübung von Strategien (z. B. durch Verwendung von Signalkärtchen wie »Halt!« – »Was will ich tun?« – »Erst nachdenken!« etc.); angemessene Aufgabenbearbeitung anstelle Thematisierung interner Konflikte.
2. *Strategiegruppe.* Thematisierung des Wesens selbstregulatorischer Konflikte und direkte Vermittlung von Selbstregulationsstrategien; Antizipation möglicher Schwierigkeiten und Analyse von Konsequenzen; Auseinandersetzung mit verschiedenen Distraktoren; Selbstbezug berücksichtigen lernen und eigene Beispiele als Ziele generieren lassen.
3. *Autonomiegruppe.* Übertragung der Selbstverantwortlichkeit auf die Kinder; Unterscheidung von übernommener Selbstverpflichtung (Wille) und nicht-obligatorischen Handlungen (Lust); Erkennen der eigenen Befindlichkeit als handlungsleitend; Förderung von Eigeninitiative.

Von den zahlreichen differenzierten Ergebnissen der Interventionsstudie, die über ein Vorher-Nachher-Design sowie ein Follow-up sechs Wochen nach dem Posttest abgesichert wurden, seien nur die folgenden Hauptergebnisse herausgestellt. Die von der Autorin angenommene Spezifität der Probleme von Handlungs- vs. Lageorientierten konnten weitgehend belegt werden. Neben allgemeinen Behandlungseffekten traten auch, je nach Kombination von Ausgangssituation und Interventionsansatz, differentielle Effekte auf. Während für Handlungsorientierte ein genereller Trend festgestellt werden konnte, positiv auf alle drei Interventionsformen zu reagieren, profitierten Lageorientierte nicht so eindeutig von den Interventionen. Die neuentwickelten Strategie- und insbesondere die Autonomieinterventionen erwiesen sich als effektiver hinsichtlich der Reduktion von Überkontrollverhalten als die traditionelle Planungsintervention.

7.2.3 Förderung

Auch wenn weder Entwicklungsprobleme zu erwarten sind oder bereits bestehen, die präventive oder korrektive Maßnahmen erfordern, sind Interventionen mit dem Ziel der Entwicklungs*förderung* u. U. sinnvoll. Beispiele für derartige Maßnahmen zur Förderung oder Optimierung der Entwicklung wären Elterntrainings zum Aufbau entwicklungsfördernder Erziehungsstile (s. Warnke, Beck & Hemminger, 2001) oder Programme zur Förderung kognitiver und sozialer Kompetenzen bei Vorschulkindern (s. Schmidt-Denter, 2002).

Im weitesten Sinne entwicklungsfördernd ist die optimale, entwicklungsangemessene Gestaltung der Lebensumwelt von Individuen. Hierbei besteht allerdings die Gefahr, das als entwicklungsangemessen zu betrachten, was die Entwicklung fördert, und umgekehrt das als entwicklungsfördernd anzusehen, was man für entwicklungsangemessen hält. Um solche Zirkelschlüsse zu vermeiden, sind die Entwicklungsziele und die zu ihrer Erreichung zu ergreifenden Maßnahmen möglichst unabhängig voneinander zu definieren und zu begründen.

Wie bei präventiven und korrektiven Maßnahmen ist auch bei der Entwicklungsförderung zu begründen, was bei wem warum als Entwicklungsziel angestrebt wird. Stufentheoretiker wie Erikson oder Piaget haben es hier relativ leicht, da sie das geordnete Durchlaufen der angenommenen Entwicklungsstufen im angemessenen Zeitraum (die Entwicklungsnorm) als theoretisch begründbares Ziel angeben können (vgl. Kapitel 4.2). Dabei gilt das Spätere gleichzeitig als das Höherwertige. Autoren, die keine für alle verbindliche Reihenfolge von Entwicklungsschritten annehmen, wie z. B. alle Lerntheoretiker, haben es mit der Ableitung von Optimierungskriterien bzw. Entwicklungszielen schwerer. Hier müssen dann die Beteiligten die Entwicklungsziele untereinander aushandeln.

Als Beispiel für ein Programm zur Optimierung der Entwicklung wird im Folgenden das familienorientierte *Darcree Infant Program* von Gray und Ruttle vorgestellt (Gray, 1976, Gray & Ruttle, 1980).

Es wurde mit 27 Familien nahe an oder unter der Armutsgrenze durchgeführt. In jeder Familie lebte ein Kleinkind unter zwei Jahren und mindestens ein Geschwisterkind unter fünf Jahren.

Ziel des Programms war, die Mütter zu einem ihren Kindern angemessenen und effektiven Erziehungsstil zu befähigen. Dazu sollten die Mütter angeleitet werden, die Umgebung ihrer Kinder und ihr eigenes Verhalten der Persönlichkeit und dem jeweiligen Gemütszustand ihrer Kinder besser anzupassen und durch Schaffung dosierter Diskrepanzen Lernmotivation, Selbstvertrauen und Initiative bei ihren Kindern zu fördern.

Die 27 Familien wurden über einen Zeitraum von neun Monaten wöchentlich einmal besucht. Die Intervention umfasste folgende Bestandteile:
- Aufklärung der Mutter über Kinderpflege und deren soziale und kognitive Komponenten;
- Informationen über Entwicklungsveränderungen bei Kleinkindern;
- Vermittlung von Fertigkeiten, das Verhalten des Kindes und seine Entwicklungsveränderungen zu beobachten und zu protokollieren;
- Vermittlung entwicklungsfördernder Verhaltensweisen der Mutter, insbesondere zur Unterstützung eines Gefühls der Kompetenz beim Kind (z. B. Einsatz von Lob statt Strafe);
- Vermittlung von Methoden, dem Kind Grenzen zu setzen sowie die Aufmerksamkeit des Kindes aufrechtzuerhalten;
- Hilfen bei der Organisation der räumlichen Umgebung des Kindes, insbesondere im Hinblick auf pädagogische Anregungen;
- Anleitung der Mutter zur Steigerung einer reziproken Kommunikation zwischen Mutter und Kind.

Über den gleichen Zeitraum wie die 27 Interventionsfamilien wurden bei 20 vergleichbaren Familien vier kurze Besuche ohne Schulung der Mütter durchgeführt. Die Kinder wurden nur jeweils fotografiert und bekamen Spielsachen geschenkt.

Zur Überprüfung der Auswirkungen des Programms wurden ein Prätest und drei Posttests (direkt nach Beendigung des Programms, zehn Monate bzw. zwanzig Monate später) zu verschiedenen Variablen von Müttern und Kindern durchgeführt. Die Kleinkinder, nicht aber ihre älteren Geschwister, verbesserten sich in ihrem Sprachverständnis und ihrer Intelligenz. Die Mütter zeigten leichte Verbesserungen in ihrem Erziehungsverhalten und der Vermittlung pädagogischer Anregungen (gemessen mit dem Home Observation for the Measurement of Environment – HOME).

7.2.4 Probleme der Evaluation von Entwicklungsinterventionen

Unter der *Evaluation* von (Entwicklungs-)Interventionen versteht man die systematische Untersuchung der Wirksamkeit eines Programms, seiner Leistungen, des Ablaufs, der Kosten, der Eigenschaften der Population und der Ergebnisse (Kusch & Labouvie, 1999; Travers & Light, 1982; Wolke, 1999). Je nach Schwerpunkt der Evaluation kann man grob zwischen einer *Prozessanalyse* (Ermittlung der Auswirkungen während des Programms, mit der Möglichkeit einer Korrektur des Vorgehens: *formative* Evaluation) und einer *Ergebnisanalyse* (Ermittlung der Auswirkungen nach Beendigung des Programms: *summative* Evaluation) unterscheiden.

Bei der meist im Vordergrund stehenden Bewertung der Ergebnisse nach Abschluss der Intervention sind neben den *kurzfristigen*

Folgen die *langfristigen Folgen,* die möglichen *Nebeneffekte* und die *entwicklungsstandabhängigen* und *kontextspezifischen Effekte* bei verschiedenen Klassen von Personen und Umwelten zu beachten.

Die verschiedenen Ansätze der Evaluation kann man mit Zigler und Finn (1984) noch feiner unterscheiden in:
- *Primäranalyse* (Analyse von Originaldaten)
- *Sekundäranalyse* (Reanalyse der Daten mit besseren statistischen Methoden oder unter neuen Fragestellungen)
- *Metaanalyse* (statistische Analyse einer größeren Anzahl von Programmen)
- *Kosten-Nutzen-Analyse* (Ermittlung der Kosten und des Nutzens eines Programms in Geldbeträgen)
- *Kosten-Effektivitäts-Analyse* (Ermittlung der Auswirkungen, die nicht in Geldbeträgen gemessen werden können).

Evaluationsstudien liefern »Rückmeldungen über die Qualität der interventionsleitenden theoretischen und technologischen Annahmen« (Brandtstädter, 1983, S. 172). Bei ausbleibenden Effekten kann dies sowohl an der Theorie als auch an der Technologie liegen. Oft sind Theorie und Praxis nicht eindeutig aufeinander bezogen, sodass aus den Effekten eines Programms nicht unbedingt auf eine Bestätigung oder ein Scheitern der zugrunde liegenden Theorie geschlossen werden kann. Methodische Schwierigkeiten ergeben sich für die Evaluationsforschung insbesondere aus dem Umstand, dass Interventionen aus ethischen und praktischen Gründen oft in »natürlichen« Kontexten (Familie, Schule, Wohnviertel etc.) ohne strenge experimentelle Kontrolle (z. B. einen systematischen Vergleich von Experimental- und Kontrollgruppe) durchgeführt werden. Die empirische Evaluation von Interventionsprogrammen wird zusätzlich durch eine vage Definition der angestrebten Interventionsziele, wie z. B. »psychophysisches Wohlbefinden« oder »psychosoziale Kompetenz«, erschwert (Brandtstädter, 1983, S. 173).

Eine umfangreiche und sorgfältige Metaanalyse von elf Programmen der Vorschulerziehung aus den 60er und Anfang der 70er Jahre legten Lazar und Darlington (1982) vor. Über 90% der Kinder, die an diesen Programmen teilgenommen hatten, waren farbig und stammten aus Unterschichtfamilien mit niedrigem Einkommen. Der durchschnittliche IQ der Kinder betrug 92 Punkte. Ursprünglich nahmen ca. 3 500 Kinder an den Vorschulprogrammen teil. Die von Lazar und Darlington (1982) vorgelegten Daten berücksichtigen, je nach Analyse, zwischen rund 1 000 bis 2 000 Kindern.

Die Autoren evaluierten die kurz- und langfristigen Effekte der verschiedenen Interventionsprogramme hinsichtlich einer Vielzahl von Kriterien, wobei sie auch prüften, ob die Programme für verschiedene Untergruppen unterschiedlich effektiv waren.

Die einzelnen Interventionsprogramme ließen sich drei Typen zuordnen:
- *Familienorientiertes Vorgehen.* Hier waren die Mütter die Zielgruppe der Intervention. Ihnen wurde Hilfe bei ihren alltäglichen Aktivitäten angeboten, für die Kinder wurden Spiele und Spielzeug nach Hause gebracht, und die Mütter wurden trainiert, sich gegenüber ihren Kindern entwicklungsangemessen und optimal zu verhalten.
- *Institutionszentriertes Vorgehen.* Hier wurde direkt mit den Kindern im Kindergarten in kleinen Gruppen bzw. in Einzelsitzungen gearbeitet. Die Eltern wurden über das Programm informiert, waren darin aber nicht aktiv involviert.
- *Kombiniertes Vorgehen.* Hier fanden sowohl ein Training im Kindergarten als auch regelmäßige Hausbesuche mit Elternarbeit statt. Soweit möglich, wurden pro Studie und über die Studien hinweg die Werte der Interventionsgruppen (IG) mit den Werten von Kontrollgruppen (KG), die keine Intervention erfahren hatten, kontrastiert und die evtl. bestehenden Prätest-Differenzen zwischen IG und KG kontrolliert.

Die Evaluation der Interventionsprogramme erfolgte sowohl anhand der Posttest-Daten, die innerhalb jedes einzelnen Projekts erhoben worden waren, als auch auf der Basis der von der Forschergruppe der beteiligten Projekte einige Jahre später gemeinsam erhobenen Follow-up-Daten. Zum Zeitpunkt der Posttest-Erhebungen waren die Kinder zwischen 3 und 10 Jahren alt. Bei der Follow-up-Erhebung lag das Alter der Kinder zwischen 9 und 19 Jahren. Die zunächst für jedes einzelne Projekt vorgenommenen Vergleiche zwischen IG und KG wurden anschließend über statistische Verfahren *(pooled analysis)* zusammengefasst.

Die im Einzelnen überprüften Effekte beziehen sich auf vier verschiedene Dimensionen: 1. Schulische Kompetenz, 2. Kognitiver Entwicklungsstand, 3. Einstellungen und Werte, 4. Familiäre Situation. Die Hauptergebnisse zu diesen vier Dimensionen lassen sich wie folgt zusammenfassen:

Schulische Kompetenz.
- weniger Zuweisungen in Förderklassen (IG = 13,8%, KG = 28,6%)
- weniger Sitzenbleiber (IG = 25,4%, KG = 30,5%)
- bessere Erfüllung der schulischen Anforderungen

Kognitiver Entwicklungsstand
- höherer durchschnittlicher IQ (bis 4 Jahre nach Beendigung des Programms)
- bessere Ergebnisse in Schulleistungstests

Einstellungen und Werte
- mehr leistungsbezogene Antworten auf die Frage, ob die Kinder auf sich stolz sind (bis zum Alter von 13 Jahren)
- keine Unterschiede in schulischen Erwartungen und Berufswünschen
- niedrigere Selbstwertschätzung in jüngeren Jahren, höhere Selbstwertschätzung in späteren Jahren

Familiäre Situation
- größere Zufriedenheit der Mütter mit den Leistungen des Kindes
- höhere berufliche Erwartungen an die Kinder
- keine Unterschiede hinsichtlich der Inanspruchnahme von Sozialleistungen.

In allen auf Langzeiteffekte geprüften Dimensionen gab es im Übrigen keine differentiellen Effekte der Interventionsprogramme. D. h., die gefundenen Effekte standen in keinem systematischen Zusammenhang mit irgendwelchen Ausgangsbedingungen der Kinder.

7.3 Probleme der Anwendung entwicklungspsychologischer Theorien und Befunde in der Praxis

Grundlagenforschung und Anwendungspraxis beziehen sich auf ganz unterschiedliche Anliegen, Ziele, Anforderungen, Forschungsstrategien und Settings (Brocke, 1980). Aus der Sicht des Praktikers sind wissenschaftliche Theorien und Methoden zwar eine wichtige, aber nur selten die einzige Informationsquelle zur Aufbereitung und Lösung praktischer Probleme. Ebenso wichtig sind Alltagserfahrungen oder mit Erfahrungswissen angereicherte Vermutungen. Außerdem ist praktisches Handeln immer mit der Notwendigkeit von Entscheidungen verbunden (Beck & Krapp, 2001).

Abgesehen von dem noch fehlenden Wissensbestand aus einer anwendungsbezogenen entwicklungspsychologischen Forschung und den bereits erläuterten Problemen und Grenzen der Erklärung und Vorhersage von Entwicklungsprozessen wird die Anwendung entwicklungspsychologischer Erkenntnisse in der Praxis durch zwei Dinge erschwert:
- Einschränkungen der Generalisierbarkeit von Aussagen auf Einzelfälle,
- pragmatische Hindernisse einer anwendungsbezogenen Forschung.

Einschränkungen der Generalisierbarkeit von Befunden

Die Befunde entwicklungspsychologischer Untersuchungen gelten immer nur unter spezifischen Randbedingungen, die im Einzelfall nicht gegeben sein müssen. Die bei der Übertragung von

Forschungsergebnissen auf individuelle Entwicklungsverläufe auftretenden Probleme lassen sich im Wesentlichen auf zwei Probleme reduzieren, die bereits unter dem Stichwort »Grenzen der Erklärung« diskutiert worden sind: das *Komplexitätsproblem* und das *Wahrscheinlichkeitsproblem* (vgl. Kap. 5.5).

Die individuelle Ausprägung psychologischer Variablen hängt von zahlreichen Faktoren ab, die bei jedem Individuum in unterschiedlicher Art und Weise miteinander kovariieren und interagieren können (vgl. Kap. 5.3) Damit geht einher, dass die in Gruppenuntersuchungen aufgefundenen Zusammenhänge zwischen Entwicklungsbedingungen und Entwicklungsverläufen im Einzelfall nur mit erhöhter Wahrscheinlichkeit gegeben sind, nicht aber in allen Fällen. In der Praxis wird jedoch eine verbindliche Aussage verlangt. So wollen Eltern z. B. wissen, ob ihr Kind für das Gymnasium geeignet ist oder nicht, nicht jedoch, mit welcher Wahrscheinlichkeit Kinder mit vergleichbaren Voraussetzungen das Gymnasium erfolgreich durchlaufen.

Von den wenigen Ausnahmen überwiegend reifungsabhängiger oder sachlogisch begründbarer Entwicklungsveränderungen abgesehen, unterliegen die Gesetzmäßigkeiten der Entwicklung überdies einem *historischen Wandel*. Die Praxis kann aber immer nur auf frühere Befunde zurückgreifen. So kommen z. B. heute heranwachsende Kinder und Jugendliche viel stärker mit dem Medium Fernsehen und mit dem Computer und dem Internet in Berührung als frühere Generationen. Soweit diese neuen Medien einen Einfluss auf die Entwicklung der heutigen Generation haben, ist die Vergleichbarkeit des Entwicklungsgeschehens der verschiedenen Generationen eingeschränkt.

Außer den bereits erwähnten ungerechtfertigten Generalisierungen von Gruppenbefunden auf Einzelfälle und von einem historischen Zeitpunkt auf andere Zeiten finden in der Entwicklungspsychologie ungerechtfertigte Generalisierungen von wissenschaftlichen Erkenntnissen auf Anwendungszusammenhänge noch in drei weiteren Aspekten statt, indem nämlich geschlossen wird:
– von Altersunterschieden auf intraindividuelle Veränderungen,
– von Korrelationen auf Bedingungszusammenhänge,
– von Laboruntersuchungen auf Alltagskontexte.

Zur Vermeidung ungeprüfter Generalisierungen sollten in der Forschungspraxis Diskontinuitäten des Einflusses von Entwicklungsfaktoren und Interventionsmöglichkeiten über den Lebenslauf, differentielle Entwicklungsverläufe, Unterschiede und Veränderungen in Entwicklungskontexten sowie historische Veränderungen systematisch berücksichtigt werden.

Pragmatische Hindernisse

Dass vorhandene Erkenntnisse der Entwicklungspsychologie in der Praxis zu wenig angewendet werden, liegt auch an einer Reihe von pragmatischen Hindernissen (vgl. Zigler & Finn, 1984). Die wichtigsten sind:
– eine Unterschätzung der Problemlösekompetenz von Psychologen bei gleichzeitig bestehenden unangemessen hohen Ansprüchen und Erwartungen,
– das im Vergleich zur Grundlagenforschung geringere Prestige angewandter Forschung,
– die mangelnde Verdeutlichung des ökonomischen Nutzens psychologischer Maßnahmen,
– die Abstinenz von Psychologen gegenüber der Politik,
– die für den Praktiker wenig verständliche Wissenschaftssprache,
– die unzureichende Repräsentation psychologischer Erkenntnisse in für die breitere Öffentlichkeit gedachten Wissenschaftsjournalen.

Wenn Psychologen zur Lösung praktischer Probleme stärker beitragen wollen, müssen sie sich mehr in die Politik einmischen. Sie sollten die Dynamik politischer Prozesse besser kennen und ausnutzen, eine Lobby für ihre Belange gründen und wissen, wo sie am ehesten Einfluss gewinnen können. Es geht aber nicht nur um die Informierung der Politiker, sondern der breiteren Öffentlichkeit. Es geht darum, Problembewusstsein zu schaffen und aufrechtzuerhalten.

Montada (1995b) weist auf ein weiteres Problem der Vermittlung wissenschaftlicher Erkenntnisse an Praktiker hin. Die typische Darstellung solcher Erkenntnisse in Form von deterministischen oder probabilistischen Zusammenhängen geht von einem naturwissenschaftlichen Modell aus, das die Handlungs- und Entscheidungsfähigkeit der beteiligten Personen außer acht lässt. D. h., es bleibt offen, wer in Bezug auf die relevanten Entwicklungsziele, -anforderungen, -angebote und -potenziale bzw. das daraus resultierende problematische Verhalten und Erleben handlungs- und entscheidungsfähig ist. »Praktiker, die eine Entwicklungsintervention planen, müssen wissen, was sie kontrollieren können. Entwicklungsberater müssen wissen, was die Beratenen kontrollieren können.« (Montada, 1998b, S. 913.)

7.4 Forderungen an eine Angewandte Entwicklungspsychologie

Die Anwendungsmöglichkeiten entwicklungspsychologischer Befunde lassen sich dadurch erhöhen, dass Grundlagen- und Anwendungsorientierung in der Forschung von vornherein theoretisch und methodisch miteinander verschränkt werden. Zur Verwirklichung einer derartigen Forschungspraxis hat Montada (1987, S. 784–788) folgenden Forderungskatalog aufgestellt:
– mehr *Längsschnittuntersuchungen* zum Aufbau von fundiertem Wissen über *Veränderungen*, nicht nur über Altersunterschiede;
– stärkere Beachtung von *differentiellen (personen- und gruppenspezifischen) Entwicklungsverläufen,*
– mehr *Interventionsstudien* statt ausschließlich deskriptiver bzw. korrelativer Designs;
– mehr *prospektive (Follow-up-)Untersuchungen* zur Gewinnung von Wissen über Entwicklungsbedingungen und als Basis von Entwicklungsprognosen anstelle der üblichen *Follow-back*-Erhebungen;
– mehr *Felduntersuchungen* zur Erhöhung der *ökologischen Validität;*
– mehr *multivariate Untersuchungsdesigns;*
– mehr *Sekundäranalysen* und *Replikationen* mit verschiedenen Populationen, Kontexten und Maßnahmevarianten.
Selbstverständlich muss nicht *jede* entwicklungspsychologische Untersuchung einen Anwendungsbezug haben, und in einer anwendungsbezogenen Untersuchung müssen nicht *sämtliche* der aufgelisteten Forderungen erfüllt sein.

8 Methoden der Entwicklungspsychologie

Die Methoden einer wissenschaftlichen Disziplin sind das Bindeglied zwischen Theorie und Empirie, so auch in der Entwicklungspsychologie. Dabei sind mit Methoden in der Entwicklungspsychologie nicht nur die in der empirischen Forschung zur Anwendung gelangenden *Verfahren* der *Datenerhebung* (Befragung, Beobachtung, Test, Experiment) gemeint, sondern auch die Definition und *Messung von Untersuchungsvariablen, die Auswahl von Stichproben zur Untersuchung von intraindividuellen Veränderungen und interindividuellen Unterschieden,* die zur *Datenanalyse herangezogenen statistischen Auswertungsmethoden* sowie die speziell bei entwicklungspsychologischen Untersuchungen auftretenden *Probleme* der *Forschungspraxis.*

Bei der Darstellung der vier Aufgaben der Entwicklungspsychologie in den vorangegangenen Kapiteln 4 bis 7, der Beschreibung, Erklärung, Vorhersage und Beeinflussung von Entwicklung, wurden bereits eine Reihe methodischer Fragen der Entwicklungspsychologie angesprochen: die verschiedenen Möglichkeiten der Definition und Messung von Untersuchungsvariablen, speziell die Entscheidung für quantitative oder qualitative Maße, sowie das Verhältnis von individuellen und gemittelten Entwicklungsverläufen (vgl. Kap. 4), das Problem der wechselseitigen Abhängigkeit der verschiedenen Entwicklungsfaktoren (vgl. Kap. 5), die Berechnung von Stabilitätskoeffizienten und die Bedeutung retrospektiver und prospektiver Untersuchungen für die Entwicklungsprognose (vgl. Kap. 6), verschiedene Ansätze der Entwicklungsintervention und deren Evaluation (vgl. Kap. 7).

In diesem Schlusskapitel sollen nun noch einige für die Planung, Durchführung und Auswertung entwicklungspsychologischer Untersuchungen allgemein bedeutsame methodische Probleme behandelt werden. Aus Platzgründen beschränke ich mich bei meiner Darstellung auf einen einführenden Überblick zu gängigen Untersuchungsplänen und Erhebungsmethoden und verzichte auf die Vorstellung statistischer Auswertungsverfahren. Viele dieser Verfahren werden nicht nur in der Entwicklungspsychologie, sondern in der Psychologie allgemein angewendet (z. B. Korrelation, Varianz- und Kovarianzanalyse, Regressions-, Faktoren-, Cluster-

oder Diskriminanzanalyse). Sie sind in der Methodenliteratur gut dokumentiert (z. B. Bortz, 1993). Weitere, speziell für entwicklungspsychologische Fragestellungen geeignete Auswertungsverfahren, mit denen sich komplexe Zusammenhänge zwischen Variablen moderieren lassen oder mögliche Ursachen interindividueller Unterschiede in intraindividuellen Veränderungen aufdecken lassen (z. B. Pfadanalyse, lineare Strukturgleichungsmodelle, hierarchische lineare Wachstumsmodelle) basieren auf mathematischen Grundlagen, die beim Leser dieses Einführungstextes nicht vorausgesetzt werden können bzw. zu speziell sind. Sie werden daher hier nicht behandelt. (Ausführliche Darstellungen und Literaturhinweise zu den methodischen Grundlagen entwicklungspsychologischer Untersuchungen finden sich in Appelbaum & McCall, 1983; Hasselhorn & Schneider, 1998; Petermann & Rudinger, 2002; Trautner, 1992a; Wohlwill, 1977.)

8.1 Erfassung intraindividueller Veränderungen und interindividueller Unterschiede

Gegenstand der Entwicklungspsychologie sind die (typischen) intraindividuellen Veränderungen über die Ontogenese sowie die interindividuellen Unterschiede in diesen Veränderungen. Unter einem Entwicklungsaspekt bedeutsam sind die intraindividuellen Veränderungen,
– deren intraindividuelle Variation systematischer Natur ist,
– bei denen die intraindividuelle Variation gegenüber den interindividuellen Unterschieden deutlich ins Gewicht fällt,
– die einen kontinuierlichen (langfristigen) intraindividuellen Wandel zeigen (vgl. Kap. 1).
Die Komplexität der Beziehung zwischen intraindividuellen Veränderungen und interindividuellen Unterschieden erwächst daraus, dass eine – mehr oder weniger stabile – Verknüpfung von sich über die Zeit mehr oder weniger stark verändernden individuellen Entwicklungsniveaus und damit zusammenhängenden interindividuellen Unterschieden zu berücksichtigen ist (s. auch Hasselhorn & Schneider, 1998). Interindividuelle Unterschiede zu einem späteren Zeitpunkt der Entwicklung sind das kumulative Ergebnis vorangegangener intraindividueller Veränderungen, die sich von Individuum zu Individuum mehr oder weniger unter-

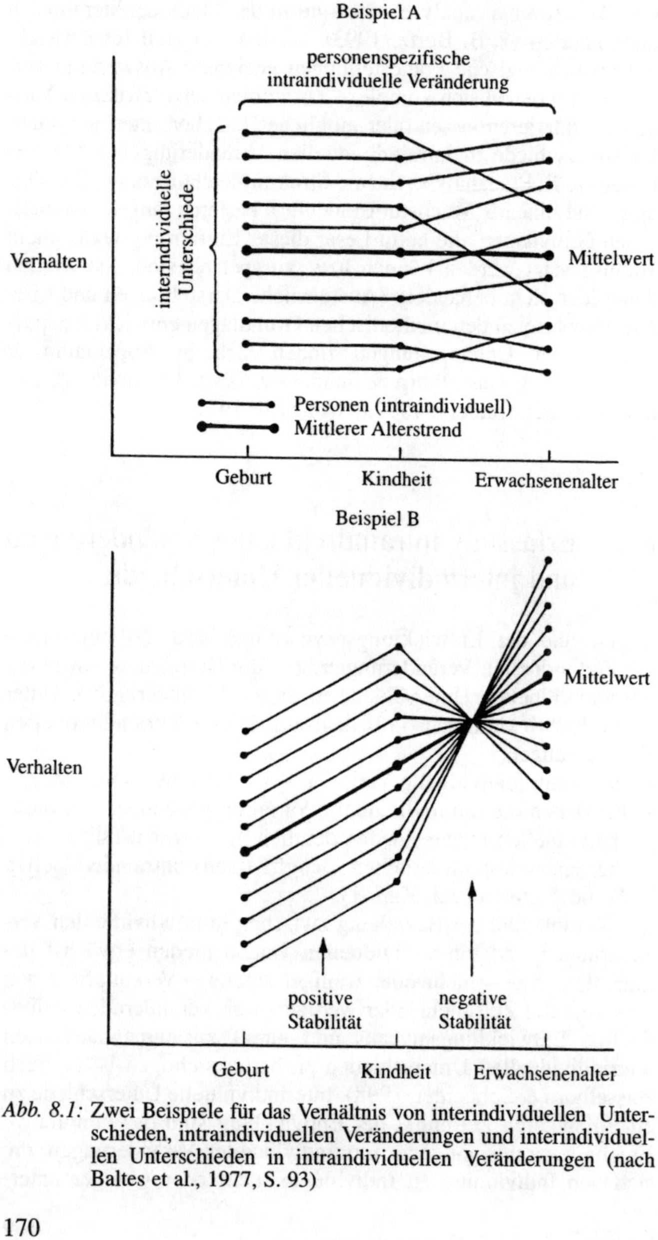

Abb. 8.1: Zwei Beispiele für das Verhältnis von interindividuellen Unterschieden, intraindividuellen Veränderungen und interindividuellen Unterschieden in intraindividuellen Veränderungen (nach Baltes et al., 1977, S. 93)

scheiden können. Interindividuelle Unterschiede können im Niveau und/oder in der Form der Veränderung auftreten (s. Abbildung 8.1).

Die beiden Beispiele in Abbildung 8.1 illustrieren zwei mögliche Fälle des Verhältnisses intraindividueller Veränderungen und interindividueller Unterschiede. In der oberen Abbildung bleiben der Mittelwert und die Streubreite der individuellen Messwerte über alle drei Messzeitpunkte gleich. Auch gibt es zwischen Geburt und Kindheit bei keiner der untersuchten Personen eine Veränderung der individuellen Werte. Trotz des Gleichbleibens von Mittelwerten und Streuung der Stichprobe bis zum Erwachsenenalter sind aber bei allen Personen zwischen Kindheit und Erwachsenenalter – in unterschiedlicher Richtung – intraindividuelle Veränderungen zu beobachten. Dies zeigt, dass das Fehlen von Veränderungen der Mittelwerte und Streuungen über das Alter das Vorkommen systematischer intraindividueller Veränderungen nicht ausschließen muss. In der unteren Abbildung bleibt über die drei Messzeitpunkte zwar die Streuung der interindividuellen Unterschiede gleich, es kommt jedoch zu einer systematischen Veränderung der Mittelwerte (lineare Zunahme) und der individuellen Messwerte (gleichartige lineare Zunahme zwischen Geburt und Kindheit, gegenläufige Zunahmen/Abnahmen zwischen Kindheit und Erwachsenenalter).

In den zuvor erläuterten Beispielen wurden mehrere Personen hinsichtlich ihrer Veränderungen in einer Variablen über mehrere Zeitpunkte betrachtet. Das ergibt drei Analyseeinheiten: *Person, Variable* und *Zeit*. Jede dieser drei Analyseeinheiten kann nun wieder *univariat* (eine Person, eine Variable, ein Zeitpunkt) oder *multivariat* (mehrere Personen, mehrere Variablen, mehrere Zeitpunkte) betrachtet werden.

Diese begrifflichen Unterscheidungen sind der Ausgangspunkt für das sog. *Würfelmodell* von Buss (1974 a, b, 1979), das wiederum eine Erweiterung von Cattells *Covariation Chart* der sechs faktorenanalytischen Techniken darstellt (s. Trautner, 1992a, S. 292–295).

Buss (1974a,b, 1979) erweiterte Cattells Covariation Chart, um zu veranschaulichen, wie die drei Untersuchungsgegenstände 1. intraindividuelle Veränderungen, 2. interindividuelle Differenzen und 3. intraindividuelle Differenzen systematisch miteinander verbunden werden können (s. Abbildung 8.2).

1. *Intraindividuelle Veränderungen (intra-IC)* sind Veränderungen innerhalb einer Person in einer Variablen über die Zeit;

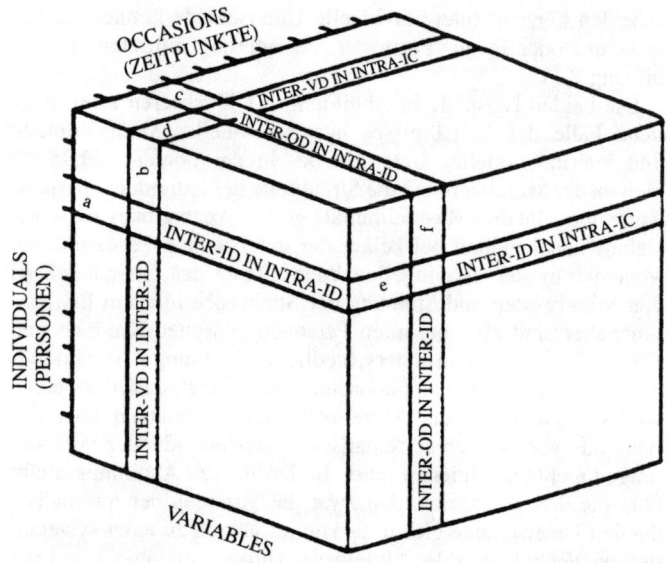

Abb. 8.2: Würfelmodell nach Cattell in der Erweiterung durch Buss, 1977 (aus Rudinger, 1978, S. 180)

2. *Interindividuelle Differenzen (inter-ID)* sind Unterschiede zwischen Personen in einer Variablen zu einem Zeitpunkt;
3. *Intraindividuelle Differenzen (intra-lD)* sind Unterschiede innerhalb einer Person in mehreren Variablen zu einem Zeitpunkt.

In den drei zuvor beschriebenen Fällen variiert jeweils nur eine der drei Dimensionen, während die beiden übrigen Dimensionen konstant sind. Wird nun jeweils eine zweite Dimension variiert und nur die dritte Dimension konstant gehalten, gelangen wir zu sechs weiteren Fällen (s. Abbildung 8.2):

4. *Interindividuelle Differenzen (inter-ID) in intraindividuellen Differenzen (intra-ID).* Mehrere Personen werden in mehreren Variablen zu einem Zeitpunkt verglichen.
5. *Intraindividuelle Differenzen (inter-VD) in interindividuellen Differenzen (inter-ID).* Mehrere Variablen werden über verschiedene Personen zu einem Zeitpunkt verglichen.
6. *Differenzen (Veränderungen) zwischen Messzeitpunkten (inter-OD) in intraindividuellen Differenzen (intra-ID).* Mehrere

Zeitpunkte werden über verschiedene Variablen für eine Person verglichen.
7. *Intraindividuelle Differenzen (inter-VD) in intraindividuellen Veränderungen (intra-IC)*. Mehrere Variablen werden über verschiedene Zeitpunkte für eine Person verglichen.
8. *Interindividuelle Differenzen (inter-ID) in intraindividuellen Veränderungen (intra-IC)*. Mehrere Individuen werden über verschiedene Messzeitpunkte in einer Variablen verglichen.
9. *Differenzen (Veränderungen) zwischen Messzeitpunkten (inter-OD) in interindividuellen Differenzen (inter-ID)*. Mehrere Zeitpunkte werden über verschiedene Personen für eine Variable verglichen.

Tab. 8.1: 15 Datensammlungsstrategien für interindividuelle Differenzen, intraindividuelle Differenzen und intraindividuelle Veränderungen nach Buss, 1974 (aus Rudinger, 1978, S. 182)

	Dimension 1	Dimension 2	Dimension 3	Typ der Datensammlungsstrategie
1	Personen			Inter-ID
2	Variablen			Intra-ID
3	Zeitpunkte			Intra-IC
4	Variablen	Personen		Inter-ID in intra-ID
5	Personen	Variablen		Inter-VD in inter-ID
6	Variablen	Zeitpunkte		Inter-OD in intra-ID
7	Zeitpunkte	Personen		Inter-VD in intra-IC
8	Zeitpunkte	Variablen		Inter-ID in intra-IC
9	Personen	Zeitpunkte		Inter-OD in inter-ID
10	Variablen	Personen	Zeitpunkte	Inter-OD in inter-ID in intra-ID
11	Personen	Variablen	Zeitpunkte	Inter-OD in inter-VD in inter-ID
12	Variablen	Zeitpunkte	Personen	Inter-ID in inter-OD in intra-ID
13	Zeitpunkte	Variablen	Personen	Inter-ID in inter-VD in intra-IC
14	Zeitpunkte	Personen	Variablen	Inter-VD in inter-ID in intra-IC
15	Personen	Zeitpunkte	Variablen	Inter-VD in inter-OD in inter-ID

Abkürzungen:
ID – Individuelle Differenzen
IC – Individuelle Veränderungen (changes)
VD – Variablen-Differenzen
OD – Differenzen zwischen Zeitpunkten (occasions)

Wegen der fehlenden Variation auf der Zeitdimension *(ein Messzeitpunkt)* sind die Fälle 2. bis 5. für den Entwicklungspsychologen weniger interessant als die Fälle 1. sowie 6. bis 9.

Die sechs Prozeduren 4. bis 9. können nun nach dem Vorschlag von Buss (1974a, b) dahingehend erweitert werden, dass auch die jeweils dritte Dimension durch mehrere Werte vertreten ist. Auf diese Art ergeben sich weitere sechs Prozeduren. Die damit insgesamt fünfzehn Möglichkeiten der Beschreibung und des Vergleichs intraindividueller Veränderungen, interindividueller Differenzen und intraindividueller Differenzen sind in der Tabelle 8.1 zusammengefasst.

8.2 Stichprobenpläne zur Untersuchung von Altersunterschieden und Altersveränderungen

Sowohl die Erfassung intraindividueller Veränderungen als auch der interindividuellen Unterschiede in diesen Veränderungen erfordert die wiederholte Untersuchung derselben Individuen über den interessierenden Veränderungszeitraum, also Längsschnittuntersuchungen. Trotzdem sind nur weniger als 10% der entwicklungspsychologischen Untersuchungen längsschnittlich angelegt. Die meisten Untersuchungen sind Querschnittuntersuchungen, die ausschließlich Daten über mittlere Unterschiede zwischen Altersgruppen liefern (s. Abschnitt 8.2.1). Das bedeutet, dass die meisten entwicklungspsychologischen Untersuchungen keine Analyse intraindividueller Veränderungen erlauben und damit auch die zuvor angesprochenen Probleme der Veränderungsmessung keine Rolle spielen.

Bei der Zusammenstellung von Altersstichproben zur Aufdeckung von Altersunterschieden und Altersveränderungen *(Alterseffekten)* steht man vor dem Dilemma, einerseits Unterschiede zwischen den Altersgruppen außer im Alter selbst soweit wie möglich zu vermeiden, andererseits das Alter nur dann als inhaltliche Variable ansehen zu können, wenn es auf – alterskorrelierte – Entwicklungsfaktoren bezogen wird. D. h., das Alter ist eine *Trägervariable* (für jeweils erst aufzufindende Bedingungen und Prozesse) und keine im eigentlichen Sinne unabhängige Variable (vgl. Kap. 3.2). Damit wird nicht geleugnet, dass zahlreiche Veränderungen mit dem Lebensalter *korreliert* sind, diese Korrelation ist im Regelfall allerdings nicht so hoch, dass interindividuelle Unterschiede innerhalb der einzelnen Altersgruppen vernachlässigt werden können. Alterseffekte sind immer dann anzunehmen, wenn die Merkmalsunterschiede zwischen den Altersgruppen bedeutsam größer sind als die Unterschiede innerhalb der Altersgruppen. Diese Überlegungen sind bei der Beurteilung der im Folgenden dargestellten Stichprobenpläne zu beachten.

8.2.1 Die Querschnittmethode

In einer Querschnittuntersuchung werden altersspezifische Stichproben (S_1 bis S_n) aus verschiedenen Altersgruppen (A_1 bis A_n) zu einem Zeitpunkt (Z_1) mit einem Messinstrument (Y) untersucht.

Aus den resultierenden Unterschieden der Stichproben (S_1 bis S_n) in den Messwerten (Y) wird auf Unterschiede des Alters (A_1 bis A_n) geschlossen (s. Tab. 8.2).

Tab. 8.2: Grundplan einer Querschnittuntersuchung (aus Trautner, 1992a, S. 246

Altersgruppe (A)	Stichprobe (S)	Messzeitpunkt (Z)	Messwert (Y)
A_1	S_1	Z_1	Y_{A1}
A_2	S_2	Z_1	Y_{A2}
A_3	S_3	Z_1	Y_{A3}
...	...	...	...
A_n	S_n	Z_1	Y_{AN}

Über 90% der entwicklungspsychologischen Untersuchungen, die einen Vergleich verschiedener Altersgruppen anzielen, bedienen sich der Querschnittmethode.

Die wesentlichen *Vorteile* der Querschnittmethode sind:
- die Kürze des Zeitraums, in dem Ergebnisse über eine beliebig große Altersspanne verfügbar sind;
- die bei einem einzigen Untersuchungstermin – im Vergleich zu zahlreichen Wiederholungsuntersuchungen – leichtere Gewinnung großer, repräsentativer Stichproben.

Die wesentlichen *Nachteile* der Querschnittmethode sind:
- Da nicht das Individuum in seinen Veränderungen über die Zeit Untersuchungseinheit ist, sondern verschiedene Gruppen von Individuen unterschiedlichen Alters, liefert sie keine Information über intraindividuelle Veränderungen über das Alter;
- zu einem Messzeitpunkt untersuchte Individuen verschiedenen Alters unterscheiden sich zwangsläufig hinsichtlich ihres Geburtszeitpunkts, d. h., Alters- und Kohortenzugehörigkeit (Generation) sind miteinander konfundiert;
- die Ergebnisse einer Querschnittuntersuchung können nicht auf die Ergebnisse von Querschnittuntersuchungen zu anderen Erhebungszeitpunkten generalisiert werden.

Zur Erfassung intraindividueller Veränderungen und interindividueller Unterschiede in diesen Veränderungen erweist sich die Querschnittmethode somit als ungeeignet. Geht es allerdings darum, die zu einem bestimmten historischen Zeitpunkt bestehenden Unterschiede zwischen verschiedenen Altersgruppen festzustellen, ist die Querschnittuntersuchung die Methode der Wahl. Man denke etwa an die Untersuchung der altersspezifischen Parteienpräferenzen vor einer Wahl oder die Altersverteilung der Fernsehzuschauer für bestimmte aktuelle Fernsehprogramme. Da Aussagen über *Altersveränderungen* über die Zeit in diesen Fällen nicht anzielt sind, spielen die zuvor erläuterten Nachteile der Querschnittmethode hier keine Rolle. Entsprechendes gilt für Untersuchungen, in denen es um alterstypische Verhaltensmerkmale oder Bedingungszusammenhänge geht, und bei denen eine Konfundierung zwischen dem Alter und der Kohorte der untersuchten Personen vernachlässigt werden kann (s. dazu unter 8.2.3).

8.2.2 Die Längsschnittmethode

In einer Längsschnittuntersuchung wird eine Stichprobe (S_1) mit einem Ausgangsalter (A_1) zu aufeinander folgenden Zeitpunkten (Z_1 bis Z_n) mit einem Messinstrument (Y) wiederholt untersucht. Aus den in den Messwerten (Y) resultierenden Unterschieden der Stichprobe (S_1) zu den verschiedenen Messzeitpunkten (Z_1 bis Z_n) wird auf Unterschiede des Alters (A_1 bis A_n) geschlossen (s. Tabelle 8.3).

Tab. 8.3: Grundplan einer Längsschnittuntersuchung (aus Trautner, 1992a, S. 251)

Altersgruppe (A)	Stichprobe (S)	Messzeitpunkt (Z)	Messwert (Y)
A_1	S_1	Z_1	Y_{A1}
A_2	S_1	Z_2	Y_{A2}
...	...	...	...
A_3	S_1	Z_3	Y_{A3}
A_n	S_1	Z_n	Y_{AN}

Sieht man intraindividuelle Veränderungen als den zentralen Gegenstand der Entwicklungspsychologie an, so erscheint die Längsschnittmethode als der »natürliche« Weg zur Untersuchung von Entwicklungsvorgängen (McCall, 1977; Thomae, 1979). Trotzdem sind weniger als 10% der (veröffentlichten) entwicklungspsychologischen Untersuchungen, in denen verschiedene Altersgruppen miteinander verglichen werden, Längsschnittuntersuchungen.

Die wesentlichen *Vorteile* der Längsschnittmethode sind:
- Da wiederholte Messungen derselben Individuen vorliegen, stehen alle erforderlichen Informationen über individuelle Entwicklungsverläufe zur Verfügung;
- es ist möglich, das Ausmaß der intraindividuellen Stabilität eines Merkmals und der Stabilität der interindividuellen Merkmalsunterschiede sowie die Enge des Zusammenhangs zwischen früheren Ereignissen und der späteren Entwicklung festzustellen, was verschiedene Arten von Vorhersagen erlaubt (vgl. Kap. 6);
- es können intraindividuelle Zusammenhänge der Veränderungen in mehreren Merkmalen aufgedeckt werden;
- da auf den verschiedenen Altersstufen (im Idealfall) immer wieder die gleichen Individuen untersucht werden, sind die Altersgruppen – bis auf den Altersunterschied und damit korrelierte Faktoren – völlig vergleichbar.

Die wesentlichen *Nachteile* der Längsschnittmethode sind:
- das durch die Wiederholung der Untersuchung über das Alter bedingte Auftreten von Testungseffekten (z. B. Übungs-, Gewöhnungs- oder Sättigungseffekten);
- da parallel zum Älterwerden der Individuen (historische) Zeit vergeht, sind zwangsläufig das Alter und die Testzeit miteinander konfundiert;

- mit der Beschränkung auf eine Ausgangsstichprobe (Kohorte) ist die Generalisierung der Ergebnisse auf Altersveränderungen bei anderen Kohorten (zu anderen historischen Zeitpunkten) eingeschränkt;
- Ausfälle von Versuchspersonen, die auf systematischen, d. h. mit den Messwerten der abhängigen Variablen korrelierenden Faktoren in Zusammenhang stehen (z. B. Ausfälle intelligenterer Personen, da diese häufiger den Wohnort wechseln);
- eine selektierte Ausgangsstichprobe aufgrund des geforderten größeren Engagements der Untersuchungsteilnehmer;
- der enorm hohe zeitliche und finanzielle Aufwand sowie die lange Zeitspanne, bis (endgültige) Ergebnisse vorliegen.

Trotz der aufgezählten Nachteile der Längsschnittmethode (die bei geeigneten Kontrollen teilweise vermieden werden können), bleibt sie der einzige Weg, den zentralen Gegenstand der Entwicklungspsychologie, die intraindividuellen Veränderungen über die Ontogenese und damit auch interindividuelle Unterschiede in diesen Veränderungen, angemessen zu untersuchen (McCall, 1977; Wohlwill, 1977). Die Längsschnittmethode ist geeignet, Entwicklungsverläufe von Individuen oder Gruppen von Individuen einer Kohorte zu beschreiben. Darüber hinaus können – nur auf diesem Wege – die Stabilität oder Instabilität von Entwicklungsmerkmalen bzw. interindividuellen Merkmalsunterschieden und die Zusammenhänge von Veränderungen in verschiedenen Verhaltensbereichen festgestellt werden.

8.2.3 Die Sequenzmodelle von Schaie und Baltes

Schaies Allgemeines Entwicklungsmodell und daraus abgeleitete sequentielle Pläne

Ausgangspunkt für die Überlegungen von Schaie (1965) waren zum einen die Mängel der konventionellen Stichprobenpläne, vor allem die Konfundierung von Altersunterschieden und Kohortenunterschieden bei der Querschnittmethode und von Altersunterschieden und Testzeitunterschieden bei der Längsschnittmethode, zum anderen die damit zusammenhängenden Widersprüche zwischen Befunden aus Querschnitt- und Längsschnittuntersuchungen zur Intelligenz im höheren Lebensalter (Schaie, 1965; Schaie & Strother, 1968). Eine idealtypische Gegenüberstellung der

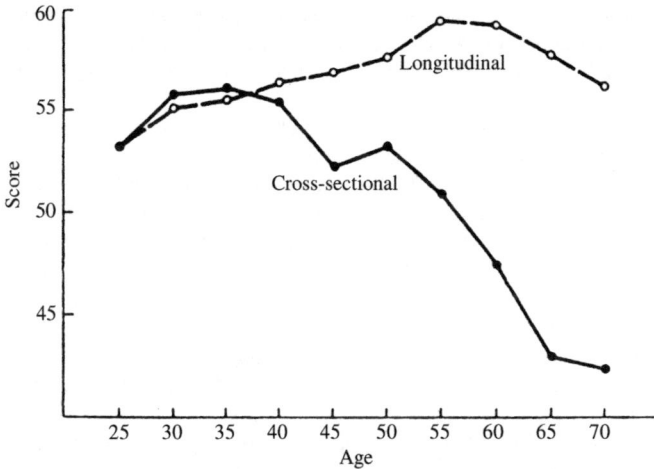

Abb. 8.3: Altersunterschiede im Querschnitt (cross-sectional) und Altersveränderungen im Längsschnitt (longitudinal) im *Verbal Memory Test* des *PMA* (nach Schaie & Strother, 1968)

querschnittlichen und der längsschnittlichen Daten zur Intelligenzentwicklung im höheren Lebensalter ist in der Abbildung 8.3 wiedergegeben.

Die Abbildung zeigt, dass der vermeintliche Abfall der Intelligenzleistung nur bei den Querschnittdaten zu beobachten ist. Dies lieferte für Schaie die Grundlage, darin keine (intraindividuelle) Abnahme der Intelligenz über das Alter zu sehen, sondern einen Leistungsunterschied zwischen den verschiedenen Generationen oder Kohorten anzunehmen. Die – im Querschnitt – älteren Personen zeigen somit keinen Intelligenzverlust, sondern hatten vermutlich bereits in jüngeren Jahren ein geringeres Intelligenzniveau. Erklärbar wird dies dadurch, dass die älteren Versuchspersonen einer Querschnittuntersuchung gleichzeitig aus früher geborenen Kohorten stammen, in denen ein geringerer Anteil von Personen eine Intelligenzförderung erfahren hat als in den später geborenen Kohorten, d. h. als die im Querschnittvergleich jüngeren Versuchspersonen.

Um die Konfundierung von Alter und Kohorte bei der Querschnittmethode und die Konfundierung von Alter und Testzeit bei der Längsschnittmethode zu vermeiden, oder zumindest zu kon-

trollieren, hat Schaie (1965) in seinem Allgemeinen Entwicklungsmodell vorgeschlagen, Entwicklungsveränderungen grundsätzlich in ihrer Abhängigkeit von allen drei Komponenten zu analysieren:
- *Alter* (Zeitraum zwischen der Geburt eines Individuums und dem Zeitpunkt der Untersuchung),
- *Kohorte* (Geburtszeitpunkt eines Individuums) und
- *Testzeit* (Zeitpunkt, an dem ein Individuum untersucht wird).

Dieses Ziel meinte Schaie mit der Anwendung sog. *sequentieller Pläne* erreichen zu können. Sequentiell bedeutet, dass mehrere Längsschnittuntersuchungen bzw. mehrere Querschnittuntersuchungen hintereinander geschaltet werden. Durch die Bildung von Mittelwerten über mehrere Einzellängsschnitte bzw. Einzelquerschnitte sollen besser generalisierbare (Netto-)Altersdifferenzen festgestellt werden können.

Nach der *Kohortensequenzmethode (cohort-sequential method)* werden mehrere Kohorten in mehreren Altersstufen untersucht. Für den gleichen Altersbereich werden also für verschiedene Kohorten Daten im Längsschnitt erhoben, weshalb man auch von *Längsschnittsequenzen* sprechen kann. Dieses Vorgehen erlaubt Aussagen über die durchschnittlichen *Altersdifferenzen* für die untersuchten Kohorten und die durchschnittlichen *Kohortendifferenzen* für die untersuchten Altersstufen. Voraussetzung für die eindeutige Interpretation der Alters- und Kohortendifferenzen ist das Fehlen von Testzeiteffekten, die nach Schaie in einer Wechselwirkung von Alter und Kohorte zum Ausdruck kommen sollen.

Nach der *Testzeitsequenzmethode (time-sequential method)* werden mehrere Altersstufen zu mehreren Messzeitpunkten untersucht. Für den gleichen Altersbereich werden also für verschiedene Messzeitpunkte Daten im Querschnitt erhoben, weshalb man auch von *Querschnittsequenzen* sprechen kann. Dieses Vorgehen erlaubt Aussagen über die durchschnittlichen *Altersdifferenzen* über die untersuchten Testzeiten und die durchschnittlichen *Testzeitdifferenzen* für die untersuchten Altersstufen. Voraussetzung für die eindeutige Interpretation der Alters- und Testzeitdifferenzen ist das Fehlen von Kohorteneffekten, die nach Schaie in einer Wechselwirkung von Alter und Testzeit zum Ausdruck kommen sollen.

Es gibt noch einen dritten Plan, die *Quersequenzmethode (cross-sequential method),* bei dem mehrere Kohorten zu mehreren Testzeiten untersucht werden. Da bei diesem Plan das Fehlen von Alterseffekten vorausgesetzt

Tab. 8.4: Minimalpläne der drei Sequenzmodelle von Schaie (aus Trautner 1992a, S. 63)

				Alter					
		Kohortensequenz			Testzeitsequenz			Quersequenz	
K o h o r t e	1940	30			30			30	
	1950	20	30		20	30		20	30
	1960	10	20	30	10	20	30	10	20	30
		1970 1980 1990			1970 1980 1990			1970 1980 1990	
					Testzeit				

wird, ist er für die entwicklungspsychologische Analyse von Veränderungen über das Alter weniger interessant. Schaie (1965) empfiehlt die Quersequenzmethode für Untersuchungen im Erwachsenenalter, bei denen es, unter Vernachlässigung von Altersunterschieden, um die Generalisierbarkeit von Kohortendifferenzen über verschiedene Testzeiten geht.

Die wesentlichen Unterschiede zwischen den drei Plänen und den von ihnen gelieferten Informationen fasst die Tabelle 8.4 in Form sog. *Minimalpläne* zusammen.

Bei einer sinnvollen Anwendung der von Schaie vorgeschlagenen Sequenzpläne sollte allerdings mindestens eine der beiden ausgewählten Komponenten über eine größere Zahl von Stufen variieren. Im Idealfall wäre jede Altersstufe des interessierenden Altersbereichs für jede in Frage kommende Kohorte zu jedem Messzeitpunkt zu untersuchen.

Die Konzepte Alter, Kohorte und Testzeit haben für Schaie nicht rein deskriptiven Charakter. Sie werden von ihm, sogar in erster Linie, in erklärendem Sinne gebraucht, in dem er von Komponenten*effekten* spricht, die er mithilfe der Varianzanalyse überprüft. In den Komponenten Alter, Kohorte und Testzeit sieht Schaie (1965, 1970) folgende *Entwicklungsfaktoren* wirksam:
- Alterseffekte werden als Ausdruck neurophysiologischer Reifungsprozesse interpretiert, die sich zwischen dem Zeitpunkt der Geburt und dem Zeitpunkt der Messung ereignet haben;
- Kohorteneffekte sollen aus unterschiedlichen Umweltbedingungen und/oder aus genetischen Unterschieden zwischen den Kohorten vor dem ersten Messzeitpunkt resultieren;

- Testzeiteffekte sollen auf für alle Individuen gemeinsame Umweltbedingungen oder auf allgemeine Umweltveränderungen zwischen den Messzeitpunkten zurückgehen.

Das zweifaktorielle Modell von Baltes

Die Brauchbarkeit der drei Sequenzmodelle von Schaie wird dadurch eingeschränkt, dass immer nur zwei der drei Komponenten unabhängig voneinander erfasst werden können und die jeweils dritte Komponente mit den gegebenen zwei Komponenten festliegt. Bei der üblichen varianzanalytischen Auswertung gibt es entsprechend auch keine Möglichkeit, drei voneinander unabhängige Haupteffekte festzustellen. Vielmehr ist der Effekt der dritten Komponente in der Wechselwirkung der beiden ersten Komponenten bereits enthalten (Adam, 1978).

An diesem Punkt setzte Baltes (1967, 1968) an und schlug ein *zweifaktorielles* Entwicklungsmodell mit den beiden Komponenten *Alter* und *Kohorte* vor. Außerdem plädierte er, entgegen Schaie (1965), für einen rein deskriptiven Gebrauch der Begriffe Alter, Kohorte und Testzeit (s. Schaie & Baltes, 1975). Seine Entscheidung, auf die Testzeit als eigenständige Komponente zu verzichten, begründete Baltes damit, dass für jede einzelne Kohorte Alter und Testzeit wechselseitig determiniert sind und Alter, als zentrale Variable der Entwicklungspsychologie, gegenüber der Testzeit vorzuziehen ist.

Entsprechend der Reduktion von drei auf zwei Komponenten unterscheidet Baltes nur zwischen *Längsschnittsequenzen* (Schaies Kohortensequenz) und *Querschnittsequenzen* (Schaies Testzeitsequenz).

Sollte aufgrund der – unstrittig – fehlenden statistischen Unabhängigkeit der drei Komponenten Alter, Kohorte und Testzeit auch begrifflich (theoretisch) nur zwischen zwei Komponenten unterschieden werden? Auch wenn man – wie Baltes – die einzelnen Komponenten nicht als erklärende Konstrukte verwendet, erscheint eine begriffliche Unterscheidung von Kohorte und Testzeit (neben Alter) weiterhin möglich und sinnvoll. Ein Beispiel aus der Physik mag den Sachverhalt verdeutlichen: Wenn zwei der drei Größen Zeit, Entfernung und Geschwindigkeit bekannt sind, lässt sich daraus die jeweils dritte Größe berechnen. Es wäre aber unsinnig, deshalb auf eine der drei Größen zur Beschreibung der Fortbewegung zu verzichten. Es hängt von der jeweiligen Fragestellung ab, welche Größen wie miteinander in Beziehung gesetzt werden.

Ähnliches gilt für die Unterscheidung von Alter, Kohorte und Testzeit. Obwohl die Messwerte in einer abhängigen Variablen und die Testzeiten bei einer bestimmten Auswahl von Altersgruppen und Kohorten vollkommen gleich sind, unabhängig davon, ob eine Auswertung nach der Kohortensequenzmethode oder nach der Testzeitsequenzmethode vorgenommen wird, erhält man, je nach gewähltem Plan, verschiedene Arten von Informationen und unterschiedlich interpretierbare Ergebnisse (vgl. Wohlwill, 1977, S. 161–165).

So liegt es näher, das Phänomen der *säkularen Akzeleration,* also der über die Generationen zunehmenden Vorverlegung des puberalen Wachstumsschubs und des Anstiegs der Körperhöhe, als einen Kohorteneffekt (unterschiedliche Wachstumsgeschwindigkeit in verschiedenen Kohorten) zu interpretieren und nicht als einen auf einen bestimmten historisch abgrenzbaren Zeitraum bezogenen Testzeiteffekt. Zur Untersuchung des Akzelerationsphänomens bietet sich daher am ehesten die Kohortensequenzmethode an. Demgegenüber lassen sich vorübergehende Verlangsamungen des körperlichen Wachstums, wie sie im Zusammenhang mit extrem ungünstigen Ernährungsbedingungen während Kriegs- und Nachkriegszeiten auftreten können, besser als Testzeiteffekte interpretieren und weniger als Kohorteneffekte, da der Einfluss auf die Wachstumskurven der verschiedenen Kohorten zeitlich auf die betreffenden Kriegs- oder Nachkriegsjahre begrenzt bleibt. Von Alterseffekten zu sprechen, wäre im Übrigen unangemessen, da die aufgefundenen Altersdifferenzen an die Testzeiten gebunden sind.

Eine Abgrenzung von Kohorten- und Testzeiteffekten erscheint am ehesten in der Art möglich, dass Kohorteneffekte in unterschiedlichen Entwicklungsverläufen verschiedener Kohorten in einem vergleichbaren (eher begrenzten) Altersbereich sichtbar werden, wobei diese Kohortendifferenzen nicht an eng umgrenzte historische Zeiträume gebunden sind. Testzeiteffekte sind hingegen an einen eng umgrenzten historischen Zeitraum gebunden und unter Umständen in einem weiten Altersbereich nachweisbar.

Das Dreikomponentenmodell von Schaie hat gegenüber dem Modell von Baltes den Vorteil, jeweils *die* zwei Komponenten auswählen zu können, die für ein bestimmtes Problem bedeutsam sind.

Zur Illustration der Abgrenzung von Kohorten- und Testzeiteffekten dient die Abbildung 8.4.

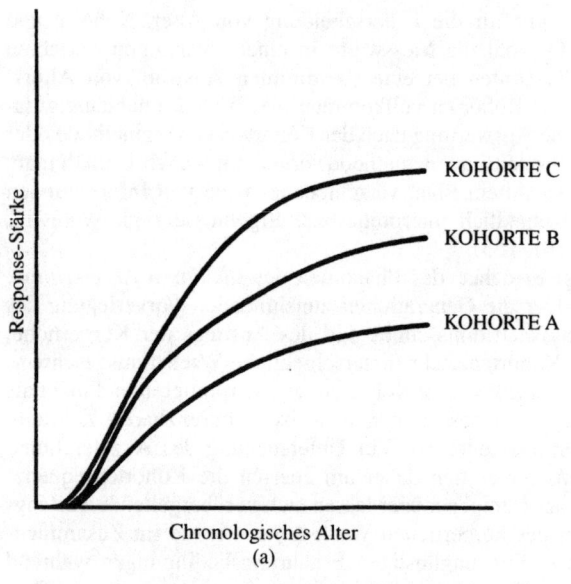
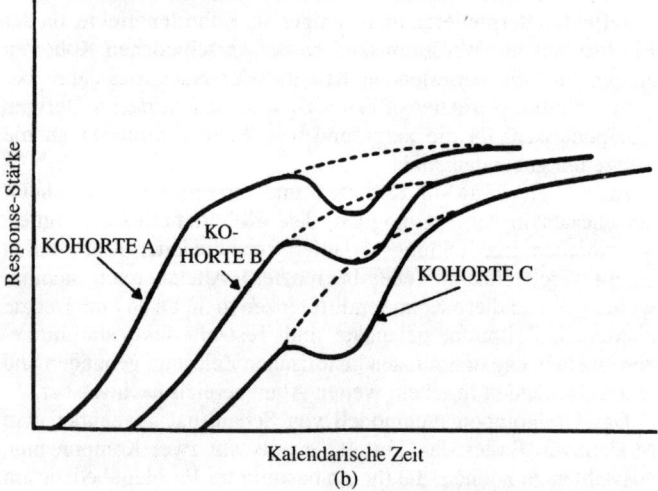

Abb. 8.4: (a) Prototypische Kurven zur Veranschaulichung von Kohorten-Differenzen in Entwicklungsfunktionen, b) Prototypische Kurven, die die Auswirkungen von Testzeit-Effekten auf Entwicklungsfunktionen veranschaulichen (nach Wohlwill, 1977, S. 164)

Schaies Revision seines Allgemeinen Entwicklungsmodells

In einem Aufsatz in der Zeitschrift *Developmental Review* hat Schaie (1986) sein Allgemeines Entwicklungsmodell von 1965 grundlegend revidiert und weiter ausgearbeitet. Der zentrale Gedanke der Revision ist, die bei der bisherigen Definition von Alter, Kohorte und Testzeit gegebene wechselseitige Abhängigkeit der drei Komponenten dadurch zu umgehen, dass die Komponenten von der Anbindung an die *kalendarische Zeit* losgelöst werden.

Das *chronologische Alter* ist nun nur noch eine (zeitliche) Dimension, in der Veränderungen stattfinden, die aber als solche nichts erklärt.

Die *Kohorte* wird zu einer allgemeinen *Selektionsvariable* und umfasst alle Individuen, die ein bestimmtes Ereignis oder bestimmte Umgebungseinflüsse zum gleichen Zeitpunkt erleben. Der gemeinsame Geburtsjahrgang ist dabei nur *ein* mögliches Merkmal unter vielen. Neben weiteren altersbezogenen »cohort definers«, wie Menarchezeitpunkt, Schuleintritt, Ruhestand, unterscheidet Schaie noch eine Vielzahl von historisch bedingten und nichtnormativen Kohortenmerkmalen wie Scheidung, Arbeitslosigkeit, Krankheit etc.

Die *Testzeit,* nun *Periode* genannt, wird zum Datum oder Zeitraum, zu dem ein bestimmtes historisches Ereignis auf eine (Teil-) Population eingewirkt hat. Dabei hängt es nicht vom Zeitpunkt, sondern von der Art des historischen Ereignisses ab, ob und bei wem es Effekte hat.

Ein Beispiel, bei dem Kohorte und Testzeit (Periode) losgelöst von der kalendarischen Zeit definiert sind und nur das Alter als chronologisches Alter gemessen wird (nach Schaie, 1986, S. 270): Wenn das körperliche Wachstum während der Adoleszenz der Untersuchungsgegenstand ist, könnten verschiedene Kohorten von Jugendlichen, die danach gruppiert werden, wie alt sie waren, als ihre Mütter anfingen, an einem Erziehungsprogramm zur gesunden Ernährung von Kindern und Jugendlichen teilzunehmen, hinsichtlich ihrer Wachstumsverläufe über das Lebensalter miteinander verglichen werden. Als zu berücksichtigender historischer Einfluss könnten Zeiten mit größeren oder geringeren Umweltbelastungen gegenübergestellt werden.

Gegenüber den konventionellen Querschnitt- und Längsschnittmethoden stellen die sequentiellen Stichprobenpläne von Schaie und Baltes und die durch sie ermöglichten Auswertungen einen wichtigen methodischen Fortschritt bei der Erforschung von Entwicklungsvorgängen dar. Mit ihnen lassen sich bis zu einem gewissen Grad die sonst unausweichlich eintretenden Konfundierungen zwischen Alters-, Kohorten- und Testzeitdifferenzen vermeiden oder zumindest kontrollieren. Die Anwendung dieser Pläne wird in einzelnen Fällen zu einer Relativierung bisher vorliegender entwicklungspsychologischer Befunde führen. Wegen ihres hohen Aufwands sollten sie allerdings nur dann eingesetzt werden, wenn begründete Annahmen bestehen, dass – neben Altersunterschieden – Kohorten- oder Testzeitunterschiede zu erwarten sind.

Dass die tatsächliche Bedeutung der Sequenzpläne in der entwicklungspsychologischen Forschung bisher eher gering geblieben ist, dürfte vornehmlich daran liegen, dass die Diskussion der Sequenzmodelle überwiegend auf einer methodischen Ebene und weniger auf einer theoretisch-inhaltlichen Ebene geführt worden ist. Die Reformulierung seines Modells und die Differenzierung der drei Komponenten unabhängig von der kalendarischen Zeit, die Schaie (1986) vorgenommen hat, stellen einen wesentlichen Fortschritt in dieser Richtung dar.

8.2.4 Mikrogenetische Analyse

Durch die Anwendung von wiederholten Messungen der gleichen Stichprobe im einfachen Längsschnitt sowie die Erhebung von Längsschnittdaten im interessierenden Altersbereich für verschiedene Kohorten werden zwar intraindividuelle Veränderungen direkt erfasst, die in der Regel geringe Anzahl von Messzeitpunkten und die großen zeitlichen Abstände der einzelnen Erhebungen erlauben jedoch keine Aussage über die genauen Entwicklungsprozesse und die ihnen zugrunde liegenden Entwicklungsmechanismen. Nach Siegler & Crowley (1991) bedarf es hierzu eines längsschnittlichen Versuchsplans, bei dem die Beobachtungsdichte während des interessierenden Veränderungszeitraums im Vergleich zur Veränderungsrate hoch ist. Hierfür schlagen Siegler & Crowley (1991) einen mikrogenetischen Versuchsplan vor, der durch drei Merkmale ausgezeichnet ist: 1. die interessierenden Variablen werden bei den einzelnen Personen während der gesamten betrachteten Entwicklungsperiode erfasst; 2. die Anzahl der Beobachtungen ist im Vergleich zur Veränderungsrate der Variablen hoch; 3. von Messzeitpunkt zu Messzeitpunkt wird das beobachtete Verhalten intensiven Analysen unterzogen, mit dem Ziel, Aufschluss über die Prozesse zu erhalten, die die Entwicklungsveränderungen charakterisieren bzw. auslösen.

Etwas ähnliches verfolgen Entwicklungsverlaufs-Analysen in Einzelfallstudien. Auch hier sind eine große Zahl von wiederholten Messungen und klare Vorstellungen über in der Zeit wirkende Einflussgrößen erforderlich. Mehrere Einzelfallstudien können auch (nachträglich) zusammengefasst werden. Als Auswertungsverfahren kommt hier vor allem die *Zeitreihenanalyse* in Frage (s. Petermann, 1996). Bei einer Zeitreihenanalyse wird jede Beobachtung im zeitlichen Verlauf in drei Komponenten zerlegt (Petermann & Rudinger, 2002):
– den Entwicklungstrend, d. h. die Richtung der Änderung;
– die Entwicklungsschwankungen um den Entwicklungstrend;
– Messfehler in der Datengewinnung.

8.3 Datenerhebungsmethoden in der Entwicklungspsychologie

Zur Sammlung von Daten über Verhaltensmerkmale von Individuen und deren Veränderungen im Laufe der Entwicklung sowie zur Erfassung von Variablen, die den beobachteten Verhaltensmerkmalen zugrunde liegen, gibt es verschiedene *Methoden* der *Datenerhebung*. Die Eignung eines Verfahrens richtet sich nach der jeweiligen Fragestellung (dem Untersuchungsgegenstand) und der jeweils zu untersuchenden Alterspopulation. Die einzelnen Erhebungsmethoden sind daraufhin zu betrachten, inwieweit sie in der Lage sind, die interessierenden Untersuchungsvariablen *objektiv, reliabel* und *valide* zu erfassen. (Zu den Gütekriterien von Messinstrumenten s. Lienert, 1994.)

Meist sind mehrere Möglichkeiten der Konstruktion eines Verfahrens zur Erfassung einer Variablen gegeben. So lässt sich z. B. die Aggressivität einer Person durch Selbsteinstufung auf einem Fragebogen, aufgrund der Einschätzung durch andere Personen, durch Beobachtung in standardisierten Situationen oder durch projektive Verfahren feststellen. Nach dem Weg, auf welchem die Daten gewonnen werden, wird im Folgenden unterschieden zwischen *Beobachtung, Befragung, Test* und *Experiment*.

8.3.1 Beobachtung

In der Entwicklungspsychologie bietet sich der Einsatz von Beobachtungsmethoden an, wenn man sich für konkrete Handlungsabläufe, insbesondere im Rahmen sozialer Interaktionen, für die Häufigkeit, Intensität, Dauer, Latenz oder Kontingenz von Verhaltensweisen interessiert. Auch zur Erfassung physiologischer Abläufe (z. B. Pulsrate, Hirnströme, Atmung) ist die Beobachtung, hier mithilfe von entsprechenden Messgeräten, die Methode der Wahl.

Man kann zwischen einer freien, unsystematischen Beobachtung und einer kontrollierten, systematischen Beobachtung unterscheiden (Fassnacht, 1995). Bei den in einer wissenschaftlichen Untersuchung üblicherweise verwendeten systematischen Beobachtungsmethoden gibt es einen Satz von Regeln, die dem Beobachter genau vorschreiben, was er beobachten und festhalten soll und wie er dies tun soll. Dazu gehören vor allem die Festlegung des Beobachtungsplans und die Bereitstellung eines Systems der Registrierung bzw. Protokollierung (v. Cranach & Frenz, 1969; Greve & Wentura, 1997; Schölmerich & Weßels, 1998).

Hinsichtlich der äußeren Bedingungen einer Beobachtung ist außerdem zwischen dem Geschehensort, an dem die Beobachtung stattfindet *(Setting)*, und den spezifischen situativen Bedingungen *(Situation)* zu unterscheiden. Kindergarten, Schulklasse oder elterliche Wohnung sind in diesem Sinne Geschehensorte (Settings), zur Situation gehören u. a. vorhandenes Spielzeug, Aspekte der Unterrichtsorganisation oder die Beschäftigung mit den Hausaufgaben.

Bei der Planung einer Beobachtungsstudie ist zunächst zu entscheiden, ob ein *offenes* oder ein *geschlossenes* Verfahren gewählt wird, d. h., ob alles auftretende Verhalten oder nur Ausschnitte davon Gegenstand der Beobachtung sein sollen. Meist wird aus theoretischen Gründen, aber auch aus praktischen Gründen der Handhabbarkeit, eine inhaltliche Eingrenzung der Beobachtungsgegenstände vorgenommen. Neben der inhaltlichen Erstreckung der Beobachtung ist die zeitliche Erstreckung der Untersuchung bzw. der einzelnen Untersuchungsintervalle, Zeitpunkt und Art der Protokollierung und die Art der Auswertung vorher festzulegen. Eine systematische Einteilung von Beobachtungsplänen nach diesen Kriterien findet sich in Trautner (1992a, S. 317–321).

Relativ unabhängig von der Entscheidung für einen bestimmten Beobachtungsplan kann das beobachtete Verhalten nach einem

Kategoriensystem, einem *Zeichensystem* oder mithilfe von *Schätzskalen* protokolliert werden (Medley & Mitzel, 1963; Schölmerich & Weßels, 1998).

Bei einem *Kategoriensystem* wird vorweg eine endliche Anzahl von Kategorien konstruiert (z. B. *aggressives Verhalten, Hilfe suchendes Verhalten, unterstützendes Verhalten* usw.), unter die einzelne auftretende Verhaltensweisen (z. B. *nimmt einem anderen Kind ein Spielzeug weg, ruft jemand herbei, hilft einem anderen Kind)* subsumiert werden. Jedes auftretende Verhalten ist dann nach den zuvor festgelegten Kategorien zu klassifizieren. Dabei wird nicht das einzelne Verhalten selbst, sondern nur die übergeordnete Kategorie protokolliert. Die Zahl der Kategorien eines Beobachtungssystems findet ihre natürliche Grenze in der Unterscheidungsfähigkeit des Beobachters.

Bei einem *Zeichensystem* wird eine Reihe von zuvor genau spezifizierten Ereignissen oder Handlungen (sog. Zeichen), die für eine bestimmte Problemstellung von Bedeutung erscheinen, auf einer Liste zusammengestellt. Eine Liste zur Untersuchung abhängigen Verhaltens bei Kleinkindern könnte z. B. Items enthalten wie *bittet die Mutter um Hilfe, ergreift die Hand der Mutter, weint, wenn die Mutter den Raum verlässt* u. a. Das Auftreten dieser Verhaltensweisen (Zeichen) ist vom Beobachter zu registrieren. Die registrierten Zeichen werden nicht, wie bei einem Kategoriensystem, von vornherein unter bestimmte Kategorien subsumiert. Im Protokoll steht, welche der aufgeführten Zeichen wie häufig während des Beobachtungszeitraums aufgetreten sind. Da über die Entdeckung eines Zeichens hinaus keine weitere Zuordnungsleistung erforderlich ist, kann eine Liste von Zeichen umfangreicher sein als die Anzahl der Kategorien eines Kategoriensystems.

Schätzskalen im Rahmen von Beobachtungsmethoden können als Erweiterung von Kategoriensystemen angesehen werden, insofern als innerhalb jeder Kategorie Unterkategorien gebildet werden, die festen Punkten (Zahlenwerten) auf einer mehrstufigen Skala entsprechen. Der Beobachter hat das während des Beobachtungszeitraums auftretende Verhalten einer Kategorie zuzuordnen und innerhalb dieser Kategorie mit einer Gewichtszahl zu versehen. Vorgegebene Verhaltensbeispiele erleichtern die Einstufung. Bei der Verwendung von Schätzskalen wird also nicht die beobachtete Häufigkeit des Auftretens von Verhaltensweisen registriert, sondern – oft nachträglich – die Ausprägung eines Verhaltensmerkmals über ein bestimmtes Zeitintervall hinweg geschätzt.

Als Messvorgang betrachtet beinhaltet die Beobachtung auf Seiten des Beobachters Leistungen der Wahrnehmung, Beurteilung, Verschlüsselung und Aufzeichnung von Ereignissen. Je nach dem gewählten Beobachtungsplan und dem verwendeten System der Protokollierung kommt diesen Leistungen unterschiedliches Gewicht zu. Wegen der Unzulänglichkeiten des »Messinstruments Beobachter« kann es zu einer Reihe systematischer *Beobachtungs- und Beurteilungsfehler* kommen (s. v. Cranach & Frenz, 1969; Fassnacht, 1995).

Der Beobachter kann darüber hinaus zur Fehlerquelle werden, indem er durch seine Anwesenheit bzw. Beobachtungstätigkeit das ablaufende Geschehen beeinflusst. Zur Vermeidung solcher Beobachtungseinflüsse kann man Versuchsräume mit Einwegfenstern oder Videoaufzeichnungen benutzen. Durch den Einsatz von Apparaten (Kassettenrecorder, Videokamera) lässt sich die Menge und Genauigkeit der registrierten Daten wesentlich erhöhen und deren Analyse beliebig oft wiederholen (s. Thiel, 1997).

Die *Vorteile* der Beobachtungsmethode sind:
- Verhalten wird in seinem unmittelbaren Ablauf erfasst und zu dem Zeitpunkt festgehalten, zu dem es sich tatsächlich ereignet;
- Beobachtungsmethoden lassen sich in der natürlichen Umgebung einsetzen;
- Dinge, über die Personen nicht in der Lage sind, objektiv zu berichten (wie z. B. komplexe soziale Interaktionen), lassen sich so registrieren;
- nur die Beobachtung erlaubt die gleichzeitige Erhebung mehrerer, von verschiedenen Personen ausgehender komplexer Verhaltensweisen über einen längeren Zeitraum.

Die *Nachteile* der Beobachtungsmethode sind:
- die verschiedenen Beobachtungs- und Beurteilungsfehler;
- es gibt Ereignisse (z. B. Streit in der Familie, sexuelles Verhalten), über die Personen zwar imstande und bereit sind zu berichten, die aber nicht der unmittelbaren Beobachtung, sondern nur mittelbar, über Mediatoren (Selg, 1984) zugänglich sind;
- bei Beobachtungen in der natürlichen Umgebung können unvorhergesehene Störfaktoren auftreten (z. B. bricht während der Beobachtung des Spiels von Kindern ein Streit aus, der zum Abbruch des Spiels führt).

Zu beobachten, wie sich Individuen im Laufe ihrer Entwicklung in verschiedenen Situationen verhalten und welche Veränderungen in ihrer Umwelt eintreten, ist für die Entwicklungspsychologie von großem Interesse. Aufgrund des großen Aufwands bei der Konstruktion, Durchführung und Auswertung von Beobachtungsverfahren sowie verschiedener praktischer Schwierigkeiten (wie der Unzugänglichkeit bestimmter Geschehensorte, der Beeinflussung des Geschehens durch den Beobachter) gibt es nur wenige entwicklungspsychologische Untersuchungen, die Daten mithilfe systematischer Beobachtungsverfahren erhoben haben. Zählt man allerdings die im Rahmen experimenteller Untersuchungen anfallenden Beobachtungsdaten mit, erhöht sich der Anteil des Einsatzes von Beobachtungsmethoden in der Entwicklungspsychologie beträchtlich.

8.3.2 Befragung

Die verschiedenen Verfahren der mündlichen und schriftlichen Befragung liefern *subjektive Daten* über bestimmte Aspekte des gegenwärtigen oder vergangenen Verhaltens und Erlebens einer Person sowie über ihre Umwelt. Sie repräsentieren die phänomenale Welt des Individuums. Wenn man etwas über die Selbsteinschätzung einer Person, deren Einstellungen, Werthaltungen und Interessen, die Wahrnehmung der Umwelt, die Einschätzung anderer Personen u. a. wissen will, ist die Befragung der Person der direkte und meist auch einzig mögliche Zugang zu den interessierenden Daten.

Neben der Unterscheidung in *mündliche* und *schriftliche* Befragungsmethoden lassen sich diese weiter nach dem Grad ihrer *Strukturiertheit* sowie der *Offenheit* oder *Geschlossenheit* der Antwortmöglichkeiten voneinander abgrenzen. Außer der direkten Befragung der Versuchsperson selbst besteht die Möglichkeit, durch Befragung von Dritten (Verwandten, Freunden etc.) Angaben über eine Person zu erhalten.

Für die Zwecke der Entwicklungspsychologie sind insbesondere die folgenden Befragungsmethoden von Bedeutung:
- Interviewverfahren, einschließlich Puppenspielinterview und Bildwahlverfahren;
- Fragebogenverfahren;
- Niederschriften (z. B. Aufsätze, Satz- oder Geschichtenergänzungen).

Wesentliches Merkmal des *Interviews* ist die durch die Gesprächssituation gegebene *interpersonelle Beziehung* zwischen Interviewer und Befragtem. Das Hauptproblem des Interviewverfahrens, speziell des wenig strukturierten Interviews mit offenen Fragen, besteht in der aufwendigen oder nur schwer möglichen Quantifizierung der Antworten. Die Interviewmethode bietet sich vor allem in einem frühen Forschungsstadium zur Hypothesenfindung oder als Vortest zur Erprobung eines Fragebogens an. Im Vergleich zu schriftlichen Befragungen ist beim Interview ein mangelndes Verständnis der Fragen leichter zu erkennen und zu korrigieren.

Zwei Varianten des Interviews, die sich besonders bei Kleinkindern mit wenig fortgeschrittenen sprachlichen Fähigkeiten anbieten, sind das *Puppenspielinterview* und das *Bildwahlverfahren*. Beim *Puppenspielinterview* wird dem Kind Gelegenheit gegeben, bestimmte Situationen oder Interaktionen mit Puppen spielerisch auszudrücken. Die Gefahr dieser Methode ist, dass das Kind sich zur Übertreibung von Gefühlen oder zur Darstellung fantasierter Szenen ermuntert fühlt. Beim *Bildwahlverfahren* sind nach bestimmten Kriterien Bilder auszuwählen. Z. B. sollen bildlich dargestellte Spielzeuge oder Aktivitäten nach eigener Präferenz gewählt oder als typisch für bestimmte Gruppen zugeordnet werden.

Fragebogen sind vor allem wegen der einfachen Auszählung der Antworten und ihrer Anwendbarkeit in Gruppenuntersuchungen ein beliebtes Forschungsinstrument in der Psychologie. Bei der Formulierung der einzelnen Fragen ist darauf zu achten, dass sie 1. für die Versuchsperson verständlich sind, 2. eindeutig beantwortet werden können und 3. möglichst wenig von Antworttendenzen (z. B. mit »Ja« oder sozial erwünscht zu antworten) beeinflusst werden. Bei der Konstruktion eines standardisierten Fragebogens ist es üblich, die endgültige Aufnahme einzelner Fragen von einer Aufgabenanalyse abhängig zu machen, bei der für jede Frage die Antworthäufigkeiten *(Schwierigkeit)* und die Korrelation der Beantwortung einer Frage mit dem Gesamtwert der Fragebogenskala *(Trennschärfe)* berechnet werden. Der Terminus *Fragebogen* bedeutet im Übrigen nicht, dass Fragen im Wortsinne gestellt werden. Vielmehr hat es sich eingebürgert, Behauptungen oder Aussagen *(Statements)* zu formulieren (z. B. »ich bin mit mir zufrieden«, »manchmal fühle ich mich niedergeschlagen«), die zustimmend oder ablehnend beantwortet werden können. Häufig sind auch mehrere abgestufte Möglichkeiten der Zustimmung oder Ablehnung gegeben.

Die *Aufsatzmethode* gelangte vor allem in der deutschen Jugendpsychologie mit Themen wie »Wie ich mir mein Leben im Jahr 2000 vorstelle« oder »Wovor ich Angst habe« zur Anwendung (s. Nickel, 1975). Vorausgesetzt, dass die Ausrichtung an einem bestimmten Adressaten nicht zu systematischen Verfälschungen führt, können Aufsätze, besser als die Beantwortung einzelner vorgegebener Fragen, die wahre Meinung einer Person wiedergeben. Varianten der Aufsatzmethode sind *Satzergänzungsverfahren,* das *Zu-Ende-Erzählen von Geschichten* oder *projektive Verfahren*. Die Auswertungsprobleme sind bei diesen Methoden noch größer als bei den Interviewverfahren.

(Ausführliche Erläuterungen zu Befragungsmethoden in der Entwicklungspsychologie und zu einzelnen Verfahren finden sich in Trautner, 1992a, S. 326–333.)

8.3.3 Entwicklungstests

Unter einem Test versteht man in der Psychologie ein *standardisiertes Prüfverfahren,* das eine möglichst objektive, reliable und valide Messung der individuellen Ausprägung eines Merkmals erlauben soll. Solche Merkmale können z. B. sein: Intelligenz, Konzentrationsfähigkeit, Sprachverständnis, Handgeschicklichkeit etc. Tests werden meist angewendet, um verschiedene Personen hinsichtlich der Ausprägung des jeweils getesteten Merkmals miteinander zu vergleichen bzw. dem einzelnen Individuum seine relative Position verglichen mit einer Bezugsgruppe zuzuweisen. Bei Tests, die über einen weiten Altersbereich Anwendung finden und die Merkmale erfassen, die sich über das Alter verändern, wird häufig die jeweilige Alterspopulation als Bezugsgruppe für die individuellen Testwerte herangezogen. Testdurchführung und Testauswertung sind standardisiert und objektiv (s. Lienert, 1994). In der Entwicklungspsychologie kommen zum Einsatz:
- Allgemeine Entwicklungstests
- Intelligenztests bzw. Tests kognitiver Fähigkeiten
- Schultests
- Tests zur Prüfung spezieller Funktionen, Fertigkeiten und Eignungen.

Aufgabe eines *Entwicklungstests* ist die Feststellung des Entwicklungsstands eines Probanden bezogen auf die Entwicklungsnorm, d. h., »ob, in welchen Bereichen und in welchem Ausmaß sich menschliche Entwicklung nach Art, Verlauf und Geschwindigkeit als normal, auffällig oder gar gestört erweisen« (Filipp & Dönges, 1983, S. 202). Damit individuelle Entwicklungsverläufe in den jeweils erfassten Merkmalen mit einer Entwicklungsnorm verglichen werden können, müssen Tests vorhanden sein, die für mehrere Altersgruppen anwendbar sind und für die Altersnormen, möglichst auch Angaben über differentielle Entwicklungsverläufe, vorliegen.

Für Filipp und Dönges (1983) müssen Entwicklungstests im engeren Sinne entwicklungstheoretisch begründet sein, d. h., »bei ihrer Konstruktion (bedarf es) einer präzisen Hypothese über die

Schwierigkeitssequenz der Items nach entwicklungstheoretischen Gesichtspunkten und der anschließenden Prüfung dieser Hypothese« (Filipp & Dönges, 1983, S. 233). Diesem Anspruch genügen nur wenige Tests.

In die Kategorie der *Intelligenztests* fallen alle standardisierten Verfahren, die die allgemeine Intelligenz bzw. spezielle Intelligenzfähigkeiten, wie schlussfolgerndes Denken, Wortflüssigkeit, räumliches Vorstellungsvermögen u. a., erfassen. Auch bei der Anwendung von Intelligenztests werden in der Regel die individuellen Testrohwerte zu den jeweiligen Altersnormen in Beziehung gesetzt.

Die Gruppe der *Schultests* umfasst Verfahren, die entweder die Frage der Schulfähigkeit (Schulreife, Eignung für bestimmte Schultypen) betreffen oder den Leistungsstand von Schülern in bestimmten Fächern erfassen sollen. Diese Tests gelangen meist unter pädagogischen Fragestellungen und weniger unter einem entwicklungspsychologischen Aspekt zum Einsatz.

Die Untersuchung spezieller *Funktionen* und *Fertigkeiten* geschieht häufig bereits im Rahmen von Testreihen zur Untersuchung des Entwicklungsstands und der Intelligenz bzw. in Schultests. Gesonderte Tests zur Prüfung spezieller Funktionen und Fertigkeiten weisen oft einen engen Bezug zur Feststellung der beruflichen Eignung auf.

(Über allgemeine Entwicklungstests und spezielle Tests für Kinder und Jugendliche informieren Brack, 1999; Filipp & Dönges, 1983; Rennen-Allhoff & Allhoff, 1987).

8.3.4 Das Experiment in der Entwicklungspsychologie

Psychologische Experimente dienen im Allgemeinen dazu, eine Entscheidung für oder gegen eine explizit formulierte Hypothese herbeizuführen, z. B. dass aggressives Verhalten aus vorangegangener Frustration resultiert. In einem Experiment wird mindestens eine Variable, die experimentelle oder *unabhängige* Variable, *hergestellt* und *variiert* und die *Auswirkung* dieser Manipulation auf eine andere Variable, die *abhängige* Variable, festgestellt (s. Huber, 2002). Um die Variation der abhängigen Variable eindeutig als Folge der Manipulation oder Variation der unabhängigen Variable interpretieren zu können, sind alle anderen auf die abhängige Variable möglicherweise einwirkenden Faktoren auszuschalten bzw. zu kontrollieren. Dies geschieht auf dem Wege der

Konstanthaltung, Eliminierung, Randomisierung oder Parallelisierung der möglichen weiteren Einflussgrößen.

Die Durchführung von Experimenten ist nicht auf künstliche Laborsituationen beschränkt, sondern u. U. auch in der natürlichen Lebensumgebung möglich, sofern dort die Voraussetzung der kontrollierten Bedingungsvariation der unabhängigen Variablen gegeben ist. Man spricht hier von *Feldexperimenten*.

Feldexperimente dürfen nicht mit Felduntersuchungen oder Feldstudien verwechselt werden, bei denen schon existierende Unterschiede in Bedingungsfaktoren (z. B. Geschlecht, soziale Herkunft oder Intelligenz der Versuchsperson) *vorgefunden* und bloß *gemessen* werden. Aus einer Feldstudie lassen sich lediglich Aussagen über die *Korrelation* zwischen den angenommenen unabhängigen und abhängigen Variablen ableiten, nicht jedoch über die *Richtung* des Zusammenhangs. Erst auf dem Wege der Theoriebildung und theoriegeleiteten Anwendung kausalanalytischer Verfahren (z. B. Cross-lagged-Panel Analyse, Pfadanalyse, LISREL) lassen sich aus Feldstudien Aufschlüsse über Wirkungszusammenhänge analog einer experimentellen Analyse gewinnen.

Hinsichtlich der Validität von experimentellen Versuchsanordnungen unterscheidet man gewöhnlich zwischen der *internen* und der *externen* Validität (Campbell & Stanley, 1970). *Interne Validität* ist gegeben, wenn Einflüsse anderer Art als die experimentell hergestellten oder kontrollierten (annähernd) ausgeschaltet sind. *Externe Validität* ist gegeben, wenn die Bedingungen des Experiments mit den außerexperimentellen Bedingungen, für die eine Aussage gemacht werden soll, (annähernd) übereinstimmen. (Einflüsse, die die interne und externe Validität einer Untersuchung herabsetzen, sind ausführlich in Baltes et al., 1977, und in Campbell & Stanley, 1970, beschrieben.)

Ist die Erklärung von Verhalten (genauer: der Verhaltensvariation unter spezifizierten Bedingungen) der wesentliche Gegenstand des psychologischen Experiments allgemein, so ist die Aufgabe des Experiments in der Entwicklungspsychologie im Besonderen, die Bedingungen intraindividueller Veränderungen und der interindividuellen Unterschiede in diesen Veränderungen aufzuzeigen. Eine derartige Bedingungsanalyse setzt die Definition und Messbarkeit entwicklungsrelevanter Verhaltensmerkmale (der abhängigen Variablen) sowie die Kenntnis deren charakteristischer Veränderungen und interindividuellen Unterschiede im Laufe der Entwicklung bereits voraus. Außerdem müssen experimentell überprüfbare Hypothesen über die möglichen Bedingungen der Verhaltensvariation vorhanden sein.

Derartige strenge Voraussetzungen erfüllen aber nur wenige Experimente in der Entwicklungspsychologie. Meist werden bloß aktuelle Bedingungen interindividueller Unterschiede bei relativ altershomogenen Stichproben festgestellt und nicht Bedingungen langfristiger Entwicklungsveränderungen. Der Unterschied zum allgemeinpsychologischen Experiment besteht dann im Wesentlichen darin, anstelle von erwachsenen Versuchspersonen Kinder oder Jugendliche untersucht zu haben (vgl. auch Wohlwill, 1977, Kap. XI).

Die meisten Experimente an Kindern und Jugendlichen sind so angelegt, dass zwar eine streng kontrollierte Bedingungsvariation vorgenommen wird, es jedoch weniger um die Aufklärung von Bedingungen ontogenetischer Verhaltensänderungen geht als um die reine Feststellung altersspezifischer, für ein bestimmtes Entwicklungsstadium charakteristischer Verhaltensweisen oder Fertigkeiten. Von dieser Art sind z. B. Experimente an Säuglingen, in denen diese abwechselnd mit dem Gesicht und/oder der Stimme der eigenen Mutter oder einer fremden Frau konfrontiert werden. Festgehalten wird jeweils, wie lange der Säugling das betreffende Gesicht fixiert. Den Experimentator interessiert dabei in erster Linie, ob die Säuglinge in der Lage sind, Gesicht und Stimme der Mutter und einer fremden Frau voneinander zu unterscheiden bzw. in welchem Alter unter welchen Bedingungen die Unterscheidungsleistung vorhanden ist (Carpenter, 1974). Dass Säuglinge ein vertrautes und ein fremdes Gesicht, mit einer vertrauten bzw. einer fremden Stimme, ab einem bestimmten Alter unterschiedlich lange fixieren und die weiteren Veränderungen des Fixationsverhaltens über das Alter sind aber durch die unabhängigen Variablen des Experiments (die Konfrontation mit der Mutter oder einer fremden Person) noch nicht erklärt. Die experimentellen Bedingungen geben hier nur den Rahmen ab, in dem sich Verhaltensmerkmale und -unterschiede zeigen. Die Ergebnisse des Experiments machen aber bestimmte Erklärungen wahrscheinlich, die in weiteren Experimenten genauer überprüft werden können. Insofern sind auch Experimente ohne einen direkten Bezug zur Analyse der Bedingungen langfristiger Veränderungen entwicklungspsychologisch bedeutsam. Der Vergleich der experimentellen Befunde für verschiedene Alters- oder Entwicklungsstufen gibt außerdem Aufschluss über die Generalisierbarkeit psychologischer Gesetzmäßigkeiten bzw. möglicher Wechselwirkungszusammenhänge (Interaktionen) zwischen dem Entwicklungsstand oder Alter des Individuums einerseits und der Auswirkung experimenteller Bedingungen andererseits.

Außer der Untersuchung der Interaktion zwischen experimentellen Bedingungen und dem Entwicklungsstand (Alter) der Versuchsperson gibt es zwei im engeren Sinne entwicklungspsychologische Problemstellungen, die experimentell angegangen werden können: die *Kontrolle der Erfahrung* und die *Simulation der normalen Entwicklung.*

Die *experimentelle Kontrolle der Erfahrung* (z. B. durch operante Konditionierung oder Lernen am Modell) ist auf zwei Arten möglich: als *Deprivationsexperiment* und als *Trainingsexperiment.*

In einem *Deprivationsexperiment* werden die Erfahrungsmöglichkeiten mehr oder weniger stark eingeschränkt. Übt diese Deprivation einen entwicklungsverlangsamenden oder sogar entwicklungsunterdrückenden Effekt aus, so erweist sich damit die Umweltabhängigkeit des betreffenden Entwicklungsphänomens. Bleibt die Deprivation hingegen ohne (schädliche) Auswirkungen, liegt es nahe, eine Reifungsabhängigkeit anzunehmen. Meist sind die Verhältnisse allerdings komplexer, da Reifungs- und Erfahrungseinflüsse nicht unabhängig voneinander wirken (vgl. Kap. 5.3). Deprivationsstudien mit einer experimentellen Einschränkung oder Vorenthaltung entwicklungsrelevanter Umwelteinflüsse verbieten sich im Humanbereich aus ethischen Gründen. Allein im Tierversuch lassen sich entsprechende Fragestellungen experimentell untersuchen.

Für den Humanbereich angemessener ist das *Trainingsexperiment.* Hier wird durch die systematische Variation von Erfahrungseinflüssen und planmäßig gesteuerte Übungsprozesse, die als förderlich für das Eintreten von Entwicklungsfortschritten gelten, eine Beschleunigung, Optimierung oder zumindest Modifikation von Entwicklungsprozessen herbeizuführen versucht (s. Hasselhorn & Schneider, 1998). Durch den Vergleich der Werte vor und nach den Trainingsmaßnahmen wird der Trainingseffekt abgeschätzt. Um auszuschließen, dass andere Faktoren als das Training zu den beobachteten Veränderungen geführt haben oder die Veränderungen auch ohne Training eingetreten wären, sind in der Trainingsgruppe mögliche Störfaktoren zu kontrollieren und eine Kontrollgruppe ohne Training zum Vergleich zu untersuchen.

Bei der *Simulation der Entwicklung im Experiment* werden langfristige Verhaltensänderungen oder auch interindividuelle

Entwicklungsunterschiede durch eine systematische Variation der für sie als verantwortlich angenommenen Bedingungen experimentell »(re)produziert« (vgl. Baltes & Goulet, 1971; Wohlwill, 1977). Unter der Annahme, dass nicht eine verminderte geistige Leistungsfähigkeit, sondern eine erhöhte Ermüdbarkeit für das schlechtere Abschneiden älterer Menschen in einem Intelligenztest verantwortlich ist, könnte z. B. versucht werden, durch die kurzfristige Hervorrufung unterschiedlicher Ermüdungsgrade im Experiment Intelligenzunterschiede zu erzeugen, die denen zwischen jüngeren und älteren Erwachsenen entsprechen (s. Furby & Baltes, 1973).

Während die experimentelle Kontrolle der Erfahrung in Form des Deprivations- oder Trainingsexperiments speziell die Verlangsamung oder Beschleunigung der »natürlichen« Entwicklung (Intervention) anzielt, ist das Ziel eines Simulationsexperiments eher die (Re-)Produktion oder Konstruktion der »natürlichen« Entwicklung. Das muss nicht unbedingt an der (Alters-)Population erprobt werden, in der das betreffende Entwicklungsphänomen normalerweise auftritt, es kann auch an einer Population untersucht werden, die die angenommene Entwicklungsgeschichte noch nicht durchlaufen hat.

Die Anwendung experimenteller Ansätze in der Entwicklungspsychologie ist auf Bedingungszusammenhänge beschränkt, die sich experimentell herstellen und variieren lassen. Damit sind Anlagen und Reifungsbedingungen sowie langfristig wirksame und komplexe Variablen der Umwelt von einer derartigen Analyse ausgeschlossen, abgesehen von den ethischen Grenzen experimenteller Eingriffe in Entwicklungsbedingungen. Gerade diese, dem Experiment nicht zugängliche Faktoren sind aber wesentlich für die intraindividuelle Entwicklung und für interindividuelle Unterschiede der Entwicklung verantwortlich. Ebenfalls von einer experimentellen Manipulation ausgeschlossen sind sämtliche von einer Versuchsperson »mitgebrachten« Merkmale, wie ihr Geschlecht, ihre soziale Herkunft oder bestimmte Persönlichkeitsmerkmale. Solche *vorgefundenen* Merkmale können durch einen experimentellen Versuchsplan höchstens in ihrer Auswirkung auf die abhängige Variable kontrolliert werden.

Trotz dieser Einschränkungen erweist sich das Experiment, wie zuvor gezeigt, auch zur Untersuchung einiger entwicklungspsychologischer Probleme als durchaus brauchbar. Speziell wenn es darum geht, für ein Entwicklungsstadium charakteristische Verhaltensmerkmale und Fertigkeiten oder Wechselwirkungen zwischen aktuellen Bedingungen und dem Entwicklungsstand aufzuzeigen, erweist sich ein experimenteller Ansatz als besonders geeignet.

8.4 Probleme der Forschungspraxis

Bei der Planung und Durchführung entwicklungspsychologischer Untersuchungen stellen sich außer den bereits angesprochenen theoretischen und methodischen Problemen noch eine Reihe *praktischer Probleme*. Drei Problemkreise erscheinen für die Forschungspraxis besonders wichtig:
– die Begründung der Auswahl von Untersuchungsgegenständen,
– die Zusammenstellung von Stichproben und Untersuchungsverfahren,
– ethische Probleme, speziell bei der Untersuchung von Kindern.

Kriterien zur Auswahl von Untersuchungsgegenständen

Bei der Planung einer entwicklungspsychologischen Untersuchung gibt es mindestens vier Möglichkeiten, woran man sich bei der Auswahl des Untersuchungsgegenstands orientiert. Der Ausgangspunkt kann sein:
– praktische Probleme und Beobachtungen in *Alltagssituationen* (z. B. die Beobachtung, dass Kinder zwischen zwei und vier Jahren »unerklärliche Wutanfälle« bekommen);
– bereits bekannte *gesetzmäßige Beziehungen zum Lebensalter* (ausgehend z. B. von charakteristischen Veränderungen der Intelligenzleistung und der Intelligenzstruktur im Kindesalter werden Bedingungen für interindividuelle Unterschiede der Entwicklung gesucht);
– *Theorien und Modelle der Entwicklung* (theoriegeleitet werden bestimmte Hypothesen formuliert und empirisch überprüft, z. B. die Hypothese, dass eine Muttertrennung während der frühen Kindheit sich auf die späteren Partnerbeziehungen auswirkt);
– *vorhandene Untersuchungsverfahren* (gebräuchliche Fragebogen, Beobachtungsverfahren, Tests etc. werden für neue Populationen adaptiert und geeicht).

Schwierigkeiten bei der Zusammenstellung von Stichproben und Untersuchungsverfahren

Spezielle Probleme, die die Durchführung geplanter entwicklungspsychologischer Untersuchungen behindern können, sind:
- Schwierigkeiten, die Versuchspersonen zu finden und für eine Teilnahme an der Untersuchung zu gewinnen, die gemäß dem Untersuchungsplan gebraucht werden;
- repräsentative Untersuchungsstichproben zusammenzustellen und – bei Längsschnittuntersuchungen – zusammenzuhalten;
- Grenzen der Anwendbarkeit von Untersuchungsverfahren über den zu untersuchenden Altersbereich.

Ethische Probleme von Untersuchungen

Untersuchungen am Menschen haben grundsätzlich ethische Gesichtspunkte zu beachten. Kernpunkte der ethischen Grundsätze psychologischer Untersuchungen sind: a) die *Vermeidung psychischer Belastungen* oder gar *Schädigungen der Versuchspersonen* durch den Untersuchungsablauf oder durch die Bekanntgabe der Daten und b) die *Wahrung der Vertraulichkeit von Daten*. Diese Grundsätze gelten in besonderem Maße für Untersuchungen an Kindern und Jugendlichen. Dem Untersucher ist damit eine besondere Verantwortung auferlegt hinsichtlich dessen, was er zum Gegenstand seiner Untersuchung macht, was er von den Versuchspersonen verlangt und in welcher Art er sie über die Ziele und den Ablauf der Untersuchung informiert. Ethische Richtlinien für Psychologen, in denen u. a. auch die Kriterien für eine verantwortungsvolle Forschungspraxis festgelegt sind, wurden 1998 gemeinsam von der Ethikkommission der *Deutschen Gesellschaft für Psychologie* (DGPs) und dem *Berufsverband Deutscher Psychologen* (BDP) vorgelegt.

Ethische Standards für entwicklungspsychologische Untersuchungen, speziell bei Kindern und Jugendlichen, wurden in den USA bereits seit den 60er Jahren diskutiert und u. a. vom *Committee for Ethical Conduct in Child Development Research* der Society for Research in Child Development (SRCD) in ethischen Richtlinien festgehalten. Die im SRCD-Newsletter, Winter 1990, S. 5 f. veröffentlichten Richtlinien sind in deutscher Übersetzung abgedruckt in Trautner (1992a, S. 305–307). Die englischsprachige Originalversion ist auf der Webseite der SRCD unter *www.srcd.org* zugänglich.

Literatur

Adam, J. (1978). Sequential strategies and the separation of age, cohort, and time-of-measurement contributions to developmental data. *Psychological Bulletin, 85,* 1309–1316.
Anderson, J. R. (2001). *Kognitive Psychologie* (3. Aufl.). Heidelberg: Spektrum.
Andrews, P. & Martin, L. (1987). Cladistic relationships of extant and fossil hominoids. *Journal of Human Evolution, 16,* 101–108.
Ariès, P. (1975). *Geschichte der Kindheit.* München: Hanser.
Aronfreed, J. & Reber, A. (1965). Internalized behavioral suppression and the timing of social punishment. *Journal of Personality and Social Psychology, 1,* 3–16.
Asendorpf, J. (1988). *Keiner wie der andere.* München: Piper.
Asendorpf, J. (1989). *Soziale Gehemmtheit und ihre Entwicklung.* Berlin: Springer.
Asendorpf, J. (1991). *Die differentielle Sichtweise in der Psychologie.* Göttingen: Hogrefe.
Asendorpf, J. (1992). Beyond stability: Predicting interindividual differences in intraindividual change. *European Journal of Personality, 6,* 103–117.
Asendorpf, J. (1996). Die Natur der Persönlichkeit: Eine koevolutionäre Perspektive. *Zeitschrift für Psychologie, 204,* 97–115.
Asendorpf, J. (1998). Entwicklungsgenetik. In H. Keller & L. Eckensberger (Hrsg.), *Lehrbuch Entwicklungspsychologie* (S. 97–118). Bern: Huber.
Baer, D. M. (1973). The control of developmental process: Why wait? In J. R. Nesselroade & H. W. Reese (Eds.), *Life-span developmental psychology: Methodological issues* (pp. 185–193). New York: Academic Press.
Baer, K. E. von (1828–1837). *Über Entwickelungsgeschichte der Thiere: Beobachtung und Reflexion* (2 Bände). Königsberg: Bornträger.
Baltes, P. B. (1968). Longitudinal and cross-sectional sequences in the study of age and generation effects. *Human Development, 11,* 145–171.
Baltes, P. B. (Hrsg.). (1979). *Entwicklungspsychologie der Lebensspanne.* Stuttgart: Klett-Cotta.

Baltes, P. B. (1990). Entwicklungspsychologie der Lebensspanne: Theoretische Leitsätze. *Psychologische Rundschau, 41*, 1–24.

Baltes, P. B. & Goulet, L. R. (1971). Exploration of developmental variables by manipulation and simulation of age-differences in behavior. *Human Development, 14*, 149–170.

Baltes, P. B., Lindenberger, U. & Staudinger, U. M. (1998). Lifespan theory in developmental psychology. In W. Damon (Series Ed.) & R. M. Lerner (Vol. Ed.), *Handbook of child psychology (5th ed.). Vol. I: Theoretical models of human development* (pp. 1029–1143). New York: Wiley.

Baltes, P. B., Reese, H. W. & Nesselroade, J. R. (1977). *Life-span developmental psychology: Introduction to research methods.* Monterey, CA.: Brooks & Cole.

Baltes, P. B. & Schaie, K. W. (1979). Die Forschungsparadigmen einer Entwicklungspsychologie der Lebensspanne: Rückblick und Ausblick. In P. B. Baltes (Hrsg.), *Entwicklungspsychologie der Lebensspanne* (S. 87–111). Stuttgart: Klett-Cotta.

Baltes, P. B. & Sowarka, D. (1983). Entwicklungspsychologie und Entwicklungsbegriff. In R. K. Silbereisen & L. Montada (Hrsg.), *Entwicklungspsychologie. Ein Handbuch in Schlüsselbegriffen* (S. 11–20). München: Urban & Schwarzenberg.

Bandura, A. (1979). *Sozial-kognitive Lerntheorie.* Stuttgart: Klett-Cotta.

Bandura, A. (1986). *Social foundations of thought and action: A social cognitive theory.* Englewood Cliffs, NJ: Prentice-Hall.

Bandura, A. (2001). Social cognitive theory: An agentic perspective. *Annual Review of Psychology, 52*, 1–26.

Barkow, J., Cosmides, L. & Tooby, J. (1992). *The adapted mind.* New York: Oxford University Press.

Baumrind, D. (1971). Current patterns of parental authority. *Developmental Psychology Monographs, 1*, 1–103.

Bayley, N. (1949). Consistency and variability in the growth of intelligence from birth to eighteen years. *Journal of Genetic Psychology, 75*, 1–196.

Bayley, N. (1955). On the growth of intelligence. *American Psychologist, 10*, 805–818.

Beck, K. & Krapp, A. (2001). Wissenschaftstheoretische Grundfragen der Pädagogischen Psychologie. In A. Krapp & B. Weidenmann (Hrsg.), *Pädagogische Psychologie* (S. 31–73). Weinheim: Beltz/PVU.

Becker, W. C. (1964). Consequences of different kinds of parental discipline. In M. L. Hoffmann & L. W. Hoffmann (Eds.),

Review of child development research (Vol. 1, pp. 169–208). New York: Russel Sage.

Beermann, W. (1965). Cytological aspects of information transfer in cellular differentiation. *American Zoologist, 3,* 23–32.

Bell, R. Q. & Chapmann, M. (1986). Child effects in studies using experimental or brief longitudinal approaches to socialization. *Developmental Psychology, 22,* 595–603.

Bell, R. Q. & Harper, L. V. (1977). *Child effects on adults.* Hillsdale, NJ: Erlbaum.

Beller, E. K. (1987). Intervention in der frühen Kindheit. In R. Oerter & L. Montada (Hrsg.), *Entwicklungspsychologie.* (2. Aufl., S. 789–814). München-Weinheim: Psychologie Verlags Union.

Bergius, R. (1959). Entwicklung als Stufenfolge. In H. Thomae (Hrsg.), *Handbuch der Psychologie* (Bd. 3: *Entwicklungspsychologie,* S. 105–195). Göttingen: Hogrefe.

Biehler, R. F. (1976). *Child development: An introduction.* Boston: Houghton Mifflin.

Bijou, S. W. & Baer, D. M. (1978). *Behavior analysis of child development.* Englewood Cliffs, NJ: Prentice-Hall.

Binet, A. & Simon, T. (1905). Methodes nouvelles pour le diagnostic du niveau intellectual des anormeaux. *Annee Psychologique, 11,* 191–244.

Bloom, B. S. (1971). *Stabilität und Veränderung menschlicher Merkmale.* Weinheim: Beltz.

Borg-Laufs, M. (Hrsg.). (1999). *Lehrbuch der Verhaltenstherapie mit Kindern und Jugendlichen. Band 1: Grundlagen.* Tübingen: dgvt-Verlag.

Borg-Laufs, M. (Hrsg.). (2001). *Lehrbuch der Verhaltenstherapie mit Kindern und Jugendlichen. Band 2: Interventionsmethoden.* Tübingen: dgvt-Verlag.

Borg-Laufs, M. & Trautner, H. M. (1999). Entwicklungspsychologische Grundlagen der Kinder- und Jugendlichenpsychotherapie. In M. Borg-Laufs (Hrsg.), *Lehrbuch der Verhaltenstherapie mit Kindern und Jugendlichen. Band 1: Grundlagen* (S. 51–87). Tübingen: dgvt-Verlag.

Bornstein, M. H. (1989). Sensitive periods in development: Structural characteristics and causal interpretations. *Psychological Bulletin, 105,* 179–197.

Bowlby, J. (1946). *Forty-four juvenile thieves: Their characters and home life.* Paris: Baillière.

Bowlby, J. (1951). *Maternal care and mental health* (WHO Monographs No. 2). Genf.

Bowlby, J. (1979). *Trennung*. München: Kindler.
Brack, U. (Hrsg.). (1999). *Frühdiagnostik und Frühtherapie. Psychologische Behandlung entwicklungs- und verhaltensgestörter Kinder.* Weinheim: Beltz/PVU.
Brackbill, Y. & Koltsova, M. M. (1968). Conditioning and learning. In Y. Brackbill (Ed.), *Infancy and early childhood* (pp. 207–288). New York: Free Press.
Brandstädter, J. (1983). Entwicklungsintervention und Evaluation. In R. K. Silbereisen & L. Montada (Hrsg.), *Entwicklungspsychologie. Ein Handbuch in Schlüsselbegriffen* (S. 167–173). München: Urban & Schwarzenberg.
Brandtstädter, J. (1984). Entwicklung in Handlungskontexten: Aussichten für die entwicklungspsychologische Theorienbildung und Anwendung. In H. Lenk (Hrsg.), *Handlungstheorien interdisziplinär* (Bd. 3/2, S. 848–878). München: Fink.
Brandtstädter. J. (1986). Normen und Ziele in der Entwicklungsintervention. In K. H. Wiedl (Hrsg.), *Rehabilitationspsychologie. Grundlagen, Aufgabenfelder, Entwicklungsperspektiven* (S. 194–206). Stuttgart: Kohlhammer.
Brandstädter, J. (1998). Action perspectives on human development. In W. Damon (Series Ed.) & R. M. Lerner (Vol. Ed.), *Handbook of child psychology (5th ed.). Vol. I: Theoretical models of human development* (pp. 807–863). New York: Wiley.
Braunmühl, E. v. (1980). *Antipädagogik.* Weinheim: Beltz.
Brim, O. G., Jr. (1960). Personality development as role learning. In I. Iscoe & H. W. Stevenson (Eds.), *Personality development in children.* (pp. 127–159). Austin, Texas: University of Texas Press.
Brim, O. G., Jr. & Kagan, J. (Eds.). (1980). *Constancy and change in human development.* Cambridge, Mass.: Harvard University Press.
Brocke, B. (1980). Wissenschaftstheoretische Grundlagen der angewandten Psychologie. *Zeitschrift für Sozialpsychologie, 11,* 207–224.
Bronfenbrenner, U. (1976). *Ökologische Sozialisationsforschung.* Stuttgart: Klett.
Bronfenbrenner, U. (1981). *Die Ökologie der menschlichen Entwicklung.* Stuttgart: Klett-Cotta.
Bronfenbrenner, U. Morris, P. A. (1998). The ecology of developmental processes. In W. Damon (Series Ed.). & R. M. Lerner (Vol. Ed.), *Handbook of child psychology (5th ed.). Vol. I: Theoretical models of human development* (pp. 993–1028). New York: Wiley.

Bruer, J. T. (2000). *Der Mythos der ersten drei Jahre*. Weinheim: Beltz.

Bühler, C. & Hetzer, H. (1932). *Kleinkindertests*. Leipzig: Barth.

Bugental, D. B. & Goodnow, J. J. (1998). Socialization processes. In W. Damon (Series Ed.) & N. Eisenberg (Vol. Ed.), *Handbook of child psychology (5th ed.). Vol. 3: Social, emotional, and personality development* (pp. 389–462). New York: Wiley.

Buss, A. R. (1974a). A general developmental model for interindividual differences, intraindividual differences, and intraindividual changes. *Developmental Psychology, 10,* 70–78.

Buss, A. R. (1974b). Multivariate model of quantitative, structural, and quantistructural ontogenetic change. *Developmental Psychology, 10,* 190–203.

Buss, A. R. (1979). Toward a unified framework for psychometric concepts in the multivariate development situation: Intraindividual change and inter- and intraindividual differences. In J. R. Nesselroade & P. B. Baltes (Eds.), *Longitudinal research in the behavioral sciences: Design and analysis* (pp. 41–59). New York: Academic Press.

Buss, A. R. (1995). Evolutionary psychology: A new paradigm for psychological science. *Psychological Inquiry, 6,* 1–30.

Cairns, R. B. (1998). The making of developmental psychology. In W. Damon (Series Ed.) & R. M. Lerner (Vol. Ed.), *Handbook of child psychology (5th ed.). Vol. I: Theoretical models of human development* (pp. 25–105). New York: Wiley.

Campbell, D. T. & Stanley, J. G. (1970). Experimentelle und quasi-experimentelle Anordnungen in der Unterrichtsforschung. In K. Ingenkamp (Hrsg.), *Handbuch der Unterrichtsforschung.* (Teil I, S. 445–632). Weinheim: Beltz.

Caplan, G. (1964). *Principles of preventive psychiatry.* New York: Basic Books.

Carpenter, G. (1974). Mother's face and the newborn. *New Scientist, 61,* 742–744.

Cavalli-Sforza, L. L., Menozzi, P. & Piazza, A. (1993). *The history and geography of human genes.* Princeton, NJ: Princeton University Press.

Chasiotis, A. (1998). Natürliche Selektion und Individualentwicklung. In H. Keller (Hrsg.), *Lehrbuch Entwicklungspsychologie* (S. 171–206). Bern: Huber.

Cichetti, D. & Toth, S. L. (1998). Perspectives on research and practice in developmental psychopathology. In W. Damon (Series Ed.), I. E. Sigel & K. A. Renninger (Vol. Eds.), *Handbook of child psychology (5th ed.). Vol. 4: Child psychology in practice* (pp. 479–583). New York: Wiley.

Child, I. L. (1954). Socialization. In G. Lindzey (Ed.), *Handbook of Social Psychology* (Vol. 2, pp. 655–692). Cambridge: Addison Wesley.

Child Development (1983). Special section on developmental behavioral genetics (Vol. 54, 253–435).

Clarke, A. M. & Clarke, A. B.D. (Eds.). (1976). *Early experience: Myth and evidence.* New York: Free Press.

Colby, A. & Kohlberg, L. (1978). Das moralische Urteil: Der kognitions-zentrierte entwicklungspsychologische Ansatz. In G. Steiner (Hrsg.), *Die Psychologie des 20. Jahrhunderts* (Bd. VII, *Piaget und die Folgen*, S. 348–365). Zürich: Kindler.

Cook, M. & Mineka, S. (1989). Observational conditioning of fear to fear-relevant versus fear-irrelevant stimuli in rhesus monkeys. *Journal of Abnormal Psychology, 98,* 448–459.

Cooper, R. M. & Zubek, J. P. (1958). Effects of enriched and restricted early environments on the learning ability of bright and dull rats. *Canadian Journal of Psychology, 12,* 159–164.

Cowan, P. A., Powell, D. & Cowan, C. P. (1998). Parenting interventions: A family systems perspective. In W. Damon (Series Ed.), I. E. Sigel & K. A. Renninger (Vol. Eds.), *Handbook of child psychology (5th ed.). Vol. 4: Child psychology in practice* (pp. 3–72). New York: Wiley.

Cranach, M. v. & Frenz, H. G. (1969). Systematische Beobachtung. In C. F. Graumann (Hrsg.), *Handbuch der Psychologie* (Bd. 7.1: *Sozialpsychologie,* S. 269–331). Göttingen: Hogrefe.

Damon, W. (Series Ed.). (1998). *Handbook of child psychology* (5th ed.). *Four volumes.* New York: Wiley.

Darwin, C. (1859). *The origin of species by means of natural selection.* London: Murray.

Darwin, C. (1871). *The descent of man and selection in relation to sex.* London: Murray.

Darwin, C. (1877). A biographical sketch of an infant. *Mind, 2,* 286–294.

Degenhardt, A. (1971). Zur Veränderung des Selbstbildes von jungen Mädchen beim Eintritt in die Reifezeit. *Zeitschrift für Entwicklungspsychologie und Pädagogische Psychologie, 3,* 1–13.

Degenhardt, A. (1996). Der Einfluss von Körpergröße, Reifestatus und sozialer Belastung auf Selbstbildaspekte hochwüchsiger Mädchen. In R. Schumann-Hengsteler & H. M. Trautner

(Hrsg.), *Entwicklung im Jugendalter* (S. 57–76). Göttingen: Hogrefe.

Dennis, W. (1973). *Children of the crèche.* New York: Appleton Century Crofts.

Deutsch, W. (Hrsg.). (1991). *Über die verborgene Aktualität von William Stern.* Frankfurt/M.: Peter Lang.

Dörner, D. (1999). *Bauplan für eine Seele.* Reinbek: Rowohlt.

Dollase, R. (1985). *Entwicklung und Erziehung. Angewandte Entwicklungspsychologie für Pädagogen.* Stuttgart: Klett.

Dreher, E. & Dreher, M. (1985). Entwicklungsaufgaben im Jugendalter: Bedeutsamkeit und Bewältigungskonzepte. In D. Liepmann & A. Stiksrud (Hrsg.), *Entwicklungsaufgaben und Bewältigungsprobleme in der Adoleszenz* (S. 56–70). Göttingen: Hogrefe.

Dunn, J. & Plomin, R. (1996). *Warum Geschwister so verschieden sind.* Stuttgart: Klett-Cotta.

Durkin, K. (1995). *Developmental social psychology: From infancy to old age.* Cambridge, MA: Blackwell.

Eck, M. & Lohaus, A. (1993). Entwicklung und Evaluation eines Präventionsprogramms zum sexuellen Missbrauch im Vorschulalter. *Praxis der Kinderpsychologie und Kinderpsychiatrie, 42,* 285–292.

Edelmann, W. (2000). *Lernpsychologie.* Weinheim: Beltz/PVU.

Erdfelder, E. (1987). *Die Entwicklung psychometrischer Intelligenz über die Lebensspanne.* Frankfurt/M.: Lang.

Erikson, E. H. (1966). *Identität und Lebenszyklus.* Frankfurt/M.: Suhrkamp.

Ernst, C. & Luckner, N. v. (1985). *Stellt die Frühkindheit die Weichen?* Stuttgart: Enke.

Ewert, 0. (1978). Über die Bedeutsamkeit frühkindlicher Erfahrungen für die menschliche Entwicklung. In R. Dollase (Hrsg.), *Handbuch der Früh- und Vorschulpädagogik* (Bd. 2, S. 67–78). Düsseldorf: Schwann.

Ewert, O. M. (1983). *Entwicklungspsychologie des Jugendalters.* Stuttgart: Kohlhammer.

Fagot, B. I., Rodgers, C. S. & Leinbach, M. D. (2000). Theories of gender socialization. In T. Eckes & H. M. Trautner (Eds.), *The developmental social psychology of gender* (pp. 65–89). Mahwah, NJ: Erlbaum.

Faltermaier, T., Mayring, P., Saup, W. & Strehmel, P. (2000). *Entwicklungspsychologie des Erwachsenenalters.* Stuttgart: Kohlhammer.

Fassnacht, G. (1995). *Systematische Verhaltensbeobachtung.* München: UTB Reinhardt.

Filipp, S. H. & Dönges, D. (1983). Entwicklungstests. In K.-H. Groffmann & L. Michel (Hrsg.), *Intelligenz- und Leistungsdiagnostik (Enzyklopädie der Psychologie;* Themenbereich B, Serie II: *Psychologische Diagnostik,* S. 202–306). Göttingen: Hogrefe.

Findeisen-Hüls, M. & Jorch, G. (1991). *Regionales Projekt »Plötzlicher Kindstod« – Epidemiologische Daten.* Expertenhearing über SIDS beim Ministerium für Arbeit, Gesundheit und Soziales NRW.

Fitzgerald, H. E. & Brackbill, Y. (1976). Classical conditioning in infancy: Development and constraints. *Psychological Bulletin, 83,* 353–376.

Flammer, A. (1999). *Entwicklungstheorien* (2. Aufl.). Bern: Huber.

Flavell, J. H. (1972). An analysis of cognitive-developmental sequences. *Genetic Psychology Monographs, 86,* 279–350.

Freud, S. (1940). *Vorlesungen zur Einführung in die Psychoanalyse.* Ges. Werke. (Bd. XI). London: Imago.

Freud, S. (1942). Drei Abhandlungen zur Sexualtheorie. In *Werke aus den Jahren 1904–1905.* Ges. Werke (Bd. V, S. 27–145). London: Imago.

Furby, C. A. & Baltes, P. B. (1973). The effect of ability-extraneous performance variables on the assessment of intelligence in children, adults, and the elderly. *Journal of Gerontology, 28,* 73–80.

Garcia, J., McGowan, B. K. & Green, K. F. (1972). Biological constraints on conditioning. In A. H. Black & W. F. Prokasy (Eds.), *Classical conditioning II.* New York: Appleton-Century-Crofts.

Garmezy, N. (1976). Vulnerable and invulnerable children – theory, research, and intervention. *American Psychological Association* (MS 1337).

Gelman, R. & Williams, E. M. (1998). Enabling constraints for cognitive development and learning: Domain specifity and epigenesis. In W. Damon (Series Ed.), D. Kuhn & R. S. Siegler (Vol. Eds.), *Handbook of child psychology (5th ed.). Vol. 2: Cognition, perception, and language* (pp. 575–630). New York: Wiley.

Gesell, A. (1952). *Säugling und Kleinkind in der Kultur der Gegenwart.* Bad Nauheim: Christian.

Gesell, A. & Ilg, F. L. (1954). *Das Kind von fünf bis zehn.* Bad Nauheim: Christian.

Gesell, A., Ilg, F. L. & Ames, L. B. (1958). *Das Kind von zehn bis sechzehn.* Bad Nauheim: Christian.

Goetz, E. & Baer, D. M. (1973). Social control of form diversity and the emergence of new forms in children's blockbuilding. *Journal of Applied Behavior Analysis, 6,* 209–217.

Goldfarb, W. (1947). Variations in adolescent adjustment of institutionally reared children. *American Journal of Orthopsychiatry, 17,* 449– 457.

Goswami, U. (2001). *So denken Kinder. Einführung in die Psychologie der kognitiven Entwicklung.* Bern: Huber.

Gottlieb, G. (1992). *Individual development and evolution. The genesis of novel behavior.* New York: Oxford University Press.

Gottlieb, G., Wahlsten, D. & Lickliter, R. (1998). The significance of biology for human development: A developmental psychobiological systems view. In W. Damon (Series Ed.) & R. M. Lerner (Vol. Ed.), *Handbook of child psychology (5th ed.). Vol. I: Theoretical models of human development* (pp. 233–273). New York: Wiley.

Gould, S. J. (1977). *Ontogeny and phylogeny.* Cambridge, MA: Harvard University Press.

Greenfield, P. M. & Suzuki, L. K. (1998). Culture and human development: Implications for learning, education, pediatrics, and mental health. In W. Damon (Series Ed.), I. E. Sigel & K. A. Renninger (Vol. Eds.), *Handbook of child psychology (5th ed.). Vol. 4: Child psychology in practice* (pp. 1059–1109). New York: Wiley.

Greve, W. & Wentura, D. (1997). *Wissenschaftliche Beobachtung.* Weinheim: Beltz/PVU.

Grimm, H. (1998). Sprachentwicklung – allgemeintheoretisch und differentiell betrachtet. In R. Oerter & L. Montada (Hrsg.), *Entwicklungspsychologie.* (4. Aufl., S. 705–757). Weinheim: PVU.

Grossmann, K. E. & Grossmann, K. (1986). Phylogenetische und ontogenetische Aspekte der Entwicklung der Eltern-Kind Bindung und der kindlichen Sachkompetenz. *Zeitschrift für Entwicklungspsychologie und Pädagogische Psychologie, 18,* 387–415.

Haeckel, E. (1866). *Generelle Morphologie der Organismen.* Berlin: Reimer.

Halpern, E., Corrigan, R. & Aviezer, O. (1983). In, on, and under: Examining the relationship between cognitive and language skills. *International Journal of Behavioral Development, 6,* 153–166.

Hardach-Pinke, L. & Hardach, G. (Hrsg.) (1978). *Deutsche Kindheiten.* Kronberg/Ts. : Athenäum.

Hasselhorn, M. & Schneider, W. (1998). Aufgaben und Methoden der differentiellen Entwicklungspsychologie. In H. Keller (Hrsg.), *Lehrbuch Entwicklungspsychologie* (S. 295–316). Bern: Huber.

Havighurst, R. J. (1982). *Developmental tasks and education.* New York: Longman.

Hemminger, H. J. (1982). *Kindheit als Schicksal?* Hamburg: Rowohlt.

Herbert, M. (1998). *Clinical child psychopathology: Social learning, development, and behavior* (2nd ed.). New York: Wiley.

Herrmann, T. (1991). *Lehrbuch der empirischen Persönlichkeitsforschung* (6. Aufl). Göttingen: Hogrefe.

Hesse, S. (1993). *Suchtprävention in der Schule.* Weinheim: Juventa.

Hilden, A. H. (1949). A longitudinal study of intellectual development. *Journal of Psychology, 28,* 187–214.

Hopf, D. (1971). Entwicklung der Intelligenz und Reform des Bildungswesens. Bemerkungen zu B. S. Bloom, Stability and change in human characteristics. *Neue Sammlung, 11,* 33–51.

Hopkins, B. & Butterworth, G. (1990). Concepts of causality in explanations of development. In G. Butterworth & P. Bryant (Eds.), *Causes of development* (pp. 3–32). New York: Harvester Wheatsheaf.

Hoppe-Graff, S. (1983). »Stufe« und »Sequenz« als beschreibende und erklärende Konstrukte der Entwicklungspsychologie. In R. K. Silbereisen & L. Montada (Hrsg.), *Entwicklungspsychologie. Ein Handbuch in Schlüsselbegriffen* (S. 55–60). München: Urban & Schwarzenberg.

Hoppe-Graff, S. (1998). Tagebücher, Gespräche und Erzählungen: Zugänge zum Verstehen von Kindern und Jugendlichen. In H. Keller (Hrsg.), *Lehrbuch Entwicklungspsychologie* (S. 261–294). Bern: Huber.

Horowitz, F. D. (1987) *Exploring developmental theories. Toward a structural/behavioral model of development.* Hillsdale, NJ: Lawrence Erlbaum.

Huber, O. (2002). *Das psychologische Experiment* (3. Aufl.). Bern: Huber.

Hurrelmann, K. & Ulich, D. (Hrsg.) (1998). *Neues Handbuch der Sozialisationsforschung* (2. Aufl.). Weinheim: Beltz.

Kagan, J. & Moss, H. A. (1962). *Birth to maturity.* New York: Wiley.

Katchadourian, H. (1977). *The biology of adolescence.* San Francisco: Freeman.

Keller, H. (Hrsg.). (1997). *Handbuch der Kleinkindforschung* (2. Aufl.). Berlin: Springer.

Keller, H. (Hrsg.). (1998). *Lehrbuch Entwicklungspsychologie.* Bern: Huber.

Keller, H. & Eckensberger, L. (1998). Kultur und Entwicklung. In H. Keller (Hrsg.), *Lehrbuch Entwicklungspsychologie* (S. 57–96). Bern: Huber.

Kessen, W. (1960). Research design in the study of developmental problems. In P. H. Mussen (Ed.), *Handbook of research methods in child development* (pp. 36–70). New York: Wiley.

King, J. A. (1958). Parameters relevant to determining the effect of early experience upon the adult behavior of animals. *Psychological Bulletin, 55,* 46–58.

Klewes, J. (1983). *Retroaktive Sozialisation: Einflüsse Jugendlicher auf ihre Eltern.* Weinheim: Beltz.

Kohlberg, L. (1966). A cognitive-developmental analysis of children's sex-role concepts and attitudes. In E. E. Maccoby (Ed.), *The development of sex differences* (pp. 82–173). Stanford: Stanford University Press.

Krapp, A. & Schiefele, H. (1976). *Lebensalter und Intelligenzentwicklung.* München: Oldenbourg.

Krasnogorski, N. I. (1909). Über die Bedingungsreflexe im Kindesalter. *Jahrbuch für Kinderheilkunde, 69,* 1–24.

Kusch, M. & Labouvie, H. (1999). Evaluation von Entwicklungsprogrammen. In R. Oerter, C. von Hagen, G. Röper & G. Noam (Hrsg.), *Klinische Entwicklungspsychologie* (S. 577–605). Weinheim: Beltz/PVU.

Lazar, I. & Darlington, R. (1982). Lasting effects of early education: A report from the consortium for longitudinal studies. *Monographs of the Society for Research in Child Development, 47* (Serial No. 195).

Lerner, R. M. (1986). *Concepts and theories of human development.* (2nd ed.). Reading, Mass.: Addison Wesley.

Lerner, R. M. (1996). Relative plasticity, integration, temporality, and diversity in human development: A developmental-context-

ual perspective about theory, process, and method. *Developmental Psychology, 32,* 781–786.
Lerner, R. M. (Ed.). (1998a). *Theoretical models of human development. (Vol. 1, Handbook of child psychology, 5th ed.).* New York: Wiley.
Lerner, R. M. (1998b). Theories of human development: Contemporary perspectives. In W. Damon (Series Ed.) & R. M. Lerner (Vol. Ed.), *Handbook of child psychology (5th ed.). Vol. I: Theoretical models of human development* (pp. 1–24). New York: Wiley.
Lerner, R. M. & Busch-Rossnagel, N. A. (Eds.). (1981). *Individuals as producers of their development: A life-span perspective.* New York: Academic Press.
Lerner, R. M. & Hood, K. E. (1986). Plasticity in development: Concepts and issues for intervention. *Journal of Applied Developmental Psychology, 7,* 139–152.
Leutner, D. (1992). *Adaptive Lehrsysteme.* Weinheim: Beltz/PVU.
Lewontin, R. (1986). *Menschen. Genetische, kulturelle und soziale Gemeinsamkeiten.* Heidelberg: Spektrum der Wissenschaft.
Lienert, G. A. (1994). *Testaufbau und Testanalyse* (5. Aufl.). Weinheim: Beltz.
Lohaus, A. (1989). *Datenerhebung in der Entwicklungspsychologie: Problemstellungen und Forschungsperspektiven.* Bern: Huber.
Lohaus, A. (1990). *Gesundheit und Krankheit aus der Sicht von Kindern.* Göttingen: Hogrefe.
Lohaus, A. & Trautner, H. M. (2000). Präventionsprogramme und ihre Wirksamkeit zur Verhinderung sexuellen Missbrauchs. In U. T. Egle, O. Hoffmann & P. Joraschky (Hrsg.), *Sexueller Missbrauch, Misshandlung, Vernachlässigung* (S. 456–469). Stuttgart: Schattauer.
Maccoby, E. E. (1992). The role of parents in the socialization of children: A historical overview. *Developmental Psychology, 28,* 1006–1017.
Maccoby, E. E. & Martin, J. A. (1983). Socialization in the context of the family. In P. H. Mussen (Ed.), *Handbook of child psychology* (4th ed., Vol. IV, pp. 1–101). New York: Wiley.
MacDonald, K. B. (1988). *Social and personality development. An evolutionary synthesis.* New York: Plenum.
Macfarlane, J. W. (1964). *Perspectives on personality consistency and change from the guidance study.* Report No. 2.

Macfarlane, J. W., Allen, L. & Honzik, M. P. (1954). A developmental study of the behavior problems of normal children between 20 months and 14 years. *University of California Publications of Child Development, 2*.

Maier, H. W. (1983). *Drei Theorien der Kindesentwicklung*. New York: Harper & Row (UTB).

Martin, C. L. (2000). Cognitive theories of gender development. In T. Eckes & H. M. Trautner (Eds.), *The developmental social psychology of gender* (pp. 91–121). Mahwah, NJ: Erlbaum.

Martin, C. L. & Halverson, C. f., Jr. (1981). A schematic processing model of sex typing and stereotyping in children. *Child Development, 52*, 1119–1134.

McCall, R. B. (1977). Challenges to a science of developmental psychology. *Child Development, 48*, 333–344.

McCall, R. B., Appelbaum, M. I. & Hogarty, P. S. (1973). Developmental changes in mental performance. *Monographs of the SRCD, 42* (Serial No. 171).

McCartney, K., Harris, M. J. & Berniere, F. (1990). Growing up and growing apart: A developmental meta-analysis of twin studies. *Psychological Bulletin, 107*, 226–237.

McGraw, M. B. (1943). *The neuromuscular maturation of the human infant*. New York: Columbia Univ. Press.

Medley, D. M. & Mitzel, H. E. (1963). Measuring classroom behavior by systematic observation. In N. Gage (Ed.), *Handbook of reserach on teaching* (pp. 247–328). Chicago: McNally.

Merz, F. & Stelzl, I. (1973). Modellvorstellungen über die Entwicklung der Intelligenz in Kindheit und Jugend. *Zeitschrift für Entwicklungspsychologie und Pädagogische Psychologie, 5*, 153–166.

Merz, F. & Stelzl, I. (1977). *Einführung in die Erbpsychologie*. Stuttgart: Kohlhammer.

Meyer, W.-U. & Wacker, A. (1970). Die Entstehung der erlebten Selbstverantwortlichkeit: (1) Abhängigkeit vom Zeitpunkt der Selbständigkeitserziehung. *Archiv für die gesamte Psychologie, 122*, 24–39.

Miller, P. H. (2000). *Theorien der Entwicklungspsychologie*. Heidelberg: Spektrum der Wissenschaft.

Mischel, W. (1968). *Personality and assessment*. New York: Wiley.

Mischel, W. (1974). Processes in delay of gratification. In L. Berkowitz (Ed.), *Advances in experimental social psychology* (Vol. 7, pp. 249–292). New York: Academic Press.

Montada, L. (1979). Entwicklungspsychologie auf der Suche nach einer Identität. In L. Montada (Hrsg.), *Brennpunkte der Entwicklungspsychologie* (S. 11–30). Stuttgart: Kohlhammer.

Montada, L. (1983). Entwicklungspsychologie und praktisches Handeln. In R. K. Silbereisen & L. Montada, (Hrsg.), *Entwicklungspsychologie. Ein Handbuch in Schlüsselbegriffen* (S. 21–31). München: Urban & Schwarzenberg.

Montada, L. (1998). Entwicklungspsychologie und Anwendungspraxis. In R. Oerter & L. Montada (Hrsg.), *Entwicklungspsychologie* (4. Aufl., S. 895–914). Weinheim: Beltz/PVU.

Montada, L. (2002). Fragen, Konzepte, Perspektiven. In R. Oerter & L. Montada (Hrsg.), *Entwicklungspsychologie* (5. Aufl., S. 3–53). Weinheim: Beltz/PVU.

Mussen, P. H., Conger, J. J. & Kagan, J. (1981). *Lehrbuch der Kinderpsychologie*. Stuttgart: Klett.

Nagel, E. (1957). Determinism and development. In D. B. Harris (Ed.), *The concept of development* (pp. 15–24). Minneapolis: University of Minnesota Press.

Neill, A. S. (1969). *Theorie und Praxis der antiautoritären Erziehung. Das Beispiel Summerhill*. Hamburg: Rowohlt.

Nelson, C. A. & Luciana, M. (Eds.). (2001). *Handbook of developmental cognitive neuroscience*. Cambridge, MA: MIT Press.

Neugarten, B. L. & Datan, N. (1979). Soziologische Betrachtung des Lebenslaufs. In P. B. Baltes (Hrsg.), *Entwicklungspsychologie der Lebensspanne* (S. 361–378). Stuttgart: Klett-Cotta.

Nickel, H. (1975). *Entwicklungspsychologie des Kindes- und Jugendalters* (Bd. II). Bern: Huber.

Noam, G. G. (1998). Clinical-developmental psychology: Toward developmentally differentiated interventions. In W. Damon (Series Ed.), I. E. Sigel & K. A. Renninger (Vol. Eds.), *Handbook of child psychology (5th ed.). Vol. 4: Child psychology in practice* (pp. 585–634). New York: Wiley.

Oerter, R. & Montada, L. (Hrsg.). (2002). *Entwicklungspsychologie* (5. Aufl). Weinheim: Beltz/PVU.

Oerter, R., von Hagen, C., Roeper, G. & Noam, G. (Hrsg.). (1999). *Klinische Entwicklungspsychologie: Ein Lehrbuch*. Weinheim: Beltz/PVU.

Olson, W. C. (1953). *Die Entwicklung des Kindes*. Bad Homburg: Gehlen.

Overton, W. F. (1984). World views and their influence on psychological theory and research: Kuhn – Lakatos – Laudan. In H. W.

Reese (Ed.), *Advances in child development and behavior* (Vol. 18). Orlando, Fla.: Academic Press.

Overton, W. F. (1998). Developmental psychology: Philosophy, concepts, and methodology. In W. Damon (Series Ed.) & R. M. Lerner (Vol. Ed.), *Handbook of child psychology (5th ed.). Vol. I: Theoretical models of human development* (pp. 107–188). New York: Wiley.

Papousek, H. (1965). The development of higher nervous activity in children in the first halfyear of life. In P. H. Mussen (Ed.) *European research in cognitive development. Monographs of the SRCD, 30* (No. 2, pp. 102–111).

Papousek, H. (1967). Conditioning during early postnatal development. In Y. Brackbill & G. G. Thompson (Eds.), *Behavior in infancy and early childhood* (pp. 259–274). New York: Free Press.

Parke, R. D. (1977). Some effects of punishment on children's behavior -revisited. In E. M. Hetherington & R. D. Parke (Eds.), *Contemporary readings in child psychology* (pp. 208–220). New York: McGraw Hill.

Pauls, H. & Johann, A. (1984). Wie steuern Kinder ihre Eltern? *Psychologie in Erziehung und Unterricht, 31,* 22–32.

Pawlow, I. P. (1926). *Die höchste Nerventätigkeit von Tieren.* München: Bergmann.

Perry, D. G. & Bussey, K. (1979). The social learning theory of sex differences: Imitation is alive and well. *Journal of Personality and Social Psychology, 37,* 1699–1712.

Petermann, F. & Petermann, U. (2001). *Training mit aggressiven Kindern* (10. Aufl.) Weinheim: Beltz/PVU.

Petermann, F. & Rudinger, G. (2002). Quantitative und qualitative Methoden der Entwicklungspsychologie. In R. Oerter & L. Montada (Hrsg.), *Entwicklungspsychologie* (5. Aufl., S. 999–1028). Weinheim: Beltz/PVU.

Petermann, U., Essau, C. & Petermann, F. (2000). Angststörungen. In F. Petermann (Hrsg.), *Lehrbuch der Klinischen Kinderpsychologie und -psychotherapie* (S. 227–270). Göttingen: Hogrefe.

Piaget, J. (1923). *Le langage et la pensee chez l'enfant.* Neuchatel-Paris: Delacheaux et Niestle. (Deutsch: *Sprechen und Denken des Kindes.* Düssseldorf: Schwann, 1972).

Piaget, J. (1936). *La naissance de l'intelligence chez. l'enfant.* Neuchatel: Delacheaux et Niestle. (Deutsch: *Das Erwachen der Intelligenz beim Kinde.* Stuttgart: Klett, 1969).

Piaget, J. (1948). *Psychologie der Intelligenz.* Zürich: Rascher.
Piaget, J. (1970). Piaget's theory. In P. H. Mussen (Ed.), *Carmichael's Manual of Child Psychology* (Vol. 1, pp. 703–732). New York: Wiley.
Piaget, J. (1976). *Die Äquilibration der kognitiven Strukturen.* Stuttgart: Klett.
Piaget, J. (1983). *Jean Piaget: Meine Theorie der geistigen Entwicklung.* Frankfurt: Fischer Taschenbuch Verlag.
Plomin, R., DeFries, J. C. & McCleam, G. E. (1990). *Behavioral genetics: A primer* (2nd ed.), New York: Freeman.
Plomin, R., DeFries, J. C. & Loehlin, J. C. (1977). Genotype-environment interaction and correlation in the analysis of human behavior. *Psychological Bulletin, 84,* 309–322.
Pollock, L. A. (1983). *Forgotten children. Parent-child relations from 1500 to 1900.* Cambridge: Cambridge University Press.
Preyer, W. (1882). *Die Seele des Kindes.* Leipzig: Grieben.
Rand, G., Wapner, S. , Werner, H. & McFarland, J. H. (1963). Age differences in performances on the Stroop Color-Word Test. *Journal of Personality, 31,* 534–558.
Reese, H. W. & Overton, W. F. (1979). Modelle der Entwicklung und Theorien der Entwicklung. In P. B. Baltes (Hrsg.), *Entwicklungspsychologie der Lebensspanne* (S. 55–86). Stuttgart: Klett-Cotta.
Reinert, G. (1976). Grundzüge einer Geschichte der Human-Entwicklungspsychologie. In H. Ballmer (Hrsg.), *Die Psychologie des 20. Jahrhunderts.* Band I (S. 826–896). Zürich: Kindler.
Remplein, H. (1958). *Die seelische Entwicklung des Menschen im Kindes- und Jugendalter* (7. Aufl.). München: Reinhardt.
Rennen-Allhoff, B. & Allhoff, P. (1987). *Entwicklungstests für das Säuglings-, Kleinkind- und Vorschulalter.* Berlin: Springer.
Rheingold, H. L., Gewirtz, J. & Ross, H. (1959). Social conditioning of vocalizations in the infant. *Journal of Comparative and Physiological Psychology, 52,* 68–73.
Riegel, K. F. (1975). Toward a dialectical theory of development. *Human Development, 18,* 50–64.
Riegel, K. (1976). The dialectics of human development. *American Psychologist, 31,* 689–700.
Riegel, K. & Meacham, J. (Eds.) (1976). *The developing individual in a changing world* (2 vols.). The Hague: Mouton.
Rogoff, B. (1990). *Apprenticeship in thinking: Cognitive development in social context.* New York: Oxford University Press.

Rollett, B. (2002). Frühe Kindheit, Störungen, Entwicklungsrisiken, Förderungsmöglichkeiten. In R. Oerter & L. Montada (Hrsg.), *Entwicklungspsychologie* (5. Aufl., S. 713–739). Weinheim: Beltz/PVU.

Rost, D. H. (1998). Pädagogische Verhaltensmodifikation. In D. H. Rost (Hrsg.), *Handwörterbuch Pädagogische Psychologie* (S. 387–392). Weinheim: Beltz/PVU.

Roth, E., Oswald, W. D. & Daumenlang, K. (1980). *Intelligenz*. Stuttgart: Kohlhammer.

Rousseau, J. J. (1762). *Emile ou de l'education*. Paris: Naulme.

Rudinger, G. (1978). Erfassung von Entwicklungsveränderungen im Lebenslauf. In H. Rauh (Hrsg.), *Jahrbuch für Entwicklungspsychologie, 1* (S. 157–214). Stuttgart: Klett-Cotta.

Rutter, M. (1978). *Bindung und Trennung in der frühen Kindheit*. München: Juventa.

Rutter, M. (1989). Pathways from childhood to adult life. *Journal of Child Psychology and Psychiatry, 30,* 23–51.

Sader, M. (1969). Rollentheorie. In C. F. Graumann (Hrsg.), *Handbuch der Psychologie*. (Bd. 7.1: *Sozialpsychologie*, S. 204–231). Göttingen: Hogrefe.

Scarr, S. & Kidd, K. K. (1983). Developmental behavior genetics. In P. H. Mussen (Ed.), *Handbook of child psychology* (4th ed., Vol. II, pp. 345–433). New York: Wiley.

Scarr, S. & McCartney, K. (1983). How people make their own environments: A theory of genotype-environment effects. *Child Development, 54,* 424–435.

Scarr, S. & Weinberg, R. A. (1983). The Minnesota Adoption Studies: Genetic differences and malleability. *Child Development, 54,* 260–267.

Scarr, S. , Weinberg, R. A. & Waldman, I. D. (1993). IQ correlations in transracial adoptive families. *Intelligence, 17,* 541–555.

Schaefer, E. S. (1959). A circumplex model for maternal behavior. *Journal of Abnormal and Social Psychology, 59,* 226–235.

Schaffer, H. R. (2000). The early experience assumption: Past, present, and future. *International Journal of Behavioral Development, 24,* 5–14.

Schaie, K. W. (1965). A general developmental model for the study of developmental problems. *Psychological Bulletin, 64,* 92–107.

Schaie, K. W. (1970). A reinterpretation of age related changes in cognitive structure and functioning. In L. R. Goulet & P. B. Baltes (Eds.), *Life-span developmental psychology: Research and theory* (pp. 485–507). New York: Academic Press.

Schaie, K. W. (1986). Beyond calendar definitions of age, time, and cohort: The general developmental model revisited. *Developmental Review, 6,* 252–277.

Schaie, K. W. & Baltes, P. B. (1975). On sequential strategies in developmental research and the Schaie-Baltes controversy: Description or explanation? *Human Development, 18,* 384–390.

Schaie, K. W. & Strother, C. R. (1968). The effect of time – and cohort differences on the interpretation of age changes in cognitive behavior. *Multivariate Behavioral Research, 3,* 259–294.

Schmalohr, E. (1971). *Psychologie des Erstlese- und Schreibunterrichts.* München: Reinhardt

Schmalohr, E. (1980). *Frühe Mutterentbehrung bei Mensch und Tier.* München: Kindler.

Schmidt, H. D. (1970). *Allgemeine Entwicklungspsychologie.* Berlin: VEB Deutscher Verlag der Wissenschaften.

Schmidt-Denter, U. (2002).Vorschulische Förderung. In R. Oerter & L. Montada (Hrsg.), *Entwicklungspsychologie.* (5. Aufl., S. 740–755). Weinheim: Beltz/PVU.

Schneewind, K. A. (Hrsg.). (1994). *Erziehung und Sozialisation (Enzyklopädie der Psychologie. Serie Pädagogische Psychologie. Band 1).* Göttingen: Hogrefe.

Schölmerich, A. (1996). Frühe Kindheitserfahrungen und Eintritt in die Reifezeit. In R. Schumann-Hengsteler & H. M. Trautner (Hrsg.), *Entwicklung im Jugendalter* (S. 41–56). Göttingen: Hogrefe.

Schölmerich, A. & Weßels, H. (1998). Beobachtungsmethoden und Auswertungsverfahren in der Entwicklungspsychologie. In H. Keller (Hrsg.), *Lehrbuch Entwicklungspsychologie* (S. 243–260). Bern: Huber.

Schorsch, S. (1992). *Die Entwicklung von Konzepten zum Lebensalter.* Münster: Waxmann.

Schwarzer, R. & Steinhagen. K. (Ed.) (1975). *Adaptiver Unterricht.* München: Kösel.

Scupin, E. & Scupin, G. (1907). *Bubis erste Kindheit.* Leipzig: Grieben.

Scupin, E. & Scupin, G. (1910). *Bubi im 4. bis 6. Lebensjahr.* Leipzig: Grieben.

Seiler, T. B. (1977). Entwicklungssequenzen: Metatheoretische Betrachtungen zum Konzept der Entwicklungssequenzen und zur genetischen Erklärungsweise. In S. Hoppe, C. Schmid-Schönbein & T. B. Seiler (Hrsg.), *Entwicklungssequenzen (S.* 15–56). Bern: Huber.

Selg, H. (1984). Mediatoren – Modelle in der Verhaltensbeobachtung – Möglichkeiten in schwer zugänglichen Feldern? *Zeitschrift für personenzentrierte Psychologie und Psychotherapie, 3*, 67–71.

Shuttleworth, F. K. (1937). Sexual maturation and the physical growth of girls aged six to nineteen. *Monographs of the Society for Research in Child Development, 2* (No. 5).

Silbereisen, R. K. (1996). Jugendliche als Gestalter ihrer Entwicklung: Konzepte und Forschungsbeispiele. In R. Schumann-Hengsteler & H. M. Trautner (Hrsg.), *Entwicklung im Jugendalter* (S. 1–18). Göttingen: Hogrefe.

Skinner, B. F. (1938). *The behavior of organisms*. New York: Appleton-Century.

Skodak, M. & Skeels, H. M. (1949). A final follow-up of one hundred adopted children. *Journal of Genetic Psychology, 75*, 85–125.

Sodian, B. (1998). Entwicklung bereichsspezifischen Wissens. In R. Oerter & L. Montada (Hrsg.), *Entwicklungspsychologie* (4. Aufl., S. 622–653). Weinheim: Beltz/PVU.

Spitz, R. A. (1945). Hospitalism. An inquiry into the genesis of psychiatric conditions in early childhood. *Psychoanalytical Study of the Child, 1*, 53–74.

Spitz, R. A. (1946). Hospitalism: A follow-up report. *Psychoanalytic Study of the Child, 2*, 113–117.

Steiner, G. (1988). *Lernen. 20 Szenarien aus dem Alltag*. Bern: Huber.

Steiner, G. (2001). Lernen und Wissenserwerb. In A. Krapp & B. Weidenmann (Hrsg.), *Pädagogische Psychologie* (S. 137–205). Weinheim: Beltz/PVU.

Steinhausen, H. C. & von Aster, M. (Hrsg.). (1999). *Verhaltenstherapie und Verhaltensmedizin bei Kindern und Jugendlichen*. (2. Aufl.). Weinheim: Beltz/PVU.

Stern, C. & Stern, W. (1907). *Die Kindersprache. Eine psychologische und sprachtheoretische Untersuchung*. Leipzig: Barth. (4. Aufl. 1928, Nachdruck 1981, Darmstadt: Wiss. Buchgesellschaft).

Stern, W. (1914). *Psychologie der frühen Kindheit* (8. Aufl., 1965, Darmstadt: Wiss. Buchgesellschaft). Leipzig: Quelle & Meyer.

Stevenson, H. W. (1972). *Children's learning*. New York: Appleton.

Szagun, G. (2000). *Sprachentwicklung beim Kind*. Weinheim: Beltz.

Terman, L. M. & Oden, H. M. (1959). *The gifted groups at midlife: Thirty-five years follow up of the superior child.* Stanford, CA.: Stanford University Press.

Tharp, R. G. & Wetzel, R. J. (1976). *Verhaltensänderungen im gegebenen Sozialfeld.* München: Urban & Schwarzenberg.

Thiel, T. (1997). Film- und Videotechnik in der Psychologie. In H. Keller (Hrsg.), *Handbuch der Kleinkindforschung* (2. Aufl., S. 347–384). Bern: Huber.

Thomae, H. (1959). Entwicklungsbegriff und Entwicklungstheorie. In H. Thomae (Hrsg.), *Handbuch der Psychologie* (Bd. 3: *Entwicklungspsychologie*, S. 3–20). Göttingen: Hogrefe.

Thomae, H. (1979). 50 Jahre Längsschnittforschung: Ein Beitrag zur Trendanalyse der Entwicklungspsychologie. In L. Montada (Hrsg.), *Brennpunkte der Entwicklungspsychologie* (S. 31–41). Stuttgart: Kohlhammer.

Thompson, R. F. & Berger, T. W. (1984). Physiological and anatomical mechanisms: Neural bases of learning. In P. Marler & H. S. Terrace (Eds.), *The biology of learning* (pp. 479–508). Berlin: Springer.

Tiedemann, D. (1787). Beobachtungen über die Entwickelung der Seelenfähigkeiten bei Kindern. *Hessische Beiträge zur Gelehrsamkeit und Kunst,* Bd. II, Stück 2 u. 3 (Gesamtzählung: Stück 6 u.7).

Trautner, H. M. (1972a). Der Einfluss von Reifen und Lernen auf die Elternzentriertheit von Mädchen zwischen 10 und 14 Jahren. *Zeitschrift für Entwicklungspsychologie und Pädagogische Psychologie, 4,* 92–104.

Trautner, H. M. (1972b). Zusammenhänge zwischen elterlichem Erziehungsstil und Elternzentriertheit bei 10–14jährigen Mädchen. *Zeitschrift für Entwicklungspsychologie und Pädagogische Psychologie, 4,* 165–183.

Trautner, H. M. (1983). Modelle für die Erklärung von Entwicklungsprozessen. In R. K. Silbereisen & L. Montada (Hrsg.), *Entwicklungspsychologie. Ein Handbuch in Schlüsselbegriffen* (S. 44–54). München: Urban & Schwarzenberg.

Trautner, H. M. (1992a). *Lehrbuch der Entwicklungspsychologie. Band 1.* (2. Aufl.). Göttingen: Hogrefe.

Trautner, H. M. (1992b). The development of sex-typing in children: A longitudinal analysis. *German Journal of Psychology, 16,* 183–199.

Trautner, H. M. (1994). Geschlechtsspezifische Erziehung und Sozialisation. In K. A. Schneewind (Hrsg.), *Enzyklopädie der*

Psychologie. Serie Pädagogische Psychologie. Band 1: Erziehung und Sozialisation (S. 167–195). Göttingen: Hogrefe.

Trautner, H. M. (1997a). Lehrbuch der Entwicklungspsychologie. Band 2 (2. Aufl.). Göttingen: Hogrefe.

Trautner, H. M. (1997b). Entwicklung der Geschlechtstypisierung. In H. M. Trautner, *Lehrbuch der Entwicklungspsychologie. Band 2* (S. 322–410). Göttingen: Hogrefe.

Trautner, H. M. (1997c). Reiz-Reaktions-Theorien (S-R-Theorien) der Entwicklung – Entwicklung als sozialer Lernprozess. In H. M. Trautner, *Lehrbuch der Entwicklungspsychologie. Band 2* (S. 99–154). Göttingen: Hogrefe.

Trautner, H. M. (1997d). Kognitive Entwicklungstheorien – Entwicklung als Aufbau der Erkenntnis. In H. M. Trautner, *Lehrbuch der Entwicklungspsychologie. Band 2* (S. 155–230). Göttingen: Hogrefe.

Trautner, H. M. (2002). Entwicklung der Geschlechtsidentität. In R. Oerter & L. Montada (Hrsg.), *Entwicklungspsychologie* (S. 648–674). Weinheim: Beltz/PVU.

Trautner, H. M. (im Druck). Entwicklungsbegriffe. In W. Schneider & F. Wilkening (Hrsg.), *Enzyklopädie der Psychologie. Serie Entwicklungspsychologie. Band 1*. Göttingen: Hogrefe.

Trautner, H. M., Gervai, J. & Nemeth, R. (2003). Appearance-reality distinction and development of gender constancy understanding. *International Journal of Behavioral Development, 27, (3)*.

Trautner, H. M., Helbing, N.. Sahm, W. B. & Lohaus, A. (1988). Unkenntnis – Rigidität – Flexibilität: Ein Entwicklungsmodell der Geschlechtsrollen-Stereotypisierung. *Zeitschrift für Entwicklungspsychologie und Pädagogische Psychologie, 19*, 105–120.

Trautner, H. M., Kirsten, B., Ruble, D. N., Behrendt, R., Cyphers, L. & Hartmann, P. (2002). Rigidity and flexibility of gender concepts in childhood: Developmental or differential? *Berichte aus der AE Entwicklungspsychologie und Pädagogische Psychologie, No. 16*. Universität Wuppertal.

Trautner, H. M. & Wieneke, J. (2001). Entwicklung und Förderung: Angewandte Entwicklungspsychologie. In L. Roth (Hrsg.), *Pädagogik. Handbuch für Studium und Praxis* (S. 184–199). München: Oldenbourg.

Travers, J. R. & Light, R. J. (1982). *Learning from experience: Evaluation of early childhood demonstration programs*. Washington, D. C.: National Academic Press.

Trowitzsch, E., Jorch, G., Schlüter, B. & Andler, W. (1992). Der plötzliche, unerwartete Säuglingstod. Risikofaktoren und Präventionsmaßnahmen. *Der Kinderarzt, 23,* 180–185.

Tuddenham, R. D. & Snyder, M. M. (1954). Physical growth of California boys and girls from birth to eighteen years. *University of California Publications in Child Development, 1,* 183–364.

Ulich, D. (1986). Kriterien psychologischer Entwicklungsbegriffe. *Augsburger Berichte zur Entwicklungspsychologie und Pädagogischen Psychologie. 1.* Universität Augsburg.

Ulich, D. (1989). *Einführung in die Psychologie.* Stuttgart: Kohlhammer.

Undeutsch, U. (1959). Entwicklung und Wachstum. In H. Thomae (Hrsg.), *Handbuch der Psychologie* (Bd. 3: *Entwicklungspsychologie,* S. 79–103). Göttingen: Hogrefe.

Valsiner, J. (Ed.). (1989). *Child development in cultural context.* Toronto: Hogrefe & Huber.

Valsiner, J. (1998). The development of the concept of development: Historical and epistemological perspectives. In W. Damon (Series Ed.) & R. M. Lerner (Vol. Ed.), *Handbook of child psychology (5th ed.). Vol I: Theoretical models of human development* (pp. 189–232). New York: Wiley.

Vurpillot, E. (1968). The development of scanning strategies and their relation to visual differentiation. *Journal of Experimental Child Psychology, 6,* 632–650.

Waddington, C. H. (1957). *The strategy of the genes.* London: Allen & Unwin.

Warnke, A., Beck, N. & Hemminger, U. (2001). Elterntrainings. In M. Borg-Laufs (Hrsg.), *Lehrbuch der Verhaltenstherapie mit Kindern und Jugendlichen. Band 2: Interventionsmethoden* (S. 631–656). Tübingen: dgvt-Verlag.

Watson, J. B. & Raynor, R. (1920). Conditioned emotional reactions. *Journal of Experimental Psychology, 3,* 1–14.

Weglage, J. (2000). *Diätbehandlung bei Phenylketonurie.* Göttingen: Hogrefe.

Weinberg, R. A., Scarr, S. & Waldman, I. D. (1992). The Minnesota Transracial Adoption Study: A follow-up of IQ test performance at adolescence. *Intelligence, 16,* 117–135.

Weinert, F. E. (1972). Schule und Beruf als institutionelle Sozialisationsbedingungen. In C. F. Graumann (Hrsg.), *Handbuch der Psychologie* (Bd. 7.2: *Sozialpsychologie,* S. 825–885). Göttingen: Hogrefe.

Weinert, F. E. & Weinert, S. (1998). History and systems of developmental psychology. In A. Demetriou, W. Doise & C. F.M. van Lieshout (Eds.), *Life-span developmental psychology* (pp. 1–33). Chichester: Wiley.

Weisberg, R. P. & Greenberg, M. T. (1998). School and community competence-enhancement and prevention programs. In W. Damon (Series Ed.), I. E.Sigel & K. A. Renninger (Vol. Eds.), *Handbook of child psychology (5th ed.). Child psychology in practice* (pp. 877–954). New York: Wiley.

Willutzki, U., Judtka, A. & Schmidt, R. (1998). Sexueller Missbrauch an Jungen und Mädchen – Zur Evaluation eines Präventionsprogramms. *Verhaltenstherapie und Verhaltensmedizin, 19*, 507–522.

Wohlwill, J. F. (1977). *Strategien entwicklungspsychologischer Forschung.* Stuttgart: Klett-Cotta.

Wohlwill, J. F. (1980). Cognitive development in childhood. In O. G. Brim & J. Kagan (Eds.), *Constancy and change in human development* (pp. 359–444). Cambridge, Mass.: Harvard University Press.

Wolke, D. (1999). Interventionen bei Regulationsstörungen. In R. Oerter, C. von Hagen, G. Röper & G. Noam (Hrsg.), *Klinische Entwicklungspsychologie* (S. 351–380). Weinheim: Beltz/PVU.

Woltereck, R. (1909). Weitere experimentelle Untersuchungen über Artveränderung, speziell über das Wesen quantitativer Artunterschiede bei Daphniden. *Verhandlungen der Deutschen Zoologischen Gesellschaft, 19*, 446–577.

Wygotsky, L. S. (1974). *Denken und Sprechen.* Frankfurt: Fischer.

Wygotsky, L. S. (1978). *Mind in society.* Cambridge, Ma.: Harvard University Press.

Zigler, E. & Child, J. L. (1969). Socialization. In G. Lindzey & E. Aronson (Eds.), *The handbook of social psychology* (Vol 3, pp. 450–589). Reading, Mass.: Addison-Wesley.

Zigler, E. & Finn, M. (1984). Applied developmental psychology. In H. Bornstein & M. E. Lamb (Eds.), *Developmental psychology – An advanced textbook* (pp. 451–491). Hillsdale, NJ: Erlbaum.

Register

A
Alter 31–35
Angewandte Entwicklungspsychologie 150–153, 167
- Forderungen an eine 167
- Probleme der Anwendung in der Praxis 164–167

Anlage-Umwelt 99
- Adoptionsstudie 106–110
- aktive Genotyp-Umwelt-Kovariation 100, 101
- Biologische und soziokulturelle Variabilität 69 f.
- Erblichkeit 107–110
- Genotyp-Umwelt-Interaktion 102–105
- nicht geteilte Umwelteinflüsse 109
- passive Genotyp-Umwelt-Kovariation 99–101
- reaktive Genotyp-Umwelt-Kovariation 99–101
- Zwillingsuntersuchung 106–110

Aristoteles 13 f.

B
Beeinflussung der Entwicklung 12, 148–161
- divergente Strategie 149
- konvergente Strategie 149

Befragung 191
Befragungsmethoden 191–193
- Aufsatzmethode 192
- Fragebogen 192
- Interview 191

Beobachtungsmethoden 188–191
- Beobachtungs- und Beurteilungsfehler 189 f.
- Kategoriensystem 189
- Schätzskalen 189
- Vorteile und Nachteile 190
- Zeichensystem 189

Beschreibung der Entwicklung 11, 36–64
- Beschreibungsmerkmale 37, 38
- quantitative Beschreibung 39–50
- qualitative Beschreibung 50–64
- qualitative Entwicklungsanalyse 61–64

Biogenetisches Grundgesetz 19

C
Carus, F. A. 16
Chromosomen 75, 77 f., 81
- Geschlechtschromosomen 75, 78

D
Datenerhebungsmethoden in der Entwicklungspsychologie 187

E

Einzelfallstudien 187
Embryonalentwicklung 82 f.
Entwicklung als Sozialisation 94–98
- Elterliche Erziehungsstile 95 f.
- Entwicklungsaufgaben 94 f.
- Kontrollsystem-Modell von Bell 97 f.
- Rollentheorie 94
- Sozialisationseffekte 95–97
- Sozialisationsforschung 138

Entwicklungsbegriff 25–31
- Alltagsbegriff 26
- Definitionsmerkmale 27

Entwicklungsfaktoren 74–103
- Allgemeine genetische Faktoren 74, 75–77
- Einflüsse der materiellen Umwelt 74, 85
- Einflüsse der sozialen Umwelt 74, 86–98
- Individuelle genetische Faktoren 74, 77–81
- Interaktion 101–105
- Kovariation 99–101
- Reifung 74, 82–84
- Selbstregulation 74
- wechselseitige Abhängigkeit 98–110

Entwicklungsintervention 148–161
Entwicklungsmodell von Erik Erikson 58–60
Entwicklungsprozess 9–10
Entwicklungsromane 14
Entwicklungssequenzen,
Entwicklungsstufen 50–61
- Addition 56
- Disjunktive Sequenzen 55
- Inklusion 56 f.
- Kumulative Sequenzen 55
- Mediation 57
- Modifikation 56
- Substitution 56

Entwicklungstests 193 f.
Epigenese 17
Erklärung der Entwicklung 11 f., 65–124
- Genetische Erklärung 66
- Grenzen der Erklärung 122
- Hinreichende und notwendige Entwicklungsbedingungen 71
- Kausalanalyse 65
- Konditionalanalyse 65
- Kumulative Auswirkungen von Entwicklungsbedingungen 83
- Proximale und distale Entwicklungsbedingungen 70 f.
- Rationale Erklärung 66
- Reichweite der Erklärung 69
- Teleologische Erklärung 66
- Vielzahl von Bedingungen 72 f.

Ethische Standards 200
Evaluation von Entwicklungsinterventionen 153, 161–164
- formale Evaluation 161
- summative Evaluation 161
- Programme der Vorschulerziehung 162–164

Evolution 17 f.

Evolutionstheorie von Darwin 18 f.
Experiment in der Entwicklungspsychologie 194–199
– Deprivationsexperiment 197
– Externe Validität 195
– Feldexperiment 195
– Interne Validität 195
– Simulation der Entwicklung 197 f.
– Trainingsexperiment 197

F
Förderung 153–154, 160 f.
– Optimierung der Entwicklung 148
– Darcree Infant Program 160 f.

G
Gene 75 f.
– Allele 75–79
– Gen-Expressivität 76
– Gene und Verhalten 80 f.
– Genotyp und Phänotyp 77–80
– Gen-Penetranz 76
– Reaktionsnorm 78 f.
– Steuergene 75
– Strukturgene 75
Geschichte der Entwicklungspsychologie 13–24

I
Idee der Kindheit 14 f.
Intraindividuelle Veränderungen und interindividuelle Unterschiede 67 f., 169–174
– Covariation Chart von Cattell 171–174
– Würfelmodell von Buss 171–174

K
Kindertagebücher 20 f.
Kognitiv-konstruktivistische Entwicklungstheorien 116–118
– Äquilibration 118
– Akkommodation 117 f.
– Assimilation 117 f.
– Schwächen und Stärken 118
Kontexttheorien der Entwicklung 119–122
– Developmental contextual view von Lerner 120–122
– Schwächen und Stärken 122
Korrektur 153–154, 157–159
– Modifikation der Entwicklung 148
– Förderung der Selbstregulation 158 f.
Kuhls Theorie der persönlichen Handlungs- vs. Lageorientierung 159

L
Langfristige Effekte früher Entwicklungsbedingungen 137–147
– Entwicklung von Heimkindern 141 f.
– Früherfahrungshypothese 137–139, 142 f.
– Prospektive Studien 140–146
– Retrospektive Studien 140–146

Längsschnittmethode 176–178 f.
Längsschnittstudien 22
Lebensalter 32
Lernen und Entwicklung 86–94
- Beobachtungslernen, Lernen am Modell 91–93
- Klassisches Konditonieren 88 f.
- Kognitives Lernen 93 f.
- Latentes Lernen 87
- Lernen durch Bekräftigung 89–91
- Lerntheorien 87
- Operantes Konditonieren 89–91

M
Metamodelle der Entwicklung 110–122
- Dialektisches Modell 111, 119–122
- Mechanistisches Modell 111–115
- Organismisches Modell 111, 116–118
Methoden der Entwicklungspsychologie 168–200
Mikrogenetische Analyse 186
Modifikation 154

O
Optimierung 154

P
Probleme der Forschungspraxis 199 f.
Platon 13 f.
Plötzlicher Kindstod 143–146

Präformation 17
Prävention 148, 153–155
- Primäre Prävention 155
- Sekundäre Prävention 156 f.
- Tertiäre Prävention 156 f.
- Verhinderung sexuellen Missbrauchs 156 f.
Psychoanalyse 137 f.

Q
Querschnittmethode 175 f., 178 f.
Quételet 16 f.

R
Reifung 82–84
- Reifung und Erfahrung 83 f.
Rousseau 15 f.

S
Säkulare Akzeleration 183
Sequenzmodelle von Schaie 178–182
- Allgemeines Entwicklungsmodell 178–180
- Alterseffekte 181
- Kohorteneffekte 181
- Kohortensequenzmethode 180, 182
- Quersequenzmethode 180 f.
- Revision des Allgemeinen Entwicklungsmodells 185 f.
- Testzeiteffekte 182
- Testzeitsequenzmethode 180, 182
Skalogrammanalyse 53
S-R-Theorien der Entwicklung 111–115

- Schwächen und Stärken der S-R-Theorien 114 f.
Stabilität von Entwicklungsmerkmalen 127–137
- Stabilität der Intelligenz 131–135
- Stabilitätskoeffizienten 128–137
- Stabilität von Körpergröße und -gewicht 129–131
Stichprobenpläne 174–187

T
Tetens 16
Tiedemann 16, 20

V
Vorhersage der Entwicklung 12, 125–147

W
Wachstum 39–50
- Größenwachstum 44–46
- Wachstumskurve der Intelligenz 40, 41
- Wachstumsmodelle 40
- Wachstumsschub 67 f.

Z
Zeitreihenanalyse 187
Zone proximaler Entwicklung 120
zweifaktorielles Modell von Baltes 182 f.
- Längsschnittsequenzen 182
- Querschnittsequenzen 182